INVITO ALLA LETTU

SEZIONE STRANIERA

Joyce

La sezione inglese-americana di questa collana è realizzata con la collaborazione di Ruggero Bianchi

CARLA MARENGO VAGLIO

Invito alla lettura
di
James Joyce

MURSIA

Per Piero

© Copyright 1977 - Gruppo Ugo Mursia Editore S.p.A.
Proprietà letteraria riservata - *Printed in Italy*
1985/AC - Gruppo Ugo Mursia Editore S.p.A. - Via Tadino, 29 - Milano
ISBN 88-425-1365-2

Anno				Edizione			
99	98	97	96	4	5	6	7

CRONOLOGIA

Vita di Joyce	Avvenimenti culturali	Avvenimenti storici
1882 James Augustine Joyce nasce a Dublino il 2 febbraio, primo dei dieci figli sopravvissuti all'infanzia di John Stanislaus Joyce e di Mary Jane Murray (« May »).	*Stevenson pubblica le* New Arabian Nights. *Nasce Virginia Woolf.* *Muoiono D. G. Rossetti e Trollope.*	Assassinî di Phoenix Park a Dublino. Muore Garibaldi. L'Italia entra nell'alleanza austro-tedesca.
1884 Nasce Stanislaus Joyce (« Stannie »), di tutti i fratelli il piú vicino a Joyce.	*Escono: Browning,* Ferishtah Fancies; *Gissing,* The Unclassed; *Shaw,* An Unsocial Socialist; *Ruskin,* The Art of England; *Toynbee,* The Industrial Revolution. *A teatro si recita Gilbert,* Princess Ida. *In Norvegia Ibsen pubblica* L'anitra selvatica; *in Francia si pubblica Huysmans,* A rebours; *negli Stati Uniti,*	Viene fondata la Fabian Society. Viene fondata la Lega Socialista ad opera di Morris e altri.

	Vita di Joyce	Avvenimenti culturali	Avvenimenti storici
1884		*Twain*, Huckleberry Finn.	
1888	Nel settembre Joyce entra al Clongowes Wood College, il miglior collegio gesuita d'Irlanda.	*Escono: Gissing*, A Life's Morning; *Hardy*, Wessex Tales; *Kipling*, Plain Tales from the Hills *e tra gli altri*, Wee Willie Winkie; *Moore*, Confessions of a Young Man; *Wilde*, The Happy Prince. *A teatro si recita Gilbert*, The Yeoman of the Guard *e Pinero*, Sweet Lavender. *Nascono Cary, T. S. Eliot, T. E. Lawrence, K. Mansfield. Muore Arnold.*	Legge sul Local Government. Viene fondata la Federazione dei Minatori.
1891	Per le difficoltà finanziarie paterne Joyce viene trasferito al piú modesto ma pur sempre retto dai Gesuiti Belvedere College dove ottiene ottimi risultati scolastici.	*Si pubblica: Gissing*, New Grub Street; *Hardy*, Tess of the D'Urbevilles; *Wilde*, Lord Arthurr's Savile Crime; *Shaw*, The Quintessence of Ibsenism. *A Londra si recita* Gli Spettri *di Ibsen. Muoiono Melville e Rimbaud.*	Il 6 ottobre muore Parnell. Legge sull'educazione elementare. Inizia la costruzione della ferrovia siberiana.
1898	Si iscrive all'University College, Dublino.	*Si pubblica: Hardy*, Wessex Poems; *Wilde*, The Ballad of Reading Gaol; *Conrad*, The Nigger of the « Narcissus »; *Hewlett*, The Forest Lovers; *James*, In	Muoiono Gladstone e Bismarck. Incidente di Fascioda. Battaglia di Omidurmam. Guerra ispano-americana.

	Vita di Joyce	*Avvenimenti culturali*	*Avvenimenti storici*
1898		the Cage; *Moore,* Evelyn Innes; *Wells,* The War of the Worlds; *Shaw,* The Perfect Wagnerite. *Muoiono Beardsley, Burne-Jones, Lewis Carroll.*	I Curies scoprono il radio.
1899	Opponendosi ai compagni di università rifiuta di firmare una protesta contro il dramma di Yeats *Countess Cathleen,* accusato di essere denigratorio per l'Irlanda.	*Si pubblica: Gissing,* The Crown of Life; *James,* The Awkward Age; *Kipling,* Stalky & Co.; *Yeats,* The Wind among the Reeds. *Si recita: Yeats,* The Countess Cathleen.	Guerra Boera.
1900	In gennaio Joyce legge il saggio *Drama and Life* davanti ai membri della Literary and Historical Society; pubblica il saggio *Ibsen's New Drama* sulla « Fortnightly Review » e scrive il dramma *A Brilliant Career* del quale non è rimasta alcuna traccia.	*Si pubblica: Conrad,* Lord Jim; *Wells,* Love and Mr. Levisham. *Muoiono Ruskin, Dowson, Wilde.*	L'Australia entra nel Commonwealth. Rivolta dei Boxer. Occupazione russa della Manciuria. Annessione dello stato dell'Orange Free e del Transvaal. Viene fondato il Labour Party inglese. Viene aperta la ferrovia della Central London.
1901	Pubblica in un pamphlet, contenente anche un saggio di F. J. K. Skeffington, *The Day of the Rabblement* in cui attacca l'Irish National Theatre per il suo provincialismo.	*Si pubblica: Conrad e Hueffer,* The Inheritors; *James,* The Sacred Fount; *Kipling,* Kim.	Muore la regina Vittoria; le succede re Edoardo VII.

Vita di Joyce	*Avvenimenti culturali*	*Avvenimenti storici*
1902 In febbraio pubblica il saggio *James Clarence Mangan* sul « St. Stephen's », la rivista dell'University College. In ottobre si laurea in Lingue moderne, si iscrive a Medicina e decide di andare a Parigi per perfezionarsi. Durante il viaggio si ferma a Londra per far visita a Arthur Symons. Ritorna a Dublino per poco e conosce Oliver St. John Gogarty.	*Si pubblica: Conrad*, Youth; *James*, The Wings of the Dove; *Kipling*, Just So Stories; *Belloc*, The Path to Rome. *Si recita: Shaw*, Mrs Warren's Profession; *Yeats*, Cathleen ni Houlihan.	Ministero Balfour. Fine della guerra Boera. Alleanza anglo-giapponese.
1903 Ritornato a Parigi pubblica recensioni sul « Daily Express ». Incontra J. M. Synge. In aprile gli viene telegrafato che la madre sta morendo e ritorna a Dublino. Il 13 agosto la madre muore. Si reinscrive alla Catholic University Medical School, che frequenta fino al 1904.	*Si pubblica: Hardy*, The Dynastas; *Yeats*, In the Seven Woods *e* Ideas of Good and Evil; *Butler*, The Way of All Flesh; *Conrad*, Typhoon; *James*, The Ambassadors; *Moore*, The Untilled Field. *Si recita: Kipling*, The Light that Failed; *Synge*, In the Shadow of the Glen. *Nascono George Orwell e Evelyn Waugh. Muoiono Gissing e Whistler.*	Legge sull'Irish Land Purchase. In Italia cade il ministero Zanardelli e Giolitti diventa primo ministro.
1904 Il 7 gennaio scrive di getto il racconto autobiografico *A Portrait of the Artist*	*Si pubblica: Conrad*, Nostromo; *Baron Corvo*, Hadrian the Seventh; *Gis-*	Guerra russo-giapponese. « Entente Cordiale » tra Gran Bretagna e

Vita di Joyce	Avvenimenti culturali	Avvenimenti storici
904 da cui prende poi spunto per *Stephen Hero* [*Stefano Eroe*] il cui primo capitolo ora perduto viene scritto nel febbraio. Vince la medaglia di bronzo al festival musicale Feis Ceoil. Incontra Nora Barnacle, cameriera in un albergo di Dublino, il 10 giugno, la rivede il 16, giorno in cui fisserà l'azione di *Ulisse*. Pubblica su « The Speaker », « Saturday Review », « Dana » e « The Venture » poesie poi raccolte in *Chamber Music* [*Musica da camera*]; pubblica inoltre i racconti *The Sisters, Eveline* e *After the Race* sull'« Irish Homestead » diretto da George Russell, noto come A. E. In settembre vive alla torre Martello a Sandycove con l'amico Oliver St. John Gogarty e Samuel Trench per poco piú di una settimana. Parte in ottobre da Dublino con Nora e dopo aver toccato Parigi, Zurigo e Trieste si sta-	*sing*, Veramilda; *James*, The Golden Bowl; *Saki*, Reginald. *Si recita: Barrie*, Peter Pan; *Synge*, Riders to the Sea; *Yeats*, The Shadowy Waters, Where There is Nothing *e* On Baile's Strand. *Nascono Graham Greene e Cecil Day Lewis.*	Francia. Viene iniziato il canale di Panama.

Vita di Joyce	Avvenimenti culturali	Avvenimenti storici
1904 bilisce a Pola dove insegna inglese alla Berlitz School.		
1905 Joyce e Nora si trasferiscono a Trieste. Il 27 luglio nasce il primogenito Giorgio. Il fratello Stanislaus li raggiunge a Trieste. Joyce sottopone *Musica da camera* e *Gente di Dublino* (12 racconti) all'editore Grant Richards.	*Si pubblica: Forster,* Where Angels Fear to Tread; *Moore,* The Lake, *Shaw,* The Irrational Knot; *James,* English Hours; *Wilde,* De Profundis. *Si recita: Shaw,* Major Barbara *e* Man and Superman *(atto III, 1907); Synge,* The Well of the Saints. *Nasce C. P. Snow.*	In Irlanda viene fondato il partito Sinn Fein. Comincia il movimento delle suffragette. A Londra vengono impiegati gli autobus.
1906 Si trasferisce con la famiglia a Roma dove lavora come corrispondente in banca. Per l'ostilità dell'ambiente e per le difficoltà materiali non riesce a scrivere niente, ma concepisce il racconto *Ulisse* che è il primo nucleo del romanzo omonimo.	*Si pubblica: Galsworthy,* The Man of Property; *Kipling,* Puck of Pook's Hill; *Wells,* In the Days of the Comet. *Si recita: Shaw,* Caesar and Cleopatra *(a New York e Berlino).*	Trenta membri del Labour Party entrano in Parlamento; i liberali vanno al potere.
1907 Ritorna a Trieste dove riprende a dare lezioni d'inglese. In maggio l'editore Elkin Mathews pubblica *Musica da camera.* In luglio nasce la figlia Lucia Anna.	*Si pubblica: Belloc,* Cautionary Tales; *Conrad,* The Secret Agent; *Forster,* The Longest Journey; *Gosse,* Father and Son; *Murray,* The Rise of the Greek Epic. *Si recita: Synge,* The	Terza conferenza dell'Impero a Londra. Seconda conferenza di pace all'Aia.

Vita di Joyce	Avvenimenti culturali	Avvenimenti storici
1907	Playboy of the Western World; *Yeats*, The Unicorn from the Stars. *Nascono Auden, Christopher Fry e Louis MacNeice.*	
1908 Comincia la revisione di *Stefano eroe* che continua fino al 1909, ma ben presto l'abbandona.	*Si pubblica: Forster*, A Room with a View. *Si recita: Shaw*, Getting Married; *Yeats*, The Golden Helmet.	Ministero Asquith. Leggi per il lavoro dei bambini e per le miniere.
1909 In agosto va in Irlanda. Firma un contratto con Maunsel & Co. per la pubblicazione di *Gente di Dublino*. Ritorna a Trieste con la sorella Eva e poi è di nuovo a Dublino per aprire il cinematografo Volta che considerava un ottimo investimento.	*Si pubblica: Pound*, Personae; *Meredith*, Last Poems; *Belloc*, A Change in the Cabinet; *Kipling*, Actions and Reactions; *Wells*, Tono Bungay e Ann Veronica. *Si recita: Lady Gregory*, The Image; *Pinero*, Mid-Channel; *Shaw*, The Shewing-up of Blanco Posnet; *Synge*, The Tinker's Wedding. *Muoiono Meredith, Swinburne e Synge.*	Legge per la Marina. La camera dei Lords boccia il bilancio di Lloyd George. Dichiarazione di Londra. Viene prodotta la prima Ford modello T.
1910 Ritorna a Trieste. Il cinematografo fallisce. Maunsel & Co. pospongono la pubblicazione di *Gente di Dublino*.	*Si pubblica: Yeats*, Poems: Second Series. The Green Helmet and Other Poems; *Bennett*, Clayhanger; *Forster*, Howard's End; *Kipling*, Rewards and Fairies; *Wells*, The History of Mr. Polly.	Muore re Edoardo VII: gli succede Giorgio V. Viene fondato il Dominion del Sud Africa. Inquietudine e turbolenza nel campo industriale. Due elezioni generali.

	Vita di Joyce	*Avvenimenti culturali*	*Avvenimenti storici*
1910		*Si recita: Lady Gregory,* The Full Moon; *Synge,* Deirdre of Sorrows; *Yeats,* The Green Helmet.	Il Giappone annette la Corea.
1912	Visita Dublino per l'ultima volta e ne riparte furioso per la mancata pubblicazione di *Gente di Dublino,* scrivendo i versi satirici *Gas from a Burner* [*Becco a Gas*].	*Si pubblica: De La Mare,* The Listeners; *Kipling,* Collected Verse; *Conrad,* 'Twixt Land and Sea; *Lawrence,* The Trespasser; *Saki,* The Unbearable Bassington. *Si recita: Shaw,* Overruled; *Yeats,* The Hour Glass *(in versi).*	Sciopero dei minatori. Terza legge sull'Home Rule. Intensificazione del movimento delle suffragette. Affondamento del *Titanic.* Guerra dei Balcani. La Cina viene proclamata repubblica.
1913	Comincia la corrispondenza con Pound.	*Si pubblica: Lawrence,* Love Poems and Others *e* Sons and Lovers; *De La Mare,* Peacock Pie; *Wells,* The Passionate Friends; *Chesterton,* The Victorian Age in Literature. *Si recita: Barrie,* The Will; *Shaw,* Androcles and the Lion.	Legge sulle Trade Unions. Poincaré presidente in Francia. Seconda e terza guerra dei Balcani.
1914	Dora Marsden e poi Harriet Shaw Weaver pubblicano *A Portrait of the Artist as a Young Man* [*Dedalus*] a puntate su « The Egoist » dal febbraio al settembre 1915. Grant Richards pubblica	*Si pubblica: Yeats,* Responsibilities; *Lawrence,* The Prussian Officer; *Sinclair,* The Three Sisters; *Wells,* The Wife of Sir Isaac Harman.	Assassinio di Sarajevo. Inizio della prima guerra mondiale. Apertura del canale di Panama.

	Vita di Joyce	Avvenimenti culturali	Avvenimenti storici
1914	*Gente di Dublino.* In marzo Joyce comincia a scrivere *Ulisse* ma lo sospende per scrivere *Exiles* [*Esuli*].		
1915	*Esuli* è terminato. Si trasferisce in giugno a Zurigo. Gli arrivano provvidenzialmente fondi dal British Royal Literary Fund.	*Si pubblica: Rosenberg,* Youth; *E. Sitwell,* The Mother; *Conrad,* Victory; *Lawrence,* The Rainbow; *Maugham,* Of Human Bondage; *D. Richardson,* Pointed Roofs; *Wells,* Boon; *Woolf,* The Voyage Out.	Governo di coalizione con Asquith. Scioperi nelle miniere del Galles meridionale. Campagna dei Dardanelli.
1916	Riceve una borsa dal British Treasury. *Dedalus* viene pubblicato in volume presso B. W. Huebsch a New York.	*Si pubblica: Graves,* Over the Brazier; *Lawrence,* Amores e Twilight in Italy; *Walpole,* The Dark Forest; *Yeats,* Reveries over Childhood and Youth. *Si recita: Yeats,* At the Hawk's Well e The Only Jealousy of Emer. *All'estero si pubblica: Jung,* La psicologia dell'inconscio.	Ministero di Lloyd George. Rivolta del giorno di Pasqua in Irlanda (Easter Rising). Battaglie di Verdun e dello Jutland. Viene fondato a Berlino il gruppo Spartacus comunista.
1917	Pubblica otto poesie su « Poetry » edito a Chicago. Subisce la prima operazione all'occhio e passa tre mesi di convalescenza a Locarno. Traccia i primi tre episodi di *Ulisse*.	*Si pubblica: Eliot,* Prufrock, and Other Observations; *Hardy,* Moments of Vision; *Sassoon,* The Old Huntsman; *Edward Thomas,* Poems; *Conrad,* The Shadow Line; *Ki-*	Razionamento del pane in Inghilterra. Guerra di sottomarini. Rivoluzione di ottobre in Russia. Gli Stati Uniti entrano in guerra. Dichiarazione Bal-

Vita di Joyce	*Avvenimenti culturali*	*Avvenimenti storici*
1917	*pling*, A Diversity of Creatures; *Wells*, The Soul of a Bishop. *Si recita: James*, The Outcry; *Maugham*, Our Betters.	four per la Palestina. Sconfitta di Caporetto.
1918 La « Little Review » di New York fa uscire periodicamente *Ulisse*. *Esuli* viene pubblicato il 25 maggio.	*Si pubblica: Hopkins*, Poems, *a cura di Bridges; Lawrence*, New Poems; *Sassoon*, Counter Attack; *E. Sitwell*, Clown's Houses; *De La Mare*, Motley; *Lewis*, Tarr; *Mansfield*, Prelude; *Wells*, Joan and Peter. *Si recita: Maugham*, Love in a Cottage.	Trattato di Brest-Litovsk. Armistizio (in novembre). Prima legge per il suffragio alle donne.
1919 Torna a Trieste dove completa dodici episodi di *Ulisse* e inizia il tredicesimo. A Monaco si recita *Esuli* che fu, come disse Joyce, un « fiasco ».	*Si pubblica: Hardy*, Collected Poems; *Kipling*, Verse (Inclusive Edition); *Beerbohm*, Seven Men; *Conrad*, The Arrow of Gold; *Firbank*, Valmouth; *Maugham*, The Moon and Sixpence; *Woolf*, Night and Day. *Si recita: Maugham*, Caesar's Wife; *Yeats*, The Player Queen.	Secondo ministero di Lloyd George. Trattato di Versailles. Terza internazionale comunista.
1920 Incontra a Sirmione Ezra Pound che lo induce a trasferirsi a Parigi. Joyce ci va all'inizio di luglio. Nell'ottobre la « Little Review »,	*Si pubblica: De La Mare*, Poems 1901-1918; *Owen*, Poems, *Conrad*, The Rescue; *Huxley*, Limbo; *Lawrence*, Women in Love *(pub-*	Guerra civile in Irlanda. Legge dell'Home Rule. Scioperi su larga scala.

Vita di Joyce	Avvenimenti culturali	Avvenimenti storici
1920 che aveva continuato a pubblicare periodicamente i capitoli di *Ulisse*, riceve l'ingiunzione di bloccarne la pubblicazione a causa della protesta della Società per la prevenzione del vizio.	*blicato privatamente) e* The Lost Girl; *Mansfield*, Bliss and Other Stories; *Eliot*, The Sacred Wood; *Fry*, Vision and Design; *Pound*, Hugh Selwyn Mauberley. *Si recita: Lawrence*, The Widowing of Mrs. Holroyd; *Shaw*, Heartbreak House.	
1921 Trova un editore, Sylvia Beach, disposto a pubblicare *Ulisse* a Parigi. Scrive gli ultimi capitoli.	*Si pubblica: De La Mare*, The Veil *e* Memoirs of a Midget; *E. Sitwell*, Troy Park; *Huxley*, Crome Yellow; *Moore*, Heloïse and Abelard; *Woolf*, Monday or Tuesday; *Lawrence*, Psychoanalysis and the Unconscious, Sea and Sardinia *e* Tortoise. *Si recita: Maugham*, The Circle.	Viene fondata la Repubblica d'Irlanda. Conferenza per il disarmo a Washington.
1922 Il lavoro di revisione dura fino alla vigilia della pubblicazione per la Shakespeare & Co. il 2 febbraio, giorno del quarantesimo compleanno di Joyce.	*Si pubblica: Eliot*, The Waste Land; *Hardy*, Late Lyrics and Earlier; *Housman*, Last Poems; *Yeats*, Later Poems; *Galsworthy*, The Forsyte Sage; *Huxley*, Mortal Coil; *Lawrence*, England, My England *e* Aaron's Rod; *Mansfield*, The Garden Party; *Woolf*, Jacob's Room; *Yeats*,	Cade il ministero di coalizione di Lloyd George e si crea il ministero conservatore di Bonar Law. Presa del potere dei fascisti in Italia. Stalin nominato segretario del partito comunista russo. Trattato di Rapallo.

Vita di Joyce	Avvenimenti culturali	Avvenimenti storici
1922	The Trembling of the Veil. *Si recita: Granville-Barker*, The Secret Life.	
1923 Il primo marzo comincia a scrivere *Finnegans Wake* [*La veglia di Finnegan*], conosciuto per i sedici anni della stesura con il titolo di *Work in Progress* [*Lavoro in corso*]. Passa l'estate in Inghilterra con la famiglia.	*Si pubblica: Lawrence*, Birds, Beasts and Flowers, Kangaroo *e* Studies in Classic American Literature; *Masefield*, Collected Poems; *E. Sitwell*, Bucolic Comedies; *Conrad*, The Rover; *Firbank*, The Flower beneath the Foot; *Huxley*, Antic Hay; *Forster*, Pharos and Pharillon; *Ker*, The Art of Poetry; *Kipling*, The Irish Guards in the Great War. *Si recita: Coward*, The Young Idea; *Shaw*, Saint Joan *(a New York)*.	Primo ministero Baldwin. Viene fondata l'U.R.S.S. Inflazione in Germania; Hitler scrive *Mein Kampf*. I francesi occupano la Ruhr. Dittatura di Primo de Rivera in Spagna. Fallimento del colpo di stato di Hitler a Monaco.
1924 Pubblica il primo frammento di *Work in Progress* sulla «Transatlantic Review» di Parigi. Continuano i disturbi agli occhi. Esce la sua biografia scritta da Herbert Gorman per B. W. Huebsch.	*Escono: E. Sitwell*, The Sleeping Beauty; *Yeats*, The Cat and the Moon and Certain Poems; *Forster*, A Passage to India; *Sackville-West*, Seducers in Ecuador; *Saki*, The Square Egg; *O. Sitwell*, Triple Fugue; *Eliot*, Homage to John Dryden; *Moore*, Conversations in Ebury Street.	Primo ministero laburista con Mac Donald e secondo ministero Baldwin. Muore Lenin. Guerra civile in Cina.

Vita di Joyce	Avvenimenti culturali	Avvenimenti storici
1924	*Si recita: O' Casey,* Juno and the Paycock. *In Francia si pubblica: Breton,* Manifeste du Surréalisme. *Muore Conrad.*	
1925	Pubblica altri frammenti di *Work in Progress.* Viaggia in Francia, visita Arcachon.	*Escono: Eliot,* Poems 1909-1925; *MacDiarmid,* Sangschaw; *Muir,* First Poems; *Compton-Burnett,* Pastors and Masters; *Conrad,* Suspense, *Lawrence,* St. Mawr; *Maugham,* The Painted Veil; *Huxley,* Along the Road; *Woolf,* The Common Reader e Mrs. Dalloway; *Yeats,* A Vision. *Si recita: Coward,* Hay Fever.	Crisi del carbone. Hindenburg presidente della Germania. Conferenza di Locarno. Esperimenti di televisione.
1926	Parte di *Ulisse* viene pubblicato « piratescamente » senza autorizzazione su « Two Worlds Monthly » di New York. Joyce fa un viaggio a Bruxelles.	*Escono: MacDiarmid,* A Drunk Man Looks at the Thistle; *Sassoon,* Satirical Poems; *Kipling,* Debits and Credits; *Lawrence,* The Plumed Serpent; *Wells,* The World of William Clissold; *T. E. Lawrence,* The Seven Pillars of Wisdom; *Yeats,* Autobiographies. *Si recita: Yeats,* The Cat and the Moon.	Conferenza sul disarmo. Lega delle Nazioni.

Vita di Joyce	*Avvenimenti culturali*	*Avvenimenti storici*
1927 Comincia a pubblicare parti di *Work in Progress* su «transition» diretto da Eugène Jolas. Shakespeare & Co. pubblica *Pomes Penyeach* [*Poesie da un soldo*]. Fa un viaggio in Olanda.	*Escono: Graves,* Poems 1914-1926; *E. Sitwell,* Rustic Elegies; *Norman Douglas,* In the Beginning *(a Firenze);* W. *Lewis,* The Wild Body; *T. F. Powys,* Mr. Weston's Good Wine; *V. Woolf,* To the Lighthouse; *Forster,* Aspects of the Novel; *Lawrence,* Mornings in Mexico; *W. Lewis,* Time and the Western Man *e* The Lion and the Fox. *Si recita: Maugham,* The Letter; *Yeats,* Sophocles' Oedipus at Colonus.	Conferenza sull'economia mondiale a Ginevra. Legge sulle Trade Unions. Chang Kai-shek rovescia il governo nazionalista cinese.
1928 Fa viaggi in Francia (Dieppe, Rouen, Toulon) e in Austria (Salisburgo). Il 20 ottobre pubblica, in forma di volume per proteggere i suoi diritti d'autore, l'episodio di Anna Livia Plurabelle.	*Escono: Hardy,* Winter Words; *Yeats,* The Tower; *Douglas,* In the Beginning *(a Londra, incompleto);* Forster, *The Eternal Moment;* Huxley, *Point Counter Point;* Lawrence, *Lady Chatterley's Lover* (a Firenze, pubblicato privatamente); *Maugham,* Ashenden; *E. Waugh,* Decline and Fall; *V. Woolf,* Orlando; *Kipling,* A Book of Words; *Muir,* The Structure of the Novel; *Eliot,*	Legge per il suffragio alle donne. Legge sul governo locale. Patto di Kellogg.

Vita di Joyce	Avvenimenti culturali	Avvenimenti storici
1928	For Lancelot Andrewes; *Shaw*, The Intelligent Woman's Guide to Socialism; *Waugh*, Rossetti. *Si recita: Coward*, This Year of Grace.	
1929	Viene pubblicata la traduzione francese di *Ulisse*. Shakespeare & Co. pubblica il volume di saggi ad opera di amici e ammiratori di Joyce, dal titolo, inventato da Joyce stesso, *Our Exagmination round his Factification for Incamination of Work in Progress*. Fa viaggi in Inghilterra e in Francia.	*Escono: Bridges*, The Testament of Beauty; *Lawrence*, Pansies; *Day Lewis*, Transitional Poems; *MacNeice*, Blind Fireworks; *Compton-Burnett*, Brothers and Sisters; *Hughes*, A High Wind in Jamaica; *Priestley*, The Good Companions; *Eliot*, Dante; *V. Woolf*, A Room of One's Own. *Si recita: Coward*, Bitter Sweet; *Shaw*, The Apple Cart; *Yeats*, Fighting the Waves.	Secondo ministero Mac Donald. Crollo della borsa di New York. Comincia la depressione economica. Muore Clemenceau. Trotzkij è espulso dalla Russia; primo piano quinquennale russo.
1930	Viene pubblicato il libro di Stuart Gilbert *James Joyce's « Ulysses »*. Joyce deve subire un'altra operazione agli occhi. Fa un viaggio in Inghilterra e in Galles.	*Escono: Auden* Poems; *Eliot*, Ash-Wednesday; *Lawrence*, Nettle; *Spender*, Twenty Poems; *W. Lewis*, The Apes of God; *Maugham*, Cakes and Ale; *Waugh*, Vile Bodies; *Empson*, Seven Types of Ambiguity; *Wilson Knight*, The Wheel of Fire.	Disoccupazione. Gandhi comincia la campagna per la disobbedienza civile. I nazisti vincono le elezioni in Germania.

Vita di Joyce	Avvenimenti culturali	Avvenimenti storici
1930	Si recita: Coward, Private Lives; Yeats, The Words Upon the Window Pane. Muore D. H. Lawrence.	
1931 Il 4 luglio James e Nora si sposano (per ragioni testamentarie). Il padre di Joyce muore il 29 dicembre.	Escono: Day Lewis, From Feathers to Iron; Read, The End of a War; Compton-Burnett, Men and Wives; V. Woolf, Waves; Granville-Barker, On Dramatic Method; Huxley, Music at Night; W. Lewis, Hitler; Strachey, Portraits in Miniature. Si recita: Huxley, The World of Light; Yeats, The Dreaming of the Bones.	Statuto di Westminster. Gandhi partecipa alla seconda conferenza indiana. Rivoluzione spagnola. I giapponesi invadono la Manciuria.
1932 Da Giorgio Joyce e da Helen Fleishman nasce Stephen James Joyce il 15 febbraio. Joyce scrive la commovente poesia Ecce Puer che viene pubblicata su « New Republic » e altre riviste. In marzo la figlia Lucia ha il primo grave collasso nervoso. Paul Léon diventa segretario di Joyce.	Escono: Auden, The Orators; L. Durrell, Ten Poems; Lawrence, Last Poems e Etruscan Places; Yeats, Words for Music Perhaps; Huxley, Brave New World; Waugh, Black Mischief; F. R. Leavis, New Bearings in English Poetry. Si recita: Maugham, For Services Rendered; Pinero, A Cold June; Shaw, Too True to Be Good.	In Irlanda De Valera viene eletto presidente. Conferenza per il disarmo a Ginevra. F. D. Roosevelt viene eletto presidente degli Stati Uniti.

	Vita di Joyce	Avvenimenti culturali	Avvenimenti storici
1933	Lucia viene ricoverata in Svizzera. La famiglia passa l'estate sul lago di Ginevra per esserle vicina. A New York il tribunale sentenzia che *Ulisse* non è pornografico.	*Escono: Auden,* The Dance of Death; *Yeats,* The Winding Stair and Other Poems *e* Collected Poems; *Eliot,* The Use of Poetry and the Use of Criticism; *Orwell,* Down and Out in Paris and London; *Whitehead,* Adventures of Ideas. *Si recita: Eliot,* Sweeney Agonistes; *Maugham,* Sheppey; *Shaw,* On the Rocks.	Hitler viene eletto Cancelliere del Reich; incendio del Reichstag; la Germania lascia la Lega delle Nazioni. I giapponesi occupano il Nord della Cina.
1934	*Ulisse* viene pubblicato dalla Random House a New York. Giorgio Joyce va a New York per iniziare la carriera di tenore. Viene pubblicato il libro di Frank Budgen *James Joyce and the Making of Ulysses.* Joyce viaggia in Svizzera e in Francia.	*Escono: Muir,* Variations on a Time Theme; *Dylan Thomas,* Eighteen Poems; *Baron Corvo,* The Desire and the Pursuit of the Whole; *Orwell,* Burmese Days; *Waugh,* A Handful of Dust; *Eliot,* After Strange Gods.	Patto commerciale anglo-russo. Assassinio del re Alessandro di Iugoslavia. Assassinio di Dollfuss.
1935	Con la speranza che questo possa contribuire alla sua guarigione Lucia viene autorizzata a passare alcuni mesi con parenti in Irlanda e a Londra con la Weaver, ma le sue condizioni di salute peggiorano.	*Escono: Empson,* Poems *e* Some Versions of Pastoral; *MacNeice,* Poems; *Yeats,* A Full Moon in March *e* Dramatis Personae; *Orwell,* A Clergyman's Daughter; *Spender,* The Destructive Element. *Si recita: Auden e Isherwood,* The Dog	Viene ricostruito il governo sotto Baldwin. Legge sul governo dell'India. La Germania rifiuta le clausole militari del trattato di Versailles. La lega applica sanzioni economiche contro l'Italia.

Vita di Joyce	*Avvenimenti culturali*	*Avvenimenti storici*
1935	beneath the Skin; *Eliot*, Murder in the Cathedral.	
1936 Viene pubblicato l'alfabeto illustrato di Lucia con il titolo *A Chaucer A B C* e i *Collected Poems* di Joyce a New York.	*Escono: Auden*, Look, Stranger!; *Eliot*, Collected Poems; *Thomas*, Twenty-five Poems; *Orwell*, Keep the Aspidistra Flying; *Spender*, The Burning Cactus; *Waugh*, Mr. Loveday's Little Outing; *Forster*, Abinger Harvest; *Lawrence*, Phoenix; *C. S. Lewis*, The Allegory of Love. *Si recita: Auden e Isherwood*, The Ascent of F6; *Shaw*, The Millionairess.	Muore Giorgio V e gli succede Edoardo VIII: in seguito alla sua abdicazione gli succede Giorgio VI. Trattato anglo-egiziano. La Germania occupa la zona renana. Insurrezione dell'esercito sotto Franco in Spagna. Asse Roma-Berlino.
1937 Viene pubblicato a Londra l'ultimo frammento separato di *Work in Progress* dal titolo *Storiella as She is Syung*.	*Escono: O. Sitwell*, Mrs. Kimber; *Compton-Burnett*, Daughters and Sons; *Cronin*, The Citadel; *V. Woolf*, The Years; *Orwell*, The Road to Wigan Pier; *Yeats*, A Vision *(seconda versione)*. *Si recita: Fry*, The Boy with a Cart; *Priestley*, I Have Been Here Before.	Distruzione di Guernica. I giapponesi conquistano Pechino e Shangai.
1938 Joyce termina *Work in Progress*.	*Escono: Auden*, Oxford Book of Light Verse; *Yeats*, New Poems; *Greene*,	Patto di Monaco.

Vita di Joyce	Avvenimenti culturali	Avvenimenti storici
1938	Brighton Rock; *Hughes*, In Hazard; *Waugh*, Scoop; *Maugham*, The Summing-Up; *Orwell*, Homage to Catalonia; *Read*, Poetry and Anarchism. *Si recita: Auden e Isherwood*, On the Frontier; *Shaw*, Geneva; *Spender*, The Trial of a Judge; *Yeats*, Purgatory.	
1939 *Finnegans Wake* viene pubblicato il 4 maggio da Faber & Faber a Londra e dalla Viking Press a New York. Quando viene dichiarata la guerra i Joyce ritornano in Francia e vanno ad abitare a St. Gérand-le-Puy per essere vicini alla clinica di Lucia.	*Escono: Eliot*, Old Possum's Book of Practical Cats e The Idea of a Christian Society; *Thomas*, The Map of Love; *Yeats*, Last Poems and Two Plays; *Green*, Party going; *Huxley*, After Many a Summer Dies the Swan; *Wells*, The Fate of Homo Sapiens. *Si recita: Eliot*, The Family Reunion.	Garanzia inglese per la Polonia. Franco occupa Madrid. Patto di non aggressione russo-tedesco. Ultimatum tedesco alla Polonia. Gran Bretagna, Australia, Nuova Zelanda e Francia dichiarano guerra alla Germania.
1940 Viene pubblicata una edizione riveduta della biografia di Gorman a New York. Dopo la caduta della Francia i Joyce devono trasferirsi a Zurigo senza poter portare con loro Lucia.	*Escono: Auden*, Another Time; *Eliot*, East Coker; *Empson*, The Gathering Storm; *Yeats*, Last Poems and Plays e Letters on Poetry; *Greene*, The Power and the Glory; *Koestler*, Darkness at Noon; *Snow*, Strangers and Bro-	Caduta della Francia e battaglia di Gran Bretagna. Governo Churchill.

	Vita di Joyce	*Avvenimenti culturali*	*Avvenimenti storici*
1940		thers; *Thomas*, A Portrait of the Artist as a Young Dog; *Muir*, The Story and the Fable; *Orwell*, Inside the Whale; *V. Woolf*, Roger Fry.	
1941	Joyce muore il 13 gennaio a Zurigo in seguito a un'operazione per un'ulcera perforata. Viene sepolto a Zurigo.	*Escono: Auden*, New Year Letter; *Eliot*, The Dry Salvages; *MacNeice*, Plant and Phantom; *Compton-Burnett*, Parents and Children; *V. Woolf*, Between the Acts; *Huxley*, Grey Eminence. Si recita: *Coward*, Blithe Spirit.	I tedeschi invadono la Russia. I giapponesi attaccano Pearl Harbour. Gran Bretagna e Stati Uniti dichiarano guerra al Giappone. Germania e Italia dichiarano guerra agli Stati Uniti.

I

LA VITA

L'opera d'arte nasce, secondo Joyce, dall'esigenza di interpretare la propria vita e la propria storia. L'artista è, in questo senso, il primo biografo di se stesso, in quanto rappresenta attraverso l'opera i vari modi di appropriazione del reale che corrispondono agli stadi della sua coscienza. C'è, sostiene un critico, « lo specialissimo rapporto fra la vita di Joyce e la sua opera. Egli non si limitò a viver la sua vita e poi a scriverci sopra: la visse "per" scriverla. Ne fu il regista per approntare migliore materiale ai suoi libri. Pur essendo persuaso che fosse compito dell'arte regolare la vita, egli regolò la propria vita per facilitare la sua arte. Cosí molti simboli, molti temi dell'opera joyciana rappresentano reali ossessioni (esilio, persecuzioni, tradimenti) che egli coltivò, almeno in parte, come un mendicante coltiva una minorazione fisica, per trarne profitto ».[1] La riuscita dell'artista si misura con la determinazione, egoistica ma anche eroica, con cui porta fino in fondo il rapporto di simultaneità e coincidenza tra vita e arte.

Joyce ha sempre ritenuto di non potersi sottrarre al dovere di fornire il ritratto dell'artista ad ogni stadio della sua maturazione intellettuale nelle forme da lui sperimentate. Al romanzo scritto dalla parte del figlio (il *Ritratto dell'artista da giovane*) si sostituisce cosí il romanzo scritto dalla parte del marito e del padre (*Ulisse* e *Finnegans*

---

[1] R. G. KELLY, *Joyce Hero*, in *James Joyce Today*, a cura di Th. F. Staley, Bloomington and London, 1966 (tr. it. *Il punto su Joyce*, Firenze, 1973, p. 5).

Wake). E il tema dell'amore, o quello dell'unione mistica del padre e del figlio, non potrebbero essere trattati in *Ulisse* se non fossero già stati vissuti come esperienze simboliche e sacramentali nella vita (ed è noto l'interesse morboso che Joyce ebbe per le gravidanze della sua compagna e poi moglie, Nora Barnacle).

Che la vita e l'opera abbiano per Joyce la stessa dimensione è evidente dall'attenzione superstiziosa con cui si impegnò a moltiplicare la rete delle coincidenze. Il giorno in cui incontrò Nora divenne il « giorno di Bloom » di *Ulisse*; il 2 febbraio, giorno del suo compleanno, gli amici gli dovettero offrire, con veri e propri *tours de force*, le prime copie di *Ulisse* e di *Finnegans Wake*. In *Finnegans Wake* la casa di Shem, lo scrittore, è chiamata « The Haunted Inkbottle » [la bottiglia d'inchiostro tormentata], poiché è da essa che l'autore propriamente deriva la materia per scrivere l'opera.

L'aneddoto riportato da Chester G. Anderson (« Suo padre asserí una volta che se Joyce fosse capitato nel mezzo del Sahara si sarebbe seduto e ne avrebbe fatto una carta geografica »)[2] contiene la metafora del « fare una carta geografica », che analizza e riassume il problema del rapporto uno-tutto: la posizione e la condizione dell'uomo nel deserto non possono essere descritte se non attraverso la ridefinizione di altri elementi reali; dal momento autocontemplativo e lirico (il rendersi conto dell'essere nel deserto) l'uomo e l'artista Joyce passano al momento in cui colgono la loro relazione col mondo (il fare la carta). E benché quest'ultima possa sembrare un'attività eminentemente astratta, essa non è in realtà tale. È sintomatico che per illustrare la ricchezza e l'ampiezza del reale un critico si serva della stessa metafora: « Il mondo reale era per Joyce piú vasto che per la maggior parte degli uomini. La sua carta di questo mondo era densa di figurazioni e di nomi che gli altri trovavano fantastici ed esoterici e che dovevano esser ricercati nei libri ».[3] La carta di Joyce includeva il fantastico. In questa

[2] C. G. ANDERSON, *James Joyce and His World*, Londra, 1967, p. 16.
[3] R. G. KELLY, *Joyce Hero*, in *James Joyce Today*, a cura di Th. F. Staley, *cit.* (tr. it. *cit.*, p. 5).

sua attività di « cartografo » egli non faceva che ripetere operazioni che rispondevano a esigenze e necessità antichissime e universali, la sua esperienza personale equivaleva quindi all'esperienza dell'uomo e veniva trattata come se fosse ad un tempo unica e universale.

La collaborazione disattenta e svagata, e spesso persino fuorviante, che Joyce dedicò al suo primo biografo ufficiale, Herbert Gorman, potrebbe essere spiegata proprio con la convinzione di Joyce di essere l'unico biografo di se stesso.[4] La biografia, uscita nel 1924 e, riveduta, nel 1939, non sapeva scindere realtà e finzione, non essendo l'autore affatto ansioso di togliere la maschera allo scrittore. Un interesse biografico piú oggettivo si venne affermando e stabilendo con l'edizione delle lettere a cura di Stuart Gilbert nel 1957; con l'opera di Kevin Sullivan *Joyce among the Jesuits* (1958), un libro, come sostiene lo stesso autore, « fattuale e biografico piuttosto che critico o teorico »; e soprattutto con la monumentale biografia critica di Richard Ellmann del 1959. Alle biografie si erano utilmente venute affiancando una serie di raccolte di memorie ad opera di amici di Joyce quali Mary e Padraic Colum, *Our Friend James Joyce* (1958); Sylvia Beach, *Shakespeare and Company* (1959); i due libri del fratello Stanislaus *My Brother's Keeper* (1958) e *The Dublin Diary of Stanislaus Joyce* (1962); fino al prezioso *James Joyce Remembered* di C. P. Curran (1968).

Nato nel 1882 a Rathgar, un sobborgo alla moda a sud di Dublino, da John Stanislaus Joyce e da Mary Jane (May) Murray, primo di dieci figli, Joyce visse un'infanzia serena e agiata. Il padre a quel tempo era esattore delle imposte e godeva ancora di rendite fondiarie nel suo paese d'origine, Cork; per la sua esuberante vitalità e scioperataggine era un personaggio molto conosciuto a Dublino. Per Joyce il padre rappresentò sempre, nel bene e nel male, la quintessenza della vita dublinese e, quando si rammaricava con Stanislaus di non aver messo in *Gente di Dublino* tutta l'esuberanza e la cordialità della città, pen-

---

[4] Scagliandosi contro il romanzo psicologico di Bourget, Joyce sosteneva in una discussione con il fratello Stanislaus riportata nel diario dello stesso il 21 febbraio 1908: « Psicologo! che cos'altro può sapere un uomo se non quello che passa per la *sua* testa? ».

sava certamente al padre, del quale emulò di fatto pregi e difetti, valori e modi di vita. L'amore per la musica, per le storie spiritose e per gli aneddoti, le doti di attore e di mimo, l'inclinazione a ubriacarsi, l'insolvenza cronica scandita da continui traslochi furono i principali tratti che ereditò dal padre e riprodusse nella propria vita.

La madre, una donna mite e gentile, figlia del commerciante di vini John Murray, fu da Joyce molto amata, ma per la sua sottomissione e il suo attaccamento alla Chiesa cattolica non costituí mai per lui un modello di vita. Con tutti i fratelli, tranne forse che con Stanislaus, Joyce mantenne rapporti distaccati.

Dopo due traslochi, nel 1887, la famiglia si trasferí a Bray, un villaggio di mare a sud di Dublino, dove restò fino al 1892 e dove nacquero quasi tutti i fratelli. La casa di Bray e la convivenza con lo zio del padre, William O' Connell, furono descritte in *Ritratto dell'artista da giovane* [*Dedalus*]. Il 1° settembre 1888 Joyce entrò nella migliore scuola d'Irlanda, il Clongowes Wood College e, a parte un breve periodo, fu educato totalmente dai Gesuiti. Joyce ebbe infatti a dire all'amico Frank Budgen:

« Tu alludi a me come a un cattolico [...] dovresti alludere a me come a un gesuita ».

Poco dopo la morte di Parnell il padre fu mandato in pensione a soli quarantadue anni; e di qui cominciò la rapida discesa della famiglia nella scala sociale. I due figli maggiori furono iscritti, senza pagamento di retta, al Belvedere College, una scuola meno esclusiva ma sempre retta dai Gesuiti. Joyce si dimostrò ottimo scolaro. Nel febbraio 1894 accompagnò il padre a Cork (l'episodio viene descritto in *Dedalus*) per la vendita dell'ultima proprietà, mentre si imponevano alla famiglia nuovi traslochi in quartieri meno eleganti di Dublino: dal 1894 al 1897 dovette contribuire al bilancio familiare con i premi scolastici vinti.

Iscrittosi all'University College, il suo rendimento scolastico fu meno buono, ma cominciò a delinearsi in lui un carattere ribelle operante anche nelle scelte letterarie. Imparò infatti il norvegese per leggere Ibsen in lingua e lesse autori come D'Annunzio, Flaubert e Hauptmann, non

contemplati nei suoi piani di studi.[5] Da queste letture e
da quelle di Dante, Aristotele, Tommaso d'Aquino, Shelley,
Coleridge e Wilde, Joyce derivò le nozioni di estetica che
illustrò ai suoi compagni nel saggio *Teatro e vita*, letto il
20 gennaio 1900 alla Literary and Historical Society, allora
al centro della vita intellettuale di Dublino. Nell'aprile
dello stesso anno pubblicò su « The Fortnightly Review »
l'articolo intitolato *Il nuovo dramma di Ibsen* che lo lan-
ciò, a soli diciotto anni, nella carriera di critico letterario.
Per questo articolo Joyce ricevette una lettera di ringraziamento da Ibsen stesso e un invito per un viaggio a
Londra, pagato dalla rivista, che effettuò con il padre
nella primavera del 1900. Fu in questo periodo che Joyce
cominciò a sentirsi attratto piú dalla cultura europea che
da quella irlandese, il cui provincialismo denunciò a chiare
lettere in un nuovo saggio, *Il giorno del volgo*, rifiutato
dalla rivista del St. Stephen's College e pubblicato privata-
mente. Durante questi anni di fruttuoso apprendistato
Joyce scrisse inoltre poesie e brani di prosa chiamati
« epifanie », che mostrò a Yeats e che furono da lui giudicate « belle ma immature ed eccentriche ».

Finito il lavoro per il suo Bachelor's Degree, Joyce si
iscrisse alla facoltà di medicina St. Cecilia e, nonostante le
condizioni precarie della famiglia, volle andare a Parigi
a studiare medicina alla Sorbona. Partito nel dicembre
del 1902, durante il viaggio si fermò a Londra da Yeats
che lo presentò alla redazione dell'« Academy » e dello
« Speaker » per eventuali recensioni e a Arthur Symons
che doveva rivelarsi utile per la pubblicazione su riviste
di alcune sue poesie e, in seguito, di *Musica da camera*.
Dopo una breve parentesi dublinese, tornato a Parigi, ap-
profondí la conoscenza di Aristotele e di Tommaso d'A-
quino, scrisse poesie, altre quindici epifanie e qualche
recensione per il « Daily Express ». Rientrò a Dublino a
seguito di un telegramma che lo convocava al capezzale
della madre; la quale morí il 13 agosto 1903 (il rimorso
di Joyce per non aver voluto pregare al suo letto è tradotto
nel rimorso di Stephen in *Ulisse*).

[5] Per tutto questo primo periodo è fondamentale il libro di
C. P. CURRAN, *James Joyce Remembered*, Londra, 1968, p. 119, che
vede Joyce intento a « tradurre la propria vita in letteratura ».

Nel gennaio 1904 scrisse il saggio lirico *Ritratto dell'artista* che costituí, insieme a *Stefano eroe*, il primo nucleo del romanzo *Ritratto dell'artista da giovane*. Ma proprio mentre sembrava seriamente incamminato nella carriera letteraria, Joyce pensò di diventare cantante, prese lezioni e, iscrittosi all'importante concorso Feis Ceoil cantò tanto bene da meritare il terzo premio. Per un breve periodo insegnò anche in una scuola secondaria. In giugno incontrò Nora Barnacle, la donna alla quale doveva confessare « tu facesti di me un uomo » e a cui doveva restare legato tutta la vita. In luglio scrisse il racconto *Sorelle* per l'« Irish Homestead » su richiesta di un letterato di nome George Russell noto come A. E. e lo firmò Stephen Daedalus, dal momento che lo considerava una cosa inferiore alle sue capacità artistiche; ma giunse ben presto a considerarlo come il primo di una serie di racconti intitolata *Gente di Dublino*, pur continuando a ritenersi sostanzialmente un poeta e dedicandosi alla raccolta delle sue poesie sotto il titolo di *Musica da camera*. Durante l'estate scrisse ancora il libello in versi *Il santo uffizio*, in cui vantava il proprio distacco dal volgo, e a settembre si stabilí nella torre Martello a Sandycove (dove troviamo Stephen all'inizio di *Ulisse*) con gli amici Gogarty e Samuel Trench (un anglo-irlandese molto attivo nel movimento del Rinascimento Celtico).

Fu in questo periodo che Joyce propose a Nora di lasciare l'Irlanda e di condividere « la sua vita rischiosa ». Con lei lasciò Dublino in ottobre partendo dal North Wall (lo stesso dal quale la protagonista del racconto *Eveline* non riesce a trovare la forza di partire) diretto a Zurigo dove gli era stato promesso un posto di insegnante d'inglese presso la Berlitz School. Ma l'impiego si rivelò inesistente e dovette trasferirsi dapprima a Trieste e poi a Pola. Nonostante queste peripezie (aveva dovuto farsi prestare del denaro a Parigi per proseguire il viaggio), Joyce scrisse un ulteriore capitolo del suo romanzo *Stefano eroe* e cominciò il racconto *Clay* [*Cenere*]. Da Pola fu espulso per sentimenti filoitaliani e si trasferí a Trieste, porto dell'impero austroungarico e crogiolo di lingue e di culture nel marzo 1905.

A Trieste, dove lo scrittore doveva trascorrere circa dieci anni, la sistemazione fu difficile, tanto piú che Nora era incinta e bisognosa di cure; ma Joyce continuò a scrivere *Stefano eroe* e aggiunse altre tre novelle a *Gente di Dublino*. Il figlio Giorgio nacque il 27 luglio 1905; in autunno Joyce completò dodici racconti e li spedí all'editore Grant Richards presentandoli come « un capitolo della storia morale d'Irlanda ». Il manoscritto che era stato in un primo tempo accettato fu successivamente rifiutato dietro pretese accuse d'immoralità: i dublinesi non si volevano riconoscere nel fosco ritratto che Joyce aveva fatto di loro. In ottobre anche Stanislaus si trasferí a Trieste col proposito di affiancarsi al fratello nell'insegnamento alla Berlitz School; ma nel luglio 1906, poiché la scuola non poteva mantenere due insegnanti, Joyce fu costretto ad andare a Roma impiegandosi come corrispondente in una banca. Joyce non amò Roma, poco sollecitato, come fu sempre, dal fasto dell'architettura. A Stanislaus scriveva: « Qui vestono i *carabinieri* come comparse di teatro »;[6] e, in una lettera successiva:

> « Roma mi fa pensare a un uomo che si mantenga col mostrare ai viaggiatori il cadavere di sua nonna ».[7]

A causa di questo profondo disagio a Roma non scrisse nulla e anzi cominciò a smorzare i toni di dura polemica usati per l'Irlanda. Fu in questa fase di revisione critica del suo atteggiamento verso Dublino che concepí il primo nucleo (il racconto intitolato *Ulisse*) di quello che doveva diventare il romanzo omonimo. Nel febbraio 1907 ricevette le bozze di *Musica da camera*, proprio quando la poesia era stata interamente soppiantata nei suoi interessi dalla prosa narrativa (« Una pagina di *Una piccola nube* mi dà piú piacere di tutti i miei versi »).
Ritornato a Trieste nel marzo 1907, con Nora nuovamente incinta, fu costretto ad affrontare un lungo periodo di privazioni e sofferenze. Invitato a collaborare a « Il Piccolo della Sera », Joyce si scoperse un talento giornalistico, ma il suo lavoro narrativo non progrediva. In luglio

---

[6] Lettera del 12 settembre 1906, in *Letters of James Joyce*, II, p. 158.
[7] Lettera del 25 settembre 1906, in *Letters of James Joyce*, II, p. 164.

entrambi i Joyce erano in ospedale: James per febbri reumatiche e Nora per dare alla luce, nella corsia dei poveri,
la figlia Lucia. Ma fu proprio in questo periodo di massima disperazione che Joyce trovò la forza per scrivere
(nel mese di settembre) il suo piú bel racconto, *I morti*, e
per cominciare la rifusione di *Stefano eroe* nel romanzo
Dedalus. Nell'aprile 1908 ne aveva già finiti tre capitoli,
ma le difficoltà economiche e le ubriacature continue gli
rendevano difficile il continuare. Nel 1909 ritornò a Dublino per far conoscere il figlio Giorgio al padre. Fu in questa occasione che, roso dalla gelosia per le rivelazioni (che
poi risultarono false) dell'amico Cosgrave, che sosteneva di
aver goduto dei favori di Nora, Joyce scrisse alla moglie
alcune delle sue lettere [8] piú follemente tormentate e belle.
Ma anche quando, rassicurato da una testimonianza del
fratello e dalle proteste di Nora, Joyce riconobbe che si
trattava di calunnie, continuò a coltivare masochisticamente un acuto senso di gelosia e di paura d'essere tradito.

A Dublino firmò un nuovo contratto per la pubblicazione di *Gente di Dublino* e ritornò a Trieste in settembre;
ma in ottobre era di nuovo a Dublino per inaugurare il
cinematografo Volta, che doveva aver scarsa fortuna, e
vi rimase fino al gennaio 1910, visitando, forse col desiderio di farsi perdonare, luoghi cari alla moglie. Negli
anni 1911 e 1912 Joyce continuò la carriera di giornalista,
conferenziere e insegnante di lingua inglese. Nel luglio 1912
decise di tornare in Irlanda per occuparsi della pubblicazione di *Gente di Dublino*, ma gli editori Maunsel & Co
e George Roberts che l'avevano già stampato lo fecero
distruggere. Joyce, che si era in qualche misura riconciliato
con l'Irlanda, partí quel giorno stesso e scrisse contro il
Roberts la pasquinata *Gas from a Burner* [*Becco a gas*].
Nel 1913 la fortuna di Joyce cominciò a migliorare;
trovò una scuola migliore ed ebbe un maggior numero di
allievi, tra i quali Amalia Popper, figlia di un uomo d'affari ebreo di nome Leopoldo, per la quale nutrí un amore
platonico. Nel gennaio 1914 Joyce inviò a Pound, che ne

---

[8] Le lettere sono state integralmente pubblicate negli Stati Uniti
(1976); la loro parziale traduzione e commento in Italia ha dato
origine a una dura polemica tra studiosi circa l'opportunità e la
legittimità della presentazione in forma incompleta.

aveva fatto richiesta, la poesia *I Hear an Army Charging upon the Land*, un capitolo di *Dedalus* e una copia di *Gente di Dublino*. Per i buoni uffici di Pound *Dedalus* fu accettato per la pubblicazione a puntate sulla rivista « The Egoist » e *Gente di Dublino* uscí finalmente presso Grant Richards il 15 giugno 1914. Fu in questo periodo che Joyce rimise mano agli ultimi due capitoli di *Dedalus*, si dispose a scrivere *Esuli*, concepito l'anno precedente, e scrisse i primi capitoli di *Ulisse* che da circa dieci anni aveva in mente. Tuttavia, lo scoppio della guerra tra Austria e Serbia metteva in pericolo questa sua ripresa di attività letteraria. Stanislaus fu internato nel gennaio 1915 per i suoi sentimenti filo-italiani, mentre a Joyce e alla sua famiglia fu concesso di trasferirsi nella neutrale Zurigo, dove peraltro lo scrittore non aveva altre risorse che le lezioni private e l'attesa di qualche dono dall'Irlanda da parte di uno zio della moglie. Le vendite di *Gente di Dublino* andavano a rilento, ma finalmente un editore di New York accettò di pubblicare *Dedalus*. A Zurigo Joyce fece amicizia con Frank Wedekind, Romain Rolland e Stefan Zweig, e frequentò, a differenza di quanto aveva fatto a Trieste, i migliori caffè, che accoglievano personaggi di primo piano della cultura e della politica quali Lenin, Tristan Tzara e Hans Arp, anch'essi rifugiati.[9] I preziosi doni in danaro di una ammiratrice, Harriet Shaw Weaver, gli consentirono di sopravvivere e di dedicarsi a *Ulisse*. Purtroppo Joyce incominciava a soffrire di glaucoma e fu operato la prima volta nell'agosto 1917.

Intanto la sua fama si andava allargando; Margaret Anderson e Jane Heap accettarono di pubblicare sulla « Little Review » di New York i primi tre episodi di *Ulisse* che suscitarono ben presto le reazioni della censura. Nel frattempo aveva fatto conoscenza con il pittore inglese Frank Budgen (che doveva poi scrivere un interessante libro di memorie) e lavorava accanitamente a *Ulisse* per tenere il passo con la pubblicazione a puntate. È di que-

---

[9] Il lavoro teatrale *Travesties* di Tom Stoppard, che ha per protagonisti Lenin, Tzara e Joyce a Zurigo, è stato recentemente presentato a Londra (1974) con il favore del pubblico e della critica joyciana.

sto periodo la breve infatuazione per Martha Fleishmann, un'ebrea residente a Zurigo.

Nell'ottobre 1919 Joyce e la famiglia tornarono a Trieste che trovarono cambiata in peggio e noiosa; ma Joyce riuscí a finire i capitoli « Nausicaa » e « Le mandrie del sole » di *Ulisse*. Invitati da Pound i Joyce si trasferirono a Parigi contando di fermarsi poco tempo; vi restarono invece per venti anni. Presentato da Pound a molti amici intellettuali, Joyce trovò a Parigi « l'ultima delle città umane » e nel luglio del 1920 conobbe Sylvia Beach, una giovane americana che dirigeva la libreria Shakespeare and Company, e Adrienne Monnier che dirigeva la Maison des Amis des Livres: con entrambe strinse un'amicizia duratura che doveva portare alla pubblicazione per la Shakespeare & Co. di *Ulisse* e di *Poesie da un soldo*. Attraverso la Beach e Pound, Joyce venne in contatto con i piú noti letterati della Parigi del tempo: T. S. Eliot, Wyndham Lewis, Valery Larbaud, Proust, Hemingway, Sherwood Anderson, Gertrude Stein, Edmond Jaloux, Scott Fitzgerald, Frank O'Connor. La vita familiare era invece turbata dal comparire dei primi sintomi di schizofrenia della figlia Lucia, la cui gravità Joyce non volle mai riconoscere.

Nel febbraio 1921 le direttrici di « The Little Review », dove *Ulisse* veniva pubblicato, furono giudicate colpevoli dalla New York Society for the Prevention of Vice; ciò indusse Sylvia Beach a proporre a Joyce di pubblicare *Ulisse* con una sottoscrizione per mille copie. In giugno Joyce lavorava contemporaneamente a correggere le bozze delle parti già compiute e ad aggiungere i nuovi capitoli « Penelope » e « Itaca ». Le prime copie gli furono presentate il giorno del suo quarantesimo compleanno: il 2 febbraio 1922. Il libro fu accolto in modo contraddittorio: con ammirazione da Valery Larbaud (che aveva tenuto il 7 dicembre 1921 una storica conferenza sul libro), da Eliot e da Hemingway; con cautela da Virginia Woolf e da George Moore, con uno sdegnoso rifiuto da Claudel che restituí la copia.

Sempre nel 1922 Nora e i figli visitarono l'Irlanda correndo pericolo di vita quando il loro vagone ferroviario fu attaccato dalle truppe dell'Esercito Repubblicano Irlandese e dalle truppe dello Stato Libero, episodio che convinse Joyce a non rimettere piú piede in Irlanda, divenuto paese troppo pericoloso e violento. Nel marzo 1923 Joyce comunicò a miss Weaver di aver progettato « una storia del mondo ». Il libro, conosciuto dapprima con il titolo di *Work in Progress* e pubblicato sulla rivista di Eugène e Maria Jolas, fu poi definitivamente chiamato *La veglia di Finnegan* quando uscí, nel 1939, sedici anni dopo. Pound e la Weaver e persino Stanislaus, con il quale Joyce aveva riallacciato i rapporti, giudicarono negativamente il nuovo lavoro, considerandolo opera con caratteri schizofrenici. Fu quasi per rassicurare i suoi amici che Joyce pubblicò la raccolta delle semplici *Poesie da un soldo*, che includeva tutte le poesie scritte dopo *Musica da camera*.

Gli occhi di Joyce continuarono a peggiorare e per alcuni periodi fu quasi cieco. Con l'avallo della sua autorità fece conoscere lo scrittore francese Edouard Dujardin (dal cui romanzo *Les Lauriers sont coupés* Joyce riconobbe di aver tratto la tecnica del monologo interiore) e Svevo (che aveva conosciuto personalmente a Trieste). Frattanto le sue opere cominciavano a essere tradotte e Joyce si trovò al centro di un vero e proprio circolo letterario che accoglieva personaggi come William Carlos Williams, Stuart Gilbert, Samuel Beckett e altri. Nel 1931 i Joyce si trasferirono a Londra dove si sposarono per ragioni, pare, testamentarie in quanto il padre dello scrittore era morente. Questi morí, infatti, il 29 dicembre lasciando al figlio una somma di denaro notevolmente alta considerate le sue tendenze a scialacquare. Frattanto la schizofrenia di Lucia peggiorava nonostante le cure di parecchi medici fra i quali Jung. Ma Joyce, che considerava le stranezze della figlia delle manifestazioni di genio, giunse a pubblicare a sue spese l'alfabeto miniato di Lucia (le *lettrines* del libro *A Chaucer A B C*) e si decise a farla ricoverare in ospedale psichiatrico solo quando l'aggressività nei confronti della madre si fece intollerabile. Joyce aveva fortunatamente altri sbocchi alla frenetica attività della sua psiche: continuava infatti a scrivere *La veglia di Finnegan* dichiarando di esercitare un dominio cosí completo sul linguaggio da « poter giustificare ogni riga » del suo libro. Questo, finito nell'autunno del 1938, rappresentava la chiusura del ciclo della sua produzione. Le prime copie lo raggiunsero a Pa-

rigi nel giorno del suo compleanno nel 1939, ma fu pubblicato congiuntamente da Faber & Faber a Londra e dalla
Viking Press a New York il 4 maggio.

Con l'avanzata delle truppe tedesche in Francia i Joyce
si trasferirono a Saint-Gérand-Le-Puy, vicino a Vichy, dove
si trovava anche il nipotino Stephen, nato nel 1932 dal
figlio Giorgio e dalla nuora Helen Castor Fleishman.
Lucia e la nuora erano entrambe ricoverate in ospedale
psichiatrico. A causa di queste vicende familiari, oltre che
degli avvenimenti storici, dell'abbandono dell'attività letteraria, della rottura con il segretario e amico Paul Léon,
Joyce piombò in una profonda depressione psichica. Inoltre, cominciarono a farsi sentire quei dolori allo stomaco
che sarebbero stati all'origine della sua morte. Joyce era
sicuro, come aveva detto ad amici, che il Natale 1940
sarebbe stato l'ultimo della sua vita. Riparato a Zurigo con
la moglie, il figlio e il nipotino, la sua salute peggiorò e
l'11 gennaio 1941 dovette farsi operare di un'ulcera perfo-
rata. L'operazione sembrò in un primo tempo riuscita ma il
debole fisico di Joyce non resse e il 13 gennaio morí. Fu
sepolto nel Filuntern Cemetery, dove nel 1951 fu sepolta
anche Nora.

II

LE OPERE

Saggi e frammenti giovanili

Alcuni tratti distintivi della figura pubblica che Joyce coltivò cominciarono a rivelarsi durante gli anni universitari. A parte alcuni pur interessanti saggi scolastici che ebbero una circolazione limitata, quali *Forza*[1] (1898), *Lo studio delle lingue* (1898-99) e « *Ecce Homo* » (1899), primo esempio di interpretazione del dramma come conflitto di passioni umane e di umanizzazione dell'eroe divino, fu *Teatro e vita*, conferenza tenuta da Joyce il 20 gennaio 1900 per la Literary and Historical Society dell'University College, che lo fece conoscere. Si dice che alla fine del dibattito uno studente lo complimentasse con queste parole: « Joyce, è stato magnifico, ma tu sei un pazzo furioso ». Vero manifesto critico, il saggio sosteneva l'inopportunità di confondere i termini « dramma » e « letteratura ». L'accezione negativa del termine, derivata dal verso di Verlaine « et tout le reste est littérature » (*Art Poétique*), verrà piú volte ripresa da Joyce nel primo saggio su James Clarence Mangan e in *Stefano eroe*. L'arte drammatica è l'arte per eccellenza in quanto non riposa su convenzioni come la letteratura e si rivolge a tutti poiché « sorge spontaneamente dalla vita e ne è coeva ». D'altra parte « l'arte è vera quando tratta della verità » che si identifica con la vita, che dobbiamo accettare « come

[1] J. Joyce, *Critical Writings*, a cura di E. Mason e di R. E. Ellmann, New York, 1959.

la vediamo davanti agli occhi » e non « nel mondo della
fiaba ». Chi ha realizzato questo programma in letteratura
è Ibsen, in difesa del quale il saggio è evidentemente
scritto, sulla scorta di Shaw, del quale Joyce aveva letto
Quintessenza dell'Ibsenismo (1891). Le debolezze del saggio sono evidenti proprio nelle semplificazioni (si giunge
a dire che l'arte drammatica assorbe ogni altro genere letterario) e nell'uso molto vago del termine « verità » (che
verrà però precisato successivamente nel saggio *J. C.
Mangan*, 1902); ma in esso viene anche chiaramente affermato che l'arte si giustifica da sola senza bisogno che
le si additino fini « religiosi, morali, belli, idealizzanti ».

Il primo saggio pubblicato fu *Il nuovo dramma di Ibsen*,
che apparve il 1° aprile 1900 sulla « Fortnightly Review »,
al cui direttore Joyce aveva scritto di propria iniziativa
proponendoglielo per la stampa. L'articolo fruttò tra l'altro
dodici ghinee con le quali Joyce fece un viaggio a Londra
per conoscere il direttore della rivista, sbalordendolo per
la sua giovane età. L'articolo dimostrava una notevole
maturità e accuratezza di linguaggio ed era una nuova
difesa di Ibsen, scrittore che, in quanto borghese, creatore
di drammi senza eroi, veniva trascurato dai piú influenti
critici letterari della Dublino del tempo. Nel saggio Ibsen
viene apprezzato per la forza di caratterizzazione psicologica dei personaggi (in particolare dei personaggi femminili) e per il distacco con il quale considera l'opera nella
sua interezza. Secondo Joyce il dramma di Ibsen è cosí perfetto che, come la vita, « non deve essere criticato, ma
affrontato e vissuto ». È interessante ricordare che per affer-
mare il valore e la liceità di *Ulisse* Joyce si servirà sostanzialmente dello stesso argomento: « Se *Ulisse* non è adatto
ad essere letto, la vita non è adatta a essere vissuta ».

Ibsen scrisse al direttore pregandolo di ringraziare il
recensore, e Joyce ne fu tanto inorgoglito da trovare un
incentivo a studiare il norvegese. Nel marzo 1901 era in
grado di scrivere a Ibsen una lunga lettera in norvegese
in cui manifestava la propria ammirazione per « la sua
risoluzione a strappare il segreto della vita » e per la « sua
assoluta indifferenza ai canoni pubblici dell'arte, agli amici
e alle parole d'ordine ». Ibsen diventava cosí per Joyce
il prototipo dell'eroe ricco di intima forza morale, sprezzante delle futili polemiche e al di sopra delle inimicizie

spicciole, investito di una missione superiore di filosofo
e di vate (« strappare il segreto della vita », appunto) che
doveva poi trovare la sua incarnazione politica, secondo
la mitologia joyciana, in Parnell (a sua volta incarnazione
laica di Cristo).

Il saggio successivo, *Il giorno del volgo*, del 1901, rivela tutta la sicura arroganza del critico affermato nel-
l'attacco contro l'Irish Literary Theatre (divenuto poi
l'Abbey Theatre) che, dopo aver iniziato le recite, nel
maggio 1899, con il dramma *Countess Cathleen* di Yeats,
da Joyce apprezzato, in opposizione alla maggior parte
della critica, per i suoi caratteri realistici e implicitamente
polemici (l'episodio viene rievocato in *Dedalus*), intendeva
proseguirle con opere in irlandese ispirate alla mitologia
e al folclore. Il saggio denuncia con indignazione il provincialismo che va a scapito di un aggiornamento culturale e di uno svecchiamento della cultura irlandese. Secondo Joyce la cultura irlandese ufficiale anteponeva la fab-
bricazione di falsi modelli letterari a un'opera di diffu-
sione e volgarizzazione di esperienze letterarie straniere
che avrebbero potuto costituire un esempio di rinnova-
mento (e tra gli autori stranieri che avrebbero potuto avere un'influenza benefica Joyce colloca anche Giacosa). Joyce
concludeva il saggio dichiarandosi, con notevole presunzione, disposto a diventare il « terzo ministro del culto »
dopo Ibsen e il drammaturgo tedesco Hauptmann.

Nel saggio *James Clarence Mangan* (1902) Joyce approfondisce il problema della rivolta contro la tradizione letteraria irlandese perpetuata da una corrente arcaicizzante
(il Rinascimento Celtico), esplorando le possibili vie d'u-
scita. Il problema è chiaramente posto e risolto in termini
personali. La vita e l'opera del poeta irlandese James
Clarence Mangan offrono il pretesto per alcune considerazioni sulle caratteristiche e sulle finalità dell'arte. C'è
nel saggio un'evoluzione che da un massimo di identificazione di Joyce con il poeta (il motivo dell'esilio:

> « Mangan è stato uno straniero nella sua terra, una strana
> e inquietante figura aggirantesi per le strade [...] solo,
> come uno che fa penitenza per una sua antica colpa »;

il motivo della violenza da parte della società:

« non sanno [...] quanto acutamente soffre un ragazzo
sensibile per il contatto con una natura grossolana »)

giunge a una graduale ma cosciente diversificazione (per
il modo in cui la rivolta viene espressa:

« Tutta la sua poesia ricorda i torti e le sofferenze di
uno che ha sofferto e che è spinto a grandi grida e
gesti ».

Mentre Mangan si limiterà a patire questa condizione restando impastoiato nella stessa tradizione irlandese contro
la quale si rivolta, producendo opere dalla forma « contor-
ta » e di impronta romantica

(« Mangan è il prototipo della sua razza. La storia lo
imprigiona così strettamente che persino i suoi momenti
più rabbiosi non lo liberano da essa. [...] Poiché questa tradizione era così aderente al suo carattere egli l'ha
accettata con tutti i suoi penosi fallimenti e non ha mai
saputo come cambiarla come fanno gli spiriti forti »),

l'artista nuovo uscirà, secondo Joyce, dal circolo vizioso
attraverso il raggiungimento delle qualità classiche e sta-
tiche dell'opera

(« La bellezza, lo splendore della verità, è una benefica
presenza quando l'immaginazione contempla intensamente la verità del suo essere o del mondo visibile, e lo
spirito che procede dalla verità e dalla bellezza è il
sacro spirito della gioia »).

Si notano evidenti influssi platonici mutuati da Shelley,
la cui espressione « la mente nell'atto della creazione è
[...] come un carbone ardente », viene qui esplicitamente
citata e sarà ripresa sia in *Dedalus* sia in *Ulisse*. Anche la
contrapposizione tra poesia, che ha valore universalizzan-
te, e storia, che ha un potere limitante e condizionante,
essendo, secondo l'espressione blakiana, « favoleggiata dalle figlie della memoria », verrà ripresa nel monologo interiore di Stephen in *Ulisse*. Influssi teosofici, nel riferimento alla « grande memoria » e a teorie cicliche della storia
(l'alternarsi di oscurità e di luce), si spiegano con la voga
in cui erano a Dublino in quel tempo nei circoli di George

Russell (A. E.) e di Yeats, all'influenza dei quali Joyce,
pur in posizione polemica, non riusciva a sottrarsi.

Oltre alle recensioni del 1903 per il « Daily Express »
(tra le quali una su Bruno e una su Shakespeare), tutte
piuttosto brevi, va segnalata nell'opera saggistica la prima
di tre conferenze tenute in italiano a Trieste nel 1907, al
ritorno da Roma, dal titolo *Irlanda, Isola dei Santi e dei
Savi,* che propone un interessante parallelo tra l'Irlanda e
Trieste, entrambe culturalmente impoverite per la domina-
zione straniera. Anche se degradata, l'Irlanda resta pur
tuttavia l'unica nazione celtica non sottomessa dall'imperialismo britannico e Joyce teorizza qui la necessità della
ribellione, dimostrando quanto l'esilio avesse contribuito a
riavvicinarlo all'Irlanda. C'è anche un tentativo di dare
un quadro socio-politico dell'Irlanda del tempo, costretta
dalla miseria a emigrazioni di massa in America.

Negli anni tra il 1900 e il 1904 Joyce si diede a raccogliere materiali per le sue future opere: sono piccoli brani
in prosa, a mezzo tra la lirica e la narrativa, che Joyce
chiamò, con termine religioso, « epifanie », cioè manifestazioni di verità, e inoltre citazioni da Aristotele, da Tommaso d'Aquino e da Flaubert riportate nei diari di Parigi
e di Pola (rispettivamente del 1903 e del 1904). Secondo
i curatori che le pubblicano (in numero di quaranta) insieme ad altri materiali,[2] esse esistono in due forme: quella
narrativa (rappresentata da descrizioni liriche) e quella
drammatica (rappresentata da forme dialogiche molto semplici e in apparenza insignificanti). Si tratta indubbiamente
delle stesse composizioni di cui parla Yeats rievocando il
primo incontro con Joyce in *Ideas of Good and Evil*:
« Egli mi lesse una bella seppure immatura ed eccentrica
armonia di piccole descrizioni e meditazioni in prosa. Aveva messo da parte la forma metrica, disse, per poter raggiungere una forma così fluida che riuscisse a rispondere
ai moti dello spirito ». Queste epifanie, dunque, sono le
registrazioni dell'aspetto emotivo dell'esperienza, « annota-
zioni stenografiche di un'esperienza vissuta », secondo le
parole di Umberto Eco o secondo quelle dei curatori della

[2] R. SCHOLES - R. M. KAIN, *The Workshop of « Daedalus »*,
Evanston, 1965.

raccolta: « Un'epifania era vita osservata, colta in una specie di fuoco fotografico che riproduceva un momento significante senza commento. Un'epifania non poteva essere costruita, poteva solo essere registrata ».[3] Dello stesso tenore è la definizione data da Joyce per bocca di Stephen Daedalus in *Stefano eroe*:

> « Per epifania intendeva Stephen un'improvvisa manifestazione spirituale, o in un discorso o in un gesto o in un giro di pensieri, degni di essere ricordati ».

La scrittura fissa e memorizza soltanto il momento culminante dell'esperienza artistica. La relegazione dell'epifania al momento preestetico non è dunque solo manifesta nel trattamento progressivamente ironico che il termine subisce nel passaggio da *Stefano eroe* a *Dedalus* e poi in *Ulisse*, ma è già chiara nell'utilizzazione che l'autore ne fa al momento della composizione di *Gente di Dublino*. Come notano infatti sempre Scholes e Kain: « È possibile che qualche epifania fosse realmente usata in *Gente di Dublino*, ma finora non una sola delle epifanie note è stata scoperta in quella raccolta di racconti ». Appare quindi inappropriata e di comodo la definizione dei racconti di *Gente di Dublino* come « epifanie » o « epicleti » (secondo il termine usato dallo stesso Joyce), in quanto trascura lo sforzo di elaborazione e di montaggio dell'immagine, mirante a costituire l'opera come organismo, che Joyce perseguiva fino da quegli anni; *Gente di Dublino* non è un « libro di epifanie », in quanto queste, intese come esercizi di osservazione e di messa a fuoco della realtà esperita, preesistono all'opera.

Citiamo i passi paralleli delle tre opere in cui compare la trattazione del problema, a partire da *Stefano eroe*, dove troviamo un'esemplificazione:

> « Una signorina stava ritta sui gradini di una di quelle scure case di mattoni che sembrano l'incarnazione della *paralis* irlandese. Un giovanotto s'appoggiava alla ringhiera arrugginita del recinto davanti alla casa. Stephen passando udì un frammento di colloquio da cui ricevette

---

[3] *Ibidem*, p. 4.

una impressione cosí acuta da colpirlo. La Signorina (modulando discretamente): "Oh sí... sono stata... in... chie...sa...". Il Giovane (sussurrando impercettibilmente): "Io..." (ancora piú impercettibilmente) "io...". La Signorina (piano): "Oh... ma voi sie...te... mol...to... cattivo". Questa banale scenetta lo fece pensare alla possibilità di raccogliere insieme molti di quei momenti in un libro di epifanie. Per epifania intendeva Stephen un'improvvisa manifestazione spirituale, o in un discorso o in un gesto o in un giro di pensieri, degni di essere ricordati. Stimava cosa degna per un uomo di lettere registrare queste epifanie con estrema cura, considerando ch'erano attimi assai delicati ed evanescenti, e disse a Cranly che l'orologio del Ballast Office era capace di comunicare un'epifania. Cranly interrogò con lo sguardo l'inscrutabile quadrante del Ballast Office con un'aria non meno inscrutabile. "Sí" disse Stephen. "Io gli passo davanti di tanto in tanto, me ne ricordo, mi riferisco ad esso, gli do un'occhiata: è soltanto un pezzo dell'arredamento di una strada di Dublino: poi tutto a un tratto ecco ch'io lo vedo, e lo ravviso per quello che è: un'epifania". "Che vuoi dire?" "Immagina che gli sguardi che gli do siano come il frugare nel buio di un occhio spirituale il quale cerca di mettere a fuoco la sua visione, e nel momento che questo fuoco è raggiunto, ecco, l'oggetto è epifanizzato. È appunto con l'epifania che si tocca il terzo, il supremo stadio della bellezza". "Sí?" fece Cranly assente... "Tu sai ciò che dice l'Aquinate: le tre cose che la bellezza richiede sono integrità, ossia interezza, simmetria e radiosità... Ora veniamo alla terza qualità. Per molto tempo non sono riuscito a capire che cosa intendesse l'Aquinate. Si serve d'una parola figurativa (cosa molto insolita in lui), ma io sono arrivato a comprenderla. *Claritas* è *quidditas*. Dopo che con l'analisi s'è scoperta la seconda qualità, la mente compie la sola sintesi logicamente possibile e scopre la terza qualità. Questo è il momento ch'io chiamo epifania. Dapprima noi riconosciamo che l'oggetto è un'*unica* cosa integrale, poi riconosciamo che è una struttura organizzata e composita, una *cosa* in fatto: finalmente, quando la relazione fra le parti è perfetta, quando le parti si sono calettate in un punto speciale, riconosciamo che è *quella* cosa che è. La sua anima, la sua identità, balzano fuori a noi dai veli dell'apparenza. L'anima dell'oggetto piú comune, la struttura del quale è stata cosí calettata, ci appare radiante. L'oggetto compie la sua epifania" ».

In *Dedalus* Joyce non menziona l'epifania, ma mantiene i tre termini tomistici, pur discostandosi, nell'illustrazione del termine « radiance », dalla definizione data in *Stefano eroe*. L'accento è sull'immaginazione dell'artista che si impossessa del mondo e gli attribuisce significato in virtú della sola operazione artistica. Dello spostamento di accento è un sintomo anche il linguaggio ricco e lussureggiante, vicino a quello di Walter Pater, che viene usato a questo punto di *Dedalus*:

> « Lo splendore di cui parla san Tommaso è la *quidditas* scolastica, l'*essenza* di una cosa. Questa suprema qualità l'artista la sente, quando la sua immaginazione comincia a concepire l'immagine estetica. Shelley paragonò stupendamente lo stato d'animo di questo istante misterioso a un carbone che si spegne. L'istante in cui quella suprema qualità della bellezza, il limpido splendore dell'immagine estetica, viene luminosamente percepita dalla mente che l'interezza e l'armonia dell'immagine hanno arrestato e affascinato, quell'istante è la stasi luminosa e muta del piacere estetico, uno stato spirituale molto simile a quella condizione cardiaca che il fisiologo italiano Luigi Galvani, con una frase quasi altrettanto bella che quella di Shelley, ha chiamato l'incanto del cuore ».

La natura non tomistica di questa concezione estetica è stata ampiamente dimostrata.[4]

In *Ulisse* il trattamento è decisamente ironico:

> « Libri che dovevi scrivere con lettere come titoli. Hai letto il tuo F. Oh sí ma preferisco D. Sí, ma W. è magnifico. Già, W. Ricordi le tue epifanie su fogli verdi, ovali, copie da spedire in caso di morte a tutte le grandi biblioteche del mondo, compresa Alessandria ».

Con l'ampliamento della forma erano venuti meno i presupposti fondamentali dell'epifania: la concentrazione e l'intensità lirica e quindi anche le sue possibilità di sfruttamento immediato.

[4] Cfr. U. Eco, *Le poetiche di Joyce*, Milano, 1966, e H. BREDIN, *Joyce e l'Aquinate*, « Il Verri », n. 31, 1969, pp. 96-112.

Musica da camera (Chamber Music)

Joyce concepí il primo sbocco alle proprie ambizioni artistiche nella poesia; tra il 1900 e il 1904 si considerò soprattutto poeta. Ci sono rimasti frammenti di una raccolta poetica intitolata *Shine and Dark* [*Luce e ombra*] (1900) in cui Joyce si atteggia a « poète maudit », e assume pose anticonformiste alla Byron, il poeta che Stephen difende a spada tratta davanti ai suoi compagni in *Dedalus*. Tipicamente decadente è il decorativismo delle immagini, l'atmosfera misteriosa e ambigua di cui si circondano le confessioni del poeta. Dello stesso periodo, appartenente a una raccolta significativamente intitolata *Moods* [*Emozioni*] è la *Villanella*, poi inserita in *Dedalus* per illustrare gli incerti inizi dell'« artista giovane ».

Tra il 1902 e il 1904 Joyce compose le trentasei liriche che doveva poi includere in *Musica da camera* (1907), la sua prima raccolta edita. L'espressione « musica da camera » definisce da sola la qualità e il tono delle liriche. Vere e proprie « parole per musica », come le definì Joyce, canzoni per pochi strumenti e poche voci, in linea con la tradizione della musica vocale coltivata in Inghilterra dal periodo elisabettiano per discreto intrattenimento della corte. La possibilità di un'interpretazione scurrile per il gioco di parole tra « chamber music » e « chamber pot » [vaso da notte], benché presentatosi a Joyce prima della pubblicazione, è tuttavia successiva all'invenzione del titolo, come attesta l'aneddoto, che si riferiva a un episodio del maggio 1904, riportato da Ellmann: « Gogarty, che a quel tempo era a Dublino, aveva condotto Joyce a fare visita a Jenny, una vedova alquanto spigliata, e mentre tutti bevevano birra forte, Joyce lesse le sue poesie, che aveva portato con sé in un grosso pacco. [...] La vedova fu assai contenta di questa forma di passatempo, ma a un certo punto dovette ritirarsi dietro un paravento, dove c'era un vaso da notte. I due giovani sentirono, e Gogarty esclamò: "Ecco una critica per te!". Joyce aveva già accettato il titolo *Chamber Music* che gli era stato suggerito da Stanislaus ».[5]

[5] R. ELLMANN, *James Joyce*, New York, 1959, p. 160 (tr. it. Milano, 1964).

Joyce si auspicava che le liriche venissero poi effettivamente musicate:

> « Alcuni [versi] sono abbastanza graziosi da essere messi in musica. Spero che qualcuno lo faccia. Qualcuno che conosca la vecchia musica inglese che mi piace. Inoltre non sono pretenziosi e hanno una certa grazia ».[6]

Il desiderio di Joyce doveva avverarsi ad opera di G. Molineux Palmer che nel luglio 1908 gli scrisse per ottenere il consenso a musicare alcune delle liriche. Quando Palmer gli mandò le partiture Joyce ne fu cosí soddisfatto che lo incoraggiò a continuare e gli illustrò la struttura della raccolta:

> « La canzone centrale è la XIV dopo la quale il movimento è tutto discendente fino alla XXXIV che rappresenta virtualmente la fine del libro. La XXXV e la XXXVI sono pezzi di coda come la I e la III sono preludi ».[7]

Sia l'aspetto della struttura sia quello dello stile, volutamente artificioso e di maniera, preso a prestito dai sonettisti del '500 e '600 (nella prima parte), dai decadenti (Yeats, soprattutto) e dai poeti francesi Mallarmé e Laforgue (in prevalenza nella seconda parte) hanno posto ai critici seri problemi interpretativi. Da una parte si sottolinea, con l'artificiosità delle liriche, il loro carattere di fragile ed evasivo gioco musicale, e le si considera di conseguenza anomale nel canone joyciano ed estranee ai futuri sviluppi dell'opera in prosa, dall'altra si nota come la presenza di una storia d'amore che ha un movimento progressivo ben identificabile e rappresenta un elemento di unità strutturale, possa far pensare che *Musica da camera* prefiguri la complessità delle opere successive. La chiave interpretativa la fornisce, ci pare, lo stesso Joyce in due passi separati della lettera a Stanislaus già citata, che sono solo apparentemente in contrasto. Da una parte *Musica da camera* viene riconosciuta come necessaria e importante pietra miliare della sua produzione, che a quell'epoca comprendeva quasi tutti i racconti di *Gente di Dublino*:

---

[6] Lettera del (?) 1º marzo 1907 a Stanislaus, in *Letters of James Joyce*, II, p. 218.

[7] *Letters of James Joyce*, I, p. 67.

« Ho qualche idea a cui mi piacerebbe dare una forma: non come dottrina ma come continuazione di quell'espressione di me stesso che ora mi accorgo di avere iniziato in *Musica da camera* »,

dall'altra si rileva che:

« Non mi piace il libro ma vorrei che uscisse e tanti saluti. Comunque è un libro da giovane. È cosí che mi sentivo. Non è affatto un libro di versi amorosi, mi accorgo ».

Le frasi « espressione di me stesso » e « è cosí che mi sentivo » indicano che il valore autobiografico e di storia intima è presente nell'opera non a dispetto, come dapprima sembrerebbe, dello sfoggio di stile e di retorica, ma grazie a questo. È proprio l'esercizio di stile, l'adozione di stereotipi (il corteggiatore e la bella ritrosa) e di stilizzazioni emblematiche (il feticismo dei capelli, il gioco degli sguardi), il linguaggio che l'autore stesso definí in *Dedalus* « feudale », che rivela un sentimentalismo languoroso e fatuo, un sensualismo tormentato che, anziché essere relegato in un passato arcaico attraverso la convenzione poetica adottata, viene riproposto come condizione eterna dello spirito, come stato d'animo tipico della giovinezza.

Con questa raccolta Joyce riconosce quella parte di sé (né altrimenti si spiegherebbe la sua affermazione riferita al libro: « Scritto come protesta contro me stesso ») che era solo apparentemente l'aspetto diametralmente opposto e schizofrenicamente separato del suo atteggiamento cinico e aggressivo, radicale ed estremo, volto alla denuncia scandalistica dei mali della società. L'idealizzazione della donna secondo i moduli dell'amor cortese, il travestimento della sensualità con il misticismo non sono altro che altrettante spie di un sentimento immaturo e giovanile che tende a nobilitare e a sublimare istinti e passioni ritenuti bassi e degradanti. Del resto, se non fosse presente questo elemento di autobiografia intima ma solo un freddo esercizio di stile, non si spiegherebbe perché Joyce, durante i giorni disperati della loro crisi sentimentale nel 1909, invitasse Nora a rileggersi proprio *Musica da camera*, a riprova dell'esistenza di un momento di grande comunanza spirituale (alcune poesie erano state dedicate proprio a

Nora, come ad esempio la XXVII). Inoltre, il tono di molte lettere d'amore a Nora e del taccuino del periodo prebellico a Trieste, *Giacomo Joyce*, certamente non destinati alla pubblicazione, non si differenzia se non nell'aulicità del linguaggio dal fumoso sentimentalismo delle liriche. Ed è sempre alla poesia che Joyce affidò l'espressione dei suoi sentimenti piú accorati e intensi: basti ricordare, in *Poesie da un soldo* (1927), la struggente *Ella piange su Rahoon* (1913) e *Ecce Puer*, scritta con sentimento di profonda commozione per la nascita del nipotino Stephen James il 15 febbraio 1932.

Non è quindi accettabile la dicotomia proposta dalla gran parte dei critici (poesia d'amore / poesia come saggio di stile), né l'accusa di fragilità perché manca all'opera la verità e la pienezza del sentimento; Joyce sceglie le convenzioni della poesia preraffaellita e decadente perché solo attraverso di esse conosce la propria verità di cantore romantico e compiaciuto di un rapporto amoroso idealizzato e fragile.

L'articolazione in sequenza delle liriche (fatta da Stanislaus con il consenso di Joyce), che richiese ben pochi interventi di saldatura, si pone all'autore per la prima volta e viene risolto in modo niente affatto originale o complesso. Già nei canzonieri cinquecenteschi la storia d'amore veniva ordinata secondo un ciclo illustrato sia dal trascorrere delle ore del giorno nell'avvicendarsi di luce e di ombra, sia dal trascorrere delle stagioni, sia dalla metafora del viaggio inteso come viaggio spirituale, elementi strutturali che troviamo presenti in varia misura in *Musica da camera*. La citata lettera a Palmer non faceva che razionalizzare questi principi organizzativi proponendoli in un *pattern* astratto. La raccolta termina con due composizioni che, estranee alla vicenda d'amore ormai conclusa, evidenziano però il senso della fine e della morte sentite dal poeta come insite in ogni vicenda umana e quindi anche legate alla conclusione dell'opera. La potente concentrazione delle immagini della XXXVI spiega la sua pubblicazione nella antologia di Pound *Des Imagistes* del 1913. Lo sfrenato irrompere di suoni di elementi naturali in entrambe le liriche (« L'intero giorno sento rumore di acque / che fanno lamento » nella XXXV; « Sento un esercito irrompere nella pianura », nella XXXVI) ha dato spunto a un cri tico per notare « l'amore del finale grandioso » [8] di stampo romantico e wagneriano che Joyce consacrerà nelle opere successive. Ma forse l'anticipazione fondamentale delle opere successive sta non tanto, come è stato detto,[9] nell'architettonicità dell'opera, estremamente esile e derivativa, mutuata come è dalle strutture dei canzonieri antichi, quanto nella padronanza della variazione stilistica che, lungi dall'essere esclusivamente musicale e decorativa, configura l'opera come riepilogo e *summa* della poesia amorosa di tutti i tempi. Il travestimento estetizzante e il filtro dello stile, che vengono apparentemente adottati per colmare le carenze dell'opera puntando ad effetti scontati e prestabiliti, sono piuttosto strumenti linguistici che esplorano la necessità ambigua dell'opera di rivelare e di celare, di cogliere la verità del sentimento e di mistificarla contemporaneamente. Ma è solo in questa ambiguità funambolesca che l'opera si realizza e si conosce, nello sfruttamento di un linguaggio che è ad un tempo espressione e traduzione della realtà, e realtà esso stesso.

Presentato da Arthur Symons, critico e uomo di cultura molto influente, autore del fondamentale studio critico *The Symbolist Movement in Literature* (edito nel 1899 e ristampato poi, con enorme risonanza, nel 1908), con parole di caldo elogio, che non anticiparono purtroppo la sua scarsa fortuna critica, il libro è per certi aspetti molto vicino allo Yeats decadente, per altri, come si è detto, a Pound, e talora, per la comune mediazione di Verlaine e di Laforgue, al primo Eliot. Al di là dei richeggiamenti e delle citazioni da fonti comuni, Joyce si rivela apparentato a questi grandi poeti novecenteschi per l'intuizione che la realizzazione e la conoscenza dell'io avvengono attraverso il processo estetico, per la pratica dell'arte come conoscenza di sé.

Gente di Dublino (Dubliners)

Con la raccolta di novelle *Gente di Dublino* (1914), scegliendo la prosa in apparente opposizione alla poesia,

[8] H. HOWARTH, « *Chamber Music* »: *His Importance in the Joyce Canon* in *James Joyce Today*, cit. (tr. it., cit., p. 27).

[9] F. GOZZI, *La poesia di James Joyce*, Bari, 1974, p. 32 sgg.

come arte del particolare in alternativa all'arte dell'universale, Joyce non faceva che completare il ritratto dell'artista emergente da *Musica da camera*: la rappresentazione
naturalistica di *Gente di Dublino* e l'evasione estetizzante
di *Musica da camera* provano e illustrano l'aristocratica e
ascetica superiorità dell'autore rispetto alla realtà. Anche
nei racconti lo stile è al servizio della messa a fuoco della
figura e della funzione dell'artista, vero fine dell'opera
mascherato dall'intento moralistico (la denuncia della degradazione di una società) e dalla giustificazione estetica
corrispondente (l'oggettività classica della narrazione). La
denuncia dell'impoverimento culturale della civiltà irlandese, apparentemente fatta con occhio imparziale e freddo
e per impellente dovere documentario, rappresenta l'alibi
per lo sdegnoso isolamento e l'edonismo dell'artista. L'unitarietà stilistica, fondata sull'adozione di un linguaggio
« scrupolosamente povero », è la conferma di un atteggiamento consapevole e costante da parte dell'autore.

Al momento di partire dall'Irlanda con Nora Barnacle
l'8 ottobre 1904 Joyce aveva già pubblicato, dietro invito
di George Russell (A. E.) che aveva letto e apprezzato alcuni capitoli di *Stefano eroe*, tre racconti (*Sorelle*, *Eveline*
e *Dopo la corsa*) sul settimanale per agricoltori « The Irish
Homestead ». I racconti commissionati, che dovevano essere « semplici e ricchi di colore », furono pubblicati come
« racconti della settimana »: a questa circostanza devono
quelle caratteristiche stilistiche che Joyce cercò successivamente di alterare (con maggiore impegno e fortuna per il
racconto *Sorelle*) per inserirli nella raccolta.

A Pola prima e a Trieste poi, Joyce scrisse successivamente i racconti *Cenere* (ancora nel tardo 1904), *Un increscioso incidente* (nelle due versioni tra il febbraio e il maggio 1905), *Pensione di famiglia*, *Contropartita*, *Il Giorno
dell'edera nella sede del comitato elettorale*, *Un incontro*,
Una madre (tra il luglio e l'ottobre 1905) e, immediatamente dopo, i due racconti che venivano a completare la
struttura che era originariamente a gruppi di tre, *Arabia*
e *La grazia*. I dodici racconti furono inviati all'editore
Grant Richards che li accettò per la stampa nel febbraio
1906, ma nell'aprile propose la censura di alcuni passi
opponendosi, per bocca del proprio tipografo, a parole
come « bloody » e a presunte situazioni scabrose. Dopo

un lungo carteggio con Joyce che rifiutava di piegarsi a queste censure e di correggere le espressioni incriminate, Grant Richards rifiutò il libro, a cui nel frattempo l'autore aveva aggiunto due racconti non previsti, *I due galanti* e *Una piccola nube* (all'inizio del 1906), per esigenze di compiutezza e di equilibrio e per amore di parallelismo. Gli editori dublinesi che lo accettarono, Maunsel & Co, distrussero le copie già stampate per il timore di querele dato che vi erano citati nomi di persone viventi e luoghi reali. Nel 1913 Grant Richards chiese di riesaminare il manoscritto, al quale si era aggiunto, nel 1907, il racconto *I morti*, e lo pubblicò.

Il grosso dei racconti fu quindi scritto nel 1905, contemporaneamente al romanzo autobiografico *Stefano eroe*. L'atteggiamento di Joyce in questi primi anni di attività letteraria viene chiarito, fatte le debite riserve per l'accentuazione della « posa » con cui si esibisce agli occhi della futura compagna, in una lettera a Nora del 29 agosto 1904:

> « La mia mente rifiuta integralmente l'attuale ordinamento sociale e la cristianità, la casa, le virtú riconosciute, le classi della vita e le dottrine religiose. Come potrebbe piacermi l'idea della casa? La mia casa non era che un affare borghese rovinato da abitudini troppo prodighe che ho ereditato [...] Ora [la Chiesa cattolica] la combatto apertamente con quello che scrivo e dico e faccio. Non posso essere ammesso nell'ordinamento sociale se non come vagabondo ».

L'opera letteraria si carica dell'impegno di lotta contro la società borghese e la Chiesa che ha contribuito largamente a strutturarla e a mantenerla immobile in condizioni primordiali. Le finalità artistiche dell'opera sono subordinate a quelle pratiche; l'amara denuncia dei mali della città sarà tanto piú persuasiva quanto piú il linguaggio sarà esente da compiacimenti retorici. La denuncia e l'invocazione di un mutamento miracoloso (simile al miracolo della transustanziazione nella messa) sono riassunte nella prima definizione che Joyce diede dei racconti:

> « Sto scrivendo una serie di epicleti – dieci – per un giornale. Ne ho scritto uno. Chiamo la serie *Gente di Dubli-*

no per smascherare l'anima di quella emiplegia o paralisi che molti considerano una città ».[10]

L'ambiente descritto è strettamente urbano e non stupisce scoprire che Joyce, « il piú urbano » dei romanzieri
irlandesi come è stato definito, non abbia portato a termine il progetto di scrivere un'altra serie di racconti dedicati alla provincia, come scrisse al fratello:

> « Ho intenzione di terminare *Gente di Dublino* entro
> la fine dell'anno e di fargli seguire un libro di *Pro*
> *vincials* ».[11]

Nella stessa lettera, in un bilancio riepilogativo della propria attività, accosta significativamente attività letteraria e
attività pratica sotto il comune denominatore della sperimentalità:

> « Ricorderai le circostanze in cui lasciai l'Irlanda nove
> mesi fa. Come tutto il resto che ho fatto in vita mia, era
> un esperimento. Non posso dire sinceramente che l'espe
> rimento sia fallito in quanto in quei nove mesi ho gene
> rato un figlio, scritto cinquecento pagine del mio roman
> zo, scritto tre novelle, imparato abbastanza bene il te
> desco e il danese, oltre ad adempiere ai doveri per me
> intollerabili del mio ufficio e ad avere imbrogliato due
> sarti. Mi pare poi che adesso scrivo molto meglio di quan
> do ero a Dublino e considero l'episodio nel cap. XXIII
> in cui Stephen fa la corte a Emma Clery un esempio di
> scrittura notevole. Aggiungi che ho sempre mangiato e
> bevuto abbastanza per tenermi in vita, mi sono fornito
> di occhiali e orologio e finalmente mi sto facendo curare
> i denti ».

Una lettera di poco successiva, importante perché ancora esente dalle necessità di difendere e di qualificare
l'opera in senso strettamente documentaristico, come avverrà poi nel carteggio con l'editore Grant Richards, indica, in concorrenza con l'intento di denuncia, la necessità
di essere fedele alla propria natura morale e di darne
testimonianza:

[10] Lettera del principio di luglio 1904 a C. P. Curran, in *Letters
of James Joyce*, I, p. 55.
[11] Lettera del 12 luglio 1905 a Stanislaus, in *Letters of James
Joyce*, II, p. 92.

« Maupassant scrive molto bene [...] ma temo che il suo senso morale sia piuttosto ottuso. I giornali di Dublino disapproveranno i miei racconti dicendo che sono una caricatura della vita di Dublino. [...] Non ho intrapreso la lotta alle convenzioni che sto conducendo attualmente tanto come protesta contro le convenzioni stesse quanto con l'intenzione di vivere conformemente alla mia natura morale ».[12]

La libertà dell'artista si manifesta nella fedeltà con cui testimonia della propria apprensione del reale. Di tono piú ufficiale è la famosa lettera di presentazione del libro a Grant Richards:

« Non credo che nessuno scrittore abbia ancora presentato Dublino al mondo. È stata una capitale europea per migliaia d'anni, dovrebbe essere la seconda città dell'impero britannico ed è grande quasi tre volte Venezia. Inoltre, a causa di molte circostanze che non posso qui spiegare, l'espressione "dublinese" mi pare aver un certo significato e non credo che lo stesso si possa dire di parole come "londinese" e "parigino" che sono entrambe state usate come titolo da scrittori. Ogni tanto vedo sui cataloghi degli editori annunci di libri su argomenti irlandesi, quindi penso che ci sia gente disposta a pagare per lo speciale odore di putrefazione che, spero, aleggia sopra i miei racconti ».[13]

La lettera anticipa il tenore delle polemiche future: il libro è necessario perché tratta di una città che ha il carattere di una vera capitale, ma d'altra parte questo carattere è tale che la gente rifiuterà di riconoscersi nel ritratto dato dall'autore. Ma l'aspetto piú interessante è certo l'intuizione, nel rapporto del dublinese con la sua città, della complessità dei legami tra l'organismo e le parti necessarie al suo funzionamento, che Joyce per analogia riprodurrà nella concezione dei rapporti dell'opera con le sue componenti (e dell'opera come organismo e persona).

Nelle lettere successive Joyce insisterà soprattutto sull'utilità del libro:

[12] Lettera del 19 luglio 1905 a Stanislaus, in *Letters of James Joyce*, II, p. 98.
[13] Lettera a Grant Richards del 15 ottobre 1905, in *Letters of James Joyce*, II, p. 122.

« Non è colpa mia se l'odore di cenere, di erbe mace-
rate e di immondizie aleggia sulle mie novelle. Io credo
seriamente che Lei ritarderà il corso della civiltà in
Irlanda se impedirà agli irlandesi di contemplare per
bene se stessi nel mio specchio tirato a lucido ».[14]

benché talora questa gli sembri « un'ottimistica illusione ».
Lo « scrupoloso realismo » servirà tutt'al piú a farlo considerare un autore influenzato dai romanzieri francesi:

« Non verrà denunciato per averlo pubblicato. Il peggio
che possa accadere, penso, è che qualche critico mi
chiami "lo Zola irlandese" ».[15]

Le lettere di questo periodo, per quanto contengano talora elementi di ironia autocritica, rivelano una sostanziale e costante sicurezza nell'autore, ben diversa dalla
crisi che caratterizzerà il periodo che va dalla fine del 1906
a tutto il 1907 e durante il quale non a caso scriverà il
racconto piú complesso e maturo, I morti.
    La visione dell'autore in tutti i racconti, con l'esclusione
di I morti e, in minor misura, di La grazia, I due galanti e
Una piccola nube, è nichilistica e il tono violentemente po-
lemico, in conformità con il clima della fin de siècle. L'artista che si sente minacciato nella propria libertà denuncia
una società che considera indiscriminatamente degradata
proprio perché colpevole di non offrirgli sbocchi. La serie
dei racconti offre un'esemplificazione ricca, un'illustrazione
esauriente di un giudizio negativo già scontato, che si applica alle persone e all'ambiente, che investe in ugual misura il passato e il presente. Sono superflue, una volta
compreso l'atteggiamento di fondo, le obiezioni mosse a
Joyce di giudicare secondo valori non precisati e di non
proporre una alternativa utile alla denuncia della degradazione: nichilismo e escapismo sono indissolubilmente
legati. Tuttavia la tecnica del racconto realistico inteso nel
senso fotografico del ritratto e dell'inventario, resi in una
lingua volutamente piatta e neutra, che pareva esprimere

---

[14] Lettera a Grant Richards del 23 giugno 1906, in *Letters of
James Joyce*, II, p. 63.
[15] Lettera a Grant Richards del 13 maggio 1906, in *Letters of
James Joyce*, II, p. 135.

meglio di ogni altra la funzione dell'artista come testimone della verità che Joyce aveva tratto da Ibsen, rivela già all'interno della raccolta le proprie insufficienze. L'elaborazione formale e l'articolazione degli elementi tematici sono i mezzi con cui Joyce modifica e arricchisce la propria visione della realtà. Ai personaggi drammatici e caratterizzati in senso negativo, talora con caratteristiche addirittura subumane

(« Lei lo fissava con la faccia pallida, passiva, come un animale smarrito. I suoi occhi non gli diedero alcun segno d'amore o di addio o di riconoscimento »)

dei primi racconti, *Cenere*, o *Eveline*, da cui è tratto l'esempio, succedono personaggi impastati di elementi patetici e comici, osservati con occhio meno impietoso negli ultimi racconti, *La grazia*, *I due galanti* e *Una piccola nube*. L'ironia, che in un primo tempo veniva utilizzata come strumento di giudizio indiretto, investe ed erode anche il ruolo di giudice che l'artista si è arrogato, consentendogli di cogliere lo spessore e l'ambiguità della realtà e caratterizzando la sua arte contemporaneamente in senso naturalistico e simbolico, personale e impersonale, referenziale e lirico, come aveva ben colto Pound: « Ci mostra le cose cosí come sono, non soltanto per Dublino, ma per qualsiasi altra città. Cancellate i nomi locali e alcune allusioni specificamente locali e alcuni fatti storici del passato, e sostituiteli con pochi nomi, allusioni e fatti locali differenti e questi racconti si potrebbero riferire a qualsiasi altra città. L'autore [...] è assolutamente in grado di affrontare le cose che gli stanno intorno, e di affrontarle in maniera diretta, e tuttavia questi particolari non lo assorbono, egli riesce a cogliere l'elemento universale che in essi si cela ».[16]

La considerazione del rapporto esistente tra elementi naturalistici ed elementi simbolici è centrale in tutte le interpretazioni di *Gente di Dublino*. Per Peter K. Garrett « il metodo narrativo con il quale Joyce media tra naturalismo e simbolismo in *Gente di Dublino* può essere visto

[16] E. POUND, *Literary Essays*, Londra, 1954, pp. 399-401.

come conseguenza della sua nozione di epifania ».[17] Valore realistico e valore simbolico sono impliciti e conciliati nel concetto stesso di epifania («piccoli gesti o errori con cui la gente tradiva proprio le cose che era piú attenta a nascondere»); l'accentuazione dell'uno o dell'altro elemento dipende dal procedimento tecnico adottato. Da momento culminante del racconto, in cui il lettore coglie la drammatica incapacità del personaggio a uscire dalla prigione paralizzante delle proprie abitudini e dell'ambiente, l'epifania diventa la strategia del racconto stesso, ritratto del mondo, ma contemporaneamente ritratto dell'autore, non piú separato ma coinvolto e partecipe e talora quasi identificato (vedi il personaggio di Gabriel ne *I morti*) nella condizione dei suoi stessi personaggi. Il movimento interno alla raccolta è quello che prefigura gli sviluppi delle opere successive; da giudizio a comprensione delle cose, dal male considerato come esterno al male come limite della propria consapevolezza e capacità di giudizio; dal ritratto della città fatto dall'artista incontaminato da essa al ritratto dell'artista permeato dalla realtà (vedi la chiusa de *I morti*).

Joyce organizzò i racconti in sequenza:

> «La mia intenzione era di scrivere un capitolo della storia morale del mio paese e ho scelto Dublino come scena perché quella città mi pareva essere il centro della paralisi. Ho cercato di presentarla al pubblico indifferente sotto quattro dei suoi aspetti: infanzia, adolescenza, maturità e vita pubblica. I racconti sono posti in quest'ordine».[18]

La struttura venne creata a posteriori, solo gli ultimi cinque racconti scritti furono composti tenendo conto del posto che avrebbero occupato nella sequenza (i racconti sono *Arabia* e *La grazia*, che avrebbero dovuto rispettivamente chiudere il ciclo dell'infanzia e il ciclo dell'intera raccolta; *I due galanti*, che porta a quattro il numero dei racconti dell'adolescenza; *Una piccola nube*, che paralle-

---

[17] P. K. GARRETT, introduzione a *Twentieth Century Interpretations of «Dubliners»*, Englewood Cliffs, 1968, p. 11.
[18] Lettera a Grant Richards del 5 maggio 1906, in *Letters of James Joyce*, II, p. 132.

lamente porta a quattro il numero dei racconti della maturità; e *I morti*, che sta al di fuori dello schema della raccolta, ma che ne riassume i temi e i motivi). Il libro risulta quindi cosí organizzato: tre racconti dell'infanzia (*Sorelle, Un incontro, Arabia*); quattro racconti dell'adolescenza (*Eveline, Dopo la corsa, I due galanti* e *Pensione di famiglia*); quattro racconti della maturità (*Una piccola nube, Contropartita, Cenere* e *Un increscioso incidente*); tre racconti della vita pubblica (*Il Giorno dell'edera nella sede del comitato elettorale, Una madre, La grazia*) e *I morti*. La città veniva cosí considerata alla stregua di una persona e i vari personaggi come momenti del suo sviluppo fisico e psichico, anticipando con questa caratteristica, non solo tematica ma anche stilistica (in quanto c'è una parallela progressione di stili), la struttura del romanzo *Dedalus*, come nota l'Ellmann: « In *Dubliners* volle vedere anche la città come un individuo la cui vita poteva essere distinta in quattro fasi, la prima rappresentata da bambini, l'ultima da personaggi ormai maturi ».[19] La città non è come la Londra di Eliot « a heap of broken images », ma un vero e proprio organismo vivente in cui il frammento contiene e riproduce le caratteristiche del tutto; cosí come i personaggi non sono gli « hollow men » di Eliot, come pure è stato detto, che vivono della propria schizofrenia e alienazione, ma nature affette da un male antico, che affondano inesorabilmente ma conservano una loro sostanziale integrità.

Joyce ricerca, attraverso l'organizzazione del libro, il punto in cui l'amalgama diventa, nel crogiuolo dell'artista, fusione intima e organismo vivente. L'assenza di personaggi ricorrenti ha indotto i critici da una parte a negare l'esistenza di una storia nell'arco dei quindici racconti e dall'altra a intendere lo schema joyciano delle quattro età in senso puramente meccanico ed esteriore.

Per ovviare a questa sistemazione che sembrava del tutto artificiale e di comodo i critici sono andati alla ricerca dei principi organizzativi nascosti e hanno creduto di trovarli, di volta in volta, nel precorrimento parziale dei cicli vichiani della storia poi elaborati e sfruttati in *La veglia di Finnegan* (Margaret Church), nell'anticipazione dei pa-

---

[19] R. ELLMANN, *James Joyce*, cit., p. 216.

ralleli omerici poi utilizzati in *Ulisse* (Levin e Shattuck, Hart), nel motivo del viaggio all'inferno di sapore dantesco (Tindall, Magalaner, Kain), nella storia della ricerca della rigenerazione da parte di un popolo che ha perso la grazia e nella conseguente denuncia dei vizi capitali (Ghiselin, Kenner). Ma lo schema delle quattro età, oltre a rappresentare, attraverso la metafora dello sviluppo della persona, il momento di coesione dei vari racconti-bozzetto, apparentemente frammentari e isolati, rivela, se esaminato più a fondo, il rispecchiamento e la conciliazione degli stessi elementi che caratterizzano l'opera: l'elemento realistico e quello simbolico. Il valore realistico di periodi della vita dell'uomo, come l'adolescenza, viene dissolto se si scopre che Lenehan e Corley in *I due galanti* e Bob Doran in *Pensione di famiglia* sono personaggi sulla trentina, coetanei di Ignatius Gallaher e di Little Chandler, protagonisti di *Una piccola nube*, racconto della maturità, e se si considera che « la vita pubblica » non è esattamente un'età dell'uomo, ma piuttosto una condizione.

La determinazione di ciascuna di queste età è dunque soprattutto ideale e riposa sul diverso modo con cui sono spiate, attese, invocate, vissute o rimpiante la maturità, la fertilità, la creatività. Si profila quindi, nella prospettiva prevalentemente simbolica di queste indicazioni, una coincidenza perfetta con il valore delle indicazioni dell'ora del giorno in *Ulisse* secondo lo schema Linati, che si riferiscono alla condizione dei personaggi e, attraverso ad essi, allo sviluppo della storia e del libro. (L'indicazione *alba* si riferisce non all'ora ma alla condizione immatura di Stephen Dedalus così come, più oltre, *Giorno pieno* indica il punto centrale – l'ombelico del libro – e *Mezzanotte* la fusione di Bloom-Ulisse e Stephen-Telemaco.) Sta dunque nella natura del rapporto tra schema e materiali del libro la più persuasiva anticipazione di *Ulisse*, e non nella dispersiva e inutile ricerca di altri schemi in alternativa a quello denunciato dallo stesso Joyce. Se si eccettuano alcuni raggruppamenti (la triade dei racconti iniziali in prima persona; la coppia di racconti dedicata a personaggi di mezz'età non sposati, *Un increscioso incidente* e *Cenere*) il principio organizzatore del libro resta quello metaforico dello sviluppo spirituale della città considerata come persona, reso coerente dal ritorno insistito di temi quali paralisi, apatia, frustrazione, cecità, morte spirituale, incapacità a reagire di cui ogni personaggio è un esempio.

Ma oltre al ritorno dei temi, che è stato definito « musicale » dallo Scholes, è importante elemento coesivo il loro stesso sviluppo, parallelo al raffinamento della tecnica dell'autore: la paralisi di cui si parla nel racconto iniziale non ha lo stesso valore dello stato di apatia in cui si trova il protagonista de *I morti* nell'ultima scena; il tema della simonia, appena accennato nel primo racconto, trova uno sviluppo completo nell'ultimo racconto dello schema originario, *La grazia*; l'impressione prodotta dalla figura del prete morto in *Sorelle* viene modificata dalla figura del prete vivo nella chiusa di *La grazia*; la figura del prete viene richiamata, attraverso il particolare del nome, in un personaggio come Ignatius Gallaher che apparentemente non ha nulla di pretesco, ma che nel sistema mitografico joyciano ha le chiare connotazioni del gesuita disinvolto, mondano, aggressivo.

L'unitarietà della raccolta viene inoltre assicurata dall'adozione di un linguaggio uniforme e unico, tanto piú piatto e misurato, « scrupolosamente povero », quanto piú si tratta di rendere la voce collettiva di una civiltà che è tutta, in ugual misura, paralizzata e immobile. Nonostante gli sforzi di Joyce di caratterizzare individualmente ogni personaggio attraverso la tecnica mimetica del racconto in terza persona narrato secondo le peculiarità linguistiche dello stesso (il racconto *Eveline* comincia con le stesse espressioni che la protagonista trova nei romanzi rosa che legge) e con l'accurata modulazione dei dialoghi accentuatamente realistici (*La grazia*, *Il Giorno dell'edera*, *I morti*, ecc.), il tono rimane unico perché il personaggio è sostanzialmente unico, caratterizzato a forti tinte, seppure con tecnica impressionistica, come ha notato Pound, e con abbondanza di termini negativi (in *I due galanti*, ad esempio: « Like illumined pearls the lamps shone from the summits of their tall poles upon the living texture below, which, changing shape and hue *unceasingly*, sent up into the warm grey evening air an *unchanging*, *unceasing* murmur »).[20] La rappresentazione frontale della realtà, sep-

[20] J. JOYCE, *Dubliners*, Londra, 1956, p. 47. (Il corsivo è nostro.) (« Dal sommo degli alti pali le lampade splendevano come perle

pure condotta con punte di intensità diverse, corrispondenti ai momenti di rivelazione « epifanica », la riduce e la
semplifica, rivelando nell'autore un atteggiamento dogma-
tico e rigido. Ma nei racconti dell'ultimo periodo, il raffinamento dei mezzi di controllo tecnico (il monologo interiore, ad esempio) e la moltiplicazione dei riferimenti
letterari (Hauptmann, Byron, Nietzsche soprattutto, ma anche melodramma e cantate popolari) e delle allusioni riproducono l'azione dei racconti a più livelli, riducendo
l'impressione di un'immagine troppo fissa e immobile, e
arricchendo, con effetti sfumatamente patetici ed eroico-
mici, la narrativa di una pluralità di toni e aspetti.

Joyce aveva realizzato, con *Gente di Dublino*, il fine che
aveva proposto all'artista nei suoi saggi, e cioè quello di
svecchiare la cultura irlandese e di farla competere con la
cultura europea continentale. Il merito gli fu riconosciuto
tra i primi da Pound: « Sorprende che Joyce sia irlandese.
Si è cosí stanchi degli svolazzi della immaginazione (o
"fantasia", come credo la chiamino adesso) irlandese o
"celtica". Joyce non svolazza. Definisce. Non è un'istituzione per la promozione delle industrie contadine irlandesi.
·Accetta un modulo internazionale di prosa e ad esso si
conforma ».[21] Questa operazione fu fatta non ignorando i
suoi predecessori ma misurandosi con loro, nella piena coscienza di quanto aveva prodotto la tradizione inglese e
irlandese nel genere del racconto, da Henry James, a
Moore, a Arthur Morrison, a Kipling, a Hardy, a Wilde
e a Pater. Ma nell'esercizio letterario in prosa Joyce imparò, attraverso quella che chiamò l'« epifania », che il
miracolo dell'artista sta nell'essere in grado di fare arte
da qualsiasi materiale, nella scoperta dell'eccezionale e
del significativo nel banale e nel quotidiano, dell'assoluto
nel contingente. « È strano », scriveva al fratello, « dove
si trovano le idee per i racconti ».[22]

---

luminose su quella trama viva che, mutando incessantemente di
colore e di forma, mandava su nell'aria calda e grigia della sera
un continuo, incessante mormorio », tr. it. *Racconti e romanzi*, Milano, 1974, p. 47.)

[21] E. POUND, *Literary Essays*, cit., p. 400.

[22] Lettera dell'11 febbraio 1907 a Stanislaus, in *Letters of James
Joyce*, II, p. 211.

Stefano eroe (Stephen Hero)

Del romanzo autobiografico *Stefano eroe*, distrutto in parte dallo stesso autore durante una crisi di sconforto nel 1911, ci resta la parte corrispondente alle vicende narrate nell'ultimo capitolo di *Dedalus*. Le pagine manoscritte, trovate tra le carte di Sylvia Beach, furono pubblicate nel 1944 da Theodore Spencer come *A Part of the First Draft of A Portrait of the Artist as a Young Man*; in seguito, nel 1963, furono pubblicate in appendice altre venticinque pagine. Altre pagine saranno aggiunte alla terza edizione. L'inizio della stesura di *Stefano eroe* è stato variamente collocato dai critici, taluni lo retrodatano addirittura al 1901-2 (Prescott e Noon) in considerazione dei riferimenti autobiografici sentiti ancora come molto vivi, ma la critica piú recente tende a collocarlo, almeno per quanto riguarda il corpo centrale, del resto in concordanza con il primo biografo di Joyce, Herbert Gorman, negli anni 1904-5, contemporaneamente, cioè, alla stesura della maggior parte dei racconti di *Gente di Dublino*. C'è invece una perfetta concordanza sul periodo in cui l'opera venne abbandonata, l'ottobre 1906, periodo in cui Joyce era occupato nella stesura dei racconti di *Gente di Dublino*, tecnicamente piú evoluti, e in cui concepí *Dedalus*. L'insoddisfazione di Joyce per il titolo, che meditava di cambiare in *Ritratto dell'artista* o, « forse meglio, *Capitoli della vita di un giovane* »,[23] rivela una insicurezza sul tono e sulle finalità del romanzo. La mancanza di un disegno unitario, presente invece, come si è visto, in *Gente di Dublino*, è responsabile della monotona successione dei capitoli (teoricamente in numero infinito) e della piatta e minuta registrazione del quotidiano che sfianca e annoia lo stesso autore, teso a cogliere attraverso la pratica della scrittura il senso dell'arte e della bellezza. Una contrapposizione consapevole da un punto di vista squisitamente formale viene fatta tra romanzo e racconto proprio a proposito di *Stefano eroe*:

« Mi pare che ciò che stupisce molta gente nella lunghezza del romanzo sia lo straordinario vigore dello

[23] Lettera a Stanislaus del 2 febbraio 1905, in *Letters of James Joyce*, II, p. 82.

scrittore e la sua straordinaria pazienza. Non mi sarebbe difficile scrivere romanzi brevi se volessi, ma ciò che voglio esaurire in questo romanzo non si può esaurire se non mediante uno stillicidio costante ».[24]

Il romanzo viene concepito come forma lunga e ampia, ma non ancora architettonicamente strutturata e visualmente definibile. La mancata finalizzazione del materiale a un disegno unico spiega il carattere estremamente diffuso della narrazione, l'abbondanza dei personaggi secondari in cui si disperde la vicenda e, dietro a questa, la « falsa » motivazione dell'opera, piegata a esigenze pratiche di denuncia e di regolamento di conti, informata a un'aggressività puerile e utilizzata come un vero e proprio manifesto provocatorio.

L'eroe (il titolo è ricalcato su quello di una ballata, esempio di epica popolare) si batte contro il mondo ostile con l'animo del crociato e del guerriero, utilizzando come armi la rigida dogmaticità delle proprie convinzioni. Il tono delle dispute di Stephen è molto vicino a quello dei saggi di Joyce, il quale non utilizza ancora a questo stadio il filtro dell'ironia che sarà tratto distintivo della caratterizzazione di Stephen in *Dedalus*. In questo romanzo l'eroe non è ancora l'artista; è un giovane studente di letteratura che sente le limitazioni impostegli dall'ambiente come coartazione della propria libertà d'azione e di espressione in un senso molto generico. I problemi della creazione dell'opera non lo coinvolgono ancora, ed egli è piuttosto impegnato a discutere e a teorizzare, rafforzando la propria funzione di critico guida e di moralista alla maniera di Ibsen. La mancanza di focalizzazione di un problema e, parallelamente, di interiorizzazione della narrativa, consente al romanzo di dilungarsi nella presentazione di personaggi minori (i fratelli, dei quali si sentono, in *Dedalus*, soltanto le voci; Emma Clery, che in *Dedalus* verrà indicata con le sole iniziali E. C., quasi un'anticipazione della smaterializzazione del personaggio ne *La veglia di Finnegan*) o di personaggi maggiori non sfruttati però in tutte le loro potenzialità (la madre, che in *Dedalus* viene molto significativamente obliterata per lasciar posto alla figura

[24] *Ibidem.*

del padre, centrale al mito considerato e al tema della ricerca intellettuale) o di moltiplicare situazioni identiche senza che ne derivi un approfondimento di significato (è il caso delle due conversazioni con Padre Butt che diventano in *Dedalus* una sola) o di includere polemiche spicciole e personali (come quella contro le donne e la Chiesa).

Il fatto che la parte che ci resta di *Stefano eroe* sia cinque volte piú ampia della parte corrispondente in *Dedalus* spiega da solo molte cose. In *Stefano eroe* i personaggi non hanno alcuna rilevanza simbolica e il loro comportamento richiede di essere quindi analizzato e giustificato secondo i canoni della narrativa tradizionale, con l'attenzione rivolta ad ogni minuto particolare, senza che questo sia collocabile in una prospettiva precisa, astratto e razionalizzato in un *pattern*. Le differenze si riscontrano, oltreché nell'estensione dei passi e nella profusione dei dettagli, soprattutto nella qualità del linguaggio che si perde in particolari decorativi o si limita a una pura funzione referenziale, come risulta dal confronto di due passi paralleli rispettivamente di *Stefano eroe* e di *Dedalus*:

> « aveva trovato padre Butt che se ne stava inginocchiato sulla pietra del caminetto, intento ad attizzarvi il fuoco ».
> « una figura si trovava accoccolata davanti alla grossa graticola e la *magrezza* e il *grigiore* gliela rivelarono per il decano degli studi che stava accendendo il fuoco ».

I due astratti usati nella versione piú tarda sottolineano e isolano le caratteristiche che rendono il personaggio simbolo della condizione umana a Dublino, mentre il passo precedente non faceva che descrivere un'azione. Il linguaggio è spesso fumettistico e deteriore, improntato com'è a quello di certa narrativa naturalistica *fin de siècle* (ad esempio quella di Moore e Morrison), come si vede nel passo:

> « Il *mostro* ch'era in Stefano aveva da ultimo preso a comportarsi male e a prepararsi a venire alle mani a ogni minima provocazione ».[25]

[25] J. JOYCE, *Stephen Hero*, New York, 1963, p. 29 (tr. it. *Le gesta di Stephen*, in *Racconti e romanzi*, Milano, 1974, p. 571). (Il corsivo è nostro.)

I personaggi, posseduti da forze che non riescono a dominare e intrappolati in situazioni che non riescono a risolvere, sono caratterizzati a forti tinte ed esasperati, come
nel caso di Padre Butt, che è in *Stefano eroe* un nemico e
un severo censore e diventa, in *Dedalus*, una commovente
figura di esiliato (è infatti inglese di nascita); e nel caso
di Madden, il giovane feniano ferocemente disprezzato da
Stephen, che diventa in *Dedalus* Davin, l'idealista, l'inno-
cente; di Emma Clery, che è considerata in *Stefano eroe*
con disprezzo, una sorta di prostituta, poiché incoraggia
la corte di un prete, mentre si smaterializza in *Dedalus*,
venendo indicata con le sole iniziali. Analogamente, la rottura con Cranly, attribuita a gelosia e a antipatia personale, riceve una più alta motivazione in *Dedalus*; e il rapporto con il fratello Maurice viene del tutto trascurato
nell'opera più tarda. Nella famosa scena della discussione
delle teorie estetiche in *Stefano eroe*, Stephen è opposto a
Cranly, che riassume in sé l'ottusità della società irlandese e costringe Stephen a usare tutta la forza di persua-
sione di cui è capace per trionfare e far riconoscere la sua
superiorità; in *Dedalus* Stephen, opposto al satanico Lynch,
espone la sua teoria in modo distaccato e superiore, ma-
nifestando, senza scoperti intenti didattici, la propria ap-
passionata fede nell'arte e nella bellezza.

Alla mancanza di disegno unitario devono attribuirsi
gli scompensi dell'opera, che presenta numerosi bruschi
passaggi da momenti lirici a momenti di azione drammatica, muovendosi « dalla fantasticheria alla intricatezza ».[26]
Inoltre, la libertà con cui Joyce vi attinse materiali per le
opere successive dimostra che egli considerò *Stefano eroe*
alla stregua di un quaderno di appunti. L'assenza di elaborazione formale, e quindi di una « distanza » fra autore
e protagonista, giustifica perciò l'atteggiamento dei critici
che ricorrono all'opera per rintracciarvi riferimenti culturali espliciti non reperibili con altrettanta chiarezza nelle
opere successive (come ad esempio quelli a Dante, a Zola,
a Ibsen) o illustrazioni delle teorie estetiche non elaborate
in altro luogo e che collegano Joyce molto chiaramente
all'estetica decadente: ad esempio, oltre al passo famoso
sull'epifania, il passo:

[26] C. P. Curran, *James Joyce Remembered*, cit., p. 117.

« Cercava di fissare nei versi i piú elusivi dei suoi umori poetici, e li metteva insieme verso per verso, non parola per parola, ma lettera per lettera. Leggeva quanto Blake e Rimbaud avevano scritto sul valore delle lettere e si compiaceva inoltre di mutare e combinare le vocali tra loro per riprodurre gridi d'emozioni primitive »;[27]

oppure:

« I suoi occhi e i suoi orecchi erano sempre all'erta a ricevere impressioni... Prendeva piacere a ripeterle tra sé [le parole] fintanto che esse, perduto per lui il loro significato momentaneo, divenivano parole meravigliose ».[28]

L'abbandono di *Stefano eroe* corrisponde alla presa di coscienza da parte di Joyce della natura « cinetica » del libro, vale a dire didattica e suasoria, piuttosto che statica e « classica », e segna l'inizio della riconsiderazione della funzione dell'artista, il cui occhio non è piú volto soltanto alla realtà esterna nell'intento di definirla e di fissarla essenzialmente, ma piuttosto ai meccanismi della propria immaginazione come riflesso della realtà esterna. L'autore stesso si espresse negativamente riconsiderando l'opera con sguardo retrospettivo in una lettera del 1934 a Harriet Shaw Weaver (« È robaccia [...] un prodotto scolastico »), mostrando di non valutare affatto quelle qualità di freschezza e ricchezza di dettaglio che pure molta critica ha voluto vedervi, considerando *Stefano eroe* la piú leggibile di tutte le opere di Joyce.

Dedalus: Ritratto dell'artista da giovane (A Portrait of the Artist as a Young Man)

La gestazione e la stesura di *Dedalus* (il titolo dato da Pavese alla traduzione italiana dell'opera) si possono collocare negli anni tra il 1907 e il 1915 (e piú precisamente tra il 1907 e il 1912 per i primi tre capitoli, e tra il 1912 e il 1915 per gli ultimi due). Venne pubblicato a puntate in versione quasi integrale su « The Egoist » dal 2 febbraio 1914

---

[27] J. JOYCE, *Stephen Hero*, cit., p. 32 (tr. it., p. 574).
[28] *Ibidem*, p. 30 (tr. it., p. 572).

al 1° settembre 1915; fu pubblicato in volume nel 1916. Un diretto antecedente viene da alcuni critici indicato nel saggio-bozzetto *Ritratto dell'artista* (1904) per le qualità liriche e per la concezione del ritratto come sviluppo e movimento (« non è una carta d'identità ma il grafico di un'emozione ») e della storia (« il passato implica una fluida successione di presenti ») chiaramente anticipatorie di *Dedalus*. Ma, a parte queste coincidenze puntuali, la genesi di *Dedalus* deve piuttosto essere fatta risalire all'esperienza compositiva dell'ultimo racconto di *Gente di Dublino*, *I morti*. Del resto il fatto era stato implicitamente ammesso anche da Joyce, come risulta da una testimonianza di Stanislaus. Il racconto segnava l'inizio di un processo di riconciliazione dell'artista con la realtà, di armonia e di equilibrio, anziché di contrasto e di rigida opposizione, riflesso nell'interferenza e nella coesione dei vari piani e linee narrativi, nell'abbandono della troppo rigida distinzione tra elementi realistici ed elementi simbolici, nella caratterizzazione del personaggio non piú in senso psicologico e individuale ma in senso astratto e extraumano. Definito un *Kunstlerroman*, un *Bildungsroman* e anche un *Geistesroman*, il libro, strumento di autoeducazione con il quale l'io presente cerca l'io passato, è stato accostato ad altri romanzi di crescita spirituale, a partire dalle *Confessioni* di Sant'Agostino e dal *Werther* di Goethe, per arrivare fino all'*Apologia* di Newman, a *The Way of All Flesh* di Samuel Butler, alle *Confessioni* di George Moore. Ma la multidimensionalità dell'opera impedisce che venga interpretata nel senso di un'autobiografia parziale o apologetica per la distanza ironica che Joyce stabilisce tra sé e il personaggio. I rapporti del personaggio con la realtà vengono moltiplicati, in modo del tutto simile a quanto avviene nell'*Ulisse*, dalle implicazioni simboliche di personaggi e situazioni. Nel romanzo, Stephen, il giovane che sarà artista, è non soltanto un novello Icaro, come indica il cognome e il rapporto con il padre, ma anche contemporaneamente Cristo preannunciato da Cranly (indicato come San Giovanni il precursore) e contrastato da Lynch (le cui caratteristiche sataniche sono sottolineate dall'epiteto « serpentine »), e insieme Lucifero, il cui orgoglioso « non serviam » Stephen ripete; e ancora Prometeo e Stefano, martirizzati per il loro rifiuto a sottomettersi.

Attraverso questa tecnica, che non ha per scopo esclusivamente la parodia, il personaggio ci appare smontato in parti corrispondenti ai vari livelli metaforici e privato della sua integrità a vantaggio dell'integrità dell'immagine estetica che risulta composita ma classicamente equilibrata, ambigua ma risolvibile in un significato. All'apologia del protagonista fatta in *Stefano eroe* si sostituisce l'apologia dell'opera. L'immagine estetica risulta dal lento processo di conoscenza di sé, di iniziazione alla vita (e all'arte) cui è sottoposto l'artista e che comporta la trasformazione della propria finitezza e mortalità nella propria libertà e assolutezza. L'Ellmann ha dimostrato come in *Dedalus* compaia un *pattern* che identifica lo sviluppo dell'artista con lo sviluppo embrionale, e come questo consenta la conciliazione di realismo e simbolismo, di varietà e unitarietà dell'opera. La coscienza di Stephen è quella che informa il libro, quella attraverso cui passano le sensazioni fisiche e i sentimenti. La narrativa, pur restando quella tradizionale in terza persona, si rinnova con l'introduzione di uno stile imitativo che mima i vari stadi linguistici dell'uomo e va da un linguaggio infantile quasi inarticolato e ripetitivo, a quello esaltato e fumoso dell'adolescente, a quello composto e severo del giovane intellettuale che ha scelto per vocazione la propria strada e la segue con slancio e impegno. Il linguaggio si adegua a ogni stadio di espansione della coscienza del protagonista. La tecnica non implica l'identificazione dell'autore con il suo eroe (per quanto molti critici abbiano voluto vedere in Stephen un *alter ego* di Joyce), ma, anzi, lo sforzo critico di calarsi nel personaggio e di oggettivarne sensazioni e pensieri conseguendo, con la replica stilistica dell'avventura narrata, un arricchimento dei livelli di interpretazione critica e degli aspetti dell'opera.

Il concepire l'opera come organica e multidimensionale implica l'adozione di altre due tecniche già parzialmente sperimentate in *Gente di Dublino*, che Clive Hart[29] ha chiamato del *Leitmotiv* e del « simbolo in espansione » o « metafore guida », intendendo con la prima le ripetizioni letterali di espressioni (ad esempio: « warm turfcoloured bogwater »; « pick, pack, pock, puck: little drops of water

[29] C. HART, *James Joyce's « Ulysses »*, Sydney, 1968.

in a fountain slowly falling in the brimming bowl »; « an awklike man »; « the swish of a soutane » ecc.) e con la seconda nuclei dinamici di « imagery » (ad esempio: gli uccelli e il volo, collegati all'identità simbolica dei due personaggi principali; elementi contrapposti come il caldo e il freddo, l'acqua e il fango, le immondizie ecc.). Ci sono passi in cui ritornano, con funzione di rimando e collegamento, le stesse espressioni con variazioni minime. Tutte queste tecniche riaffermano non solo l'organicità del libro ma anche la sua autosufficienza, affidando l'attribuzione del senso alla disposizione di elementi formali più che alla enunciazione astratta e pedantesca di verità. Il distacco emozionale che questa tecnica comporta è stato variamente utilizzato dai critici come chiave per intendere l'atteggiamento di Joyce verso il suo personaggio.

Per alcuni il libro è la denuncia e la messa alla berlina dell'esteta, del falso artista (ed è chiaro che lo Stephen di *Dedalus* viene assimilato allo Stephen di *Ulisse*) che viene considerato alla fine sconfitto dal suo stesso orgoglio e destinato alla caduta; altri, invece, con maggiore equilibrio (ma senza trascurare momenti di pungente ironia presenti nel libro), indicano nel tema della creatività e nello stesso titolo (*Ritratto dell'artista da giovane*, dove è fortemente accentuata l'ultima espressione: *da giovane*, a indicare il distanziamento dell'autore da quella condizione) le prove di un atteggiamento meno censorio e, anzi, comprensivo nei confronti del protagonista il cui eroismo, nell'affrontare l'avventura della scoperta di sé, è reale e in deliberato contrasto con la rassegnata passività degli altri protagonisti. Il ritratto è quello di un artista sul nascere, come ebbe a dire Joyce all'amico Frank Budgen; di uno scrittore (più precisamente un poeta, dato che la sua unica composizione è la tanto discussa *Villanelle of the Temptress*) la cui egocentricità e immaturità sono indicate come stadi necessari e che non può essere identificato con Joyce se non retrospettivamente e parzialmente (non dal tono e dalla struttura dell'opera, cioè, ma dalla scelta del materiale). Se c'è atteggiamento censorio questo non riguarda la vocazione di Stephen, ma i modi in cui questa vocazione si realizzerà e troverà sbocchi (la citazione della *Villanelle*, unico prodotto dell'artista, è fortemente ironica, ma essa rappresenta contemporaneamente un'opera infelice e la promessa di un'opera migliore). Se Stephen è visto come angelo che per il suo orgoglio si danna, è anche visto come Thoth, dio della sapienza, come augure divino e sacerdote,[30] e la sua caduta e degradazione sono presentate come stadi necessari alla conoscenza di sé che sta alla base del processo artistico. Il fallimento e il successo non, sono immediatamente valutabili, né tantomeno definitivi. Che la partenza di Stephen non possa venir interpretata come una sconfitta rovinosa e definitiva è del resto ribadito dalla stessa struttura del romanzo, in cinque capitoli (unità chiuse e autosufficienti, il cui movimento è « dal caos all'ordine »),[31] ciascuno con un *climax* finale contrastato da uno smorzamento di tono all'inizio del capitolo successivo (Noon ha studiato l'alternanza di momenti di *pathos* e di *bathos* in corrispondenza dei vari capitoli del romanzo). Ciascun capitolo rappresenta, per rispettare la metafora principale, un volo nel mondo che si conclude con un ridimensionamento e una caduta, ma ciascun volo, benché esperienza fallimentare e degradante, rappresenta nello stesso tempo un allargamento della coscienza dell'artista e dei suoi mezzi espressivi (è quello che W. Litz, per illustrare l'alternanza di sogno e realtà, chiama « struttura drammatica di dissolvenza e sintesi »). La struttura non è più determinata da un succedersi monotono di unità uguali e indifferenziate, come era in *Stefano eroe*, ma dall'articolarsi di parti diseguali in sé complete e chiuse che riproducono però lo stesso processo di espansione e di crescita. Il movimento interno di ogni capitolo, di espansione e contrazione appunto, intende rispecchiare solo parzialmente i moti psicologici del personaggio, nel suo passare dallo sconforto all'estasi, poiché il centro dell'attenzione, in particolare nell'ultimo capitolo, è ormai la coscienza dell'artista giovane, non caratterizzata individualmente, ma in astratto e in assoluto. La verità individuale che veniva ricercata dal bambino nel mistero dei nomi, diventa universalizzabile per il rapporto che l'artista ricerca e stabilisce con il linguaggio tutto e con l'espressione

[30] Cfr. E. M. WAITH, in AA. VV., *Joyce's Portrait: Criticism and Critiques*, a cura di Th. E. Connolly, New York, 1962.
[31] D. VAN GHENT, *The English Novel. Form and Function*, New York, 1953, p. 108.

letteraria. Le parole sono il tramite con la realtà e l'artista ricerca il senso della propria funzione nel rapporto tra il proprio linguaggio e quello universale delle cose. L'aumento di decorazione verbale rispetto a *Stefano eroe* si spiega con questa concezione dell'artista che abbraccia e riflette in sé la realtà, sia pure con la mediazione della letteratura, per cui il « ritratto » di Stephen è contemporaneamente ritratto del suo ambiente e del suo mondo, e ritratto del personaggio immedesimato con il mondo. Il linguaggio è, per conseguenza, fortemente sincretistico, e stabilisce un'equivalenza sostanziale delle sensazioni (come nell'espressione « liquid letters of speech », ad esempio, dove « liquid » traduce letteralmente l'idea di scorrevolezza).

Il finale del libro, interpretato come l'accentuazione dei motivi del rifiuto del mondo e quindi dell'egocentrismo, dell'introversione e della megalomania, sottolinea invece, sempre con sfumata ironia, la necessarietà di questi atteggiamenti, poiché proprio con l'introversione può realizzarsi l'annullamento della persona dell'artista nella funzione poetica, i cui stadi sono l'identificazione di sé con il padre o il ritrovamento del padre in sé, la sublimazione della caduta in trionfo, della sconfitta in vittoria. L'eroismo è reale, poiché è inerente all'avventura intima della ricerca di sé, ma è ironizzabile per il modo in cui si pone (l'ironia è evidente nei passi riguardanti l'elaborazione delle teorie estetiche). Il compito dell'artista, cioè produrre un'opera che sia ad un tempo nella tradizione e al di fuori di essa, non può attuarsi se non a partire dalla conoscenza e dalla definizione di sé. È questo il senso della chiusa di *Dedalus*:

> « Vado a incontrare per la milionesima volta la realtà dell'esperienza e a foggiare nella fucina della mia anima la coscienza increata della mia razza ».

Esaminiamo ora l'opera nel suo svolgimento. Le prime pagine contengono *in nuce* tutti i motivi del romanzo. Il reale viene mostrato attraverso la sensibilità del bambino (il futuro artista) le cui prime frammentarie impressioni sono di piacere sensuale. I cinque sensi vengono risvegliati ad uno ad uno: prima l'udito (« al tempo dei tempi... »), poi la vista (« il babbo lo guardava »), poi il gusto (« vendeva filato di limone »), poi il tatto (« quando bagnate il

letto ») e per ultimo l'odorato (« era ciò che dava l'odore
strano ». « La mamma aveva un odore piú buono del
babbo »). Le sensazioni fanno nascere in lui il senso d'i-
dentità: « Grembialino era lui » è la prima epifania del
personaggio, seguita da « Cantava questa canzone. Era la
sua canzone »: il riferimento è al padre, ma potrebbe
essere intesa anche nel senso di una profezia per Stephen.
Anche il problema della scelta politica diventa, a questo
stadio infantile della vita del personaggio, un problema
di scelta sensuale tra colori:

> « Dante aveva due spazzole nel suo armadietto. La spaz-
> zola col dorso di velluto marrone era per Michael Davitt
> e la spazzola col dorso di velluto verde era per Parnell ».

L'identità viene all'inizio confusa con l'appartenenza alla
famiglia:

> « I Vance abitavano al numero sette. Avevano un altro
> babbo e un'altra mamma. Erano il babbo e la mamma
> di Eileen ».

Ma la famiglia si pone ben presto come antitetica rispetto
al libero sviluppo della sua personalità e richiede dimo-
strazioni di sottomissione, facendogli balenare l'immagine
di un Dio arbitrario e crudele:

> « Altrimenti verrà l'aquila e gli porterà via un occhio.
> Via un occhio / in ginocchio / in ginocchio / via un
> occhio ».

Con questi versi « ipnotici » si chiude quella che potrebbe essere considerata l'*ouverture* del romanzo.

La sensazione fisica domina anche nelle descrizioni del
primo periodo scolastico e il mondo viene rappresentato
quasi animisticamente: « disse alle dita di far presto »,
« le scarpe del prefetto se n'andarono ».

Le sensazioni tattili primarie, il caldo e il freddo, servono a qualificare sincretisticamente anche altre sensazioni: « c'era un freddo odore di notte, nella cappella », donde
risulta un'equivalenza semantica di « freddo » e « scuro ».
Anche quando il bambino tenta di elaborare le sensazioni si tratta pur sempre di strutture primitive come quella del racconto-apologo a struttura circolare:

« Una figura saliva per la scala del salone. Vestiva il mantello bianco di maresciallo; aveva un volto pallido e strano; si teneva la mano premuta sul fianco. [...] Stava ritto sul campo con la mano premuta sul fianco, col volto pallido e strano, e vestiva il mantello bianco di maresciallo ».

Il tono favolistico viene ribadito nelle ripetizioni e nelle esclamazioni: « Evviva, e poi evviva, e poi evviva »; « le loro chiavi facevano una musica vivace: tic, tic, tic, tic »; « i pali telegrafici passavano, passavano ». Vi sono espressioni di gergo scolastico che qualificano naturalisticamente il racconto e espressioni scientifiche che rivelano nel bambino l'ansia di definizione del mondo e insieme il ribrezzo che questo gli ispira, per le connessioni con l'idea di malattia e di morte: « Il *canker* era una malattia delle piante e il *cancer* una degli animali ». Il momento della sua malattia coincide con la morte di Parnell, l'eroe tradito, e indica, nella chiara identificazione di Stephen con lui, l'emergere di una nota ironica. Anche la vita di Stephen si preannuncia minata dalle forze congiunte della religione e della politica, che distruggono l'armonia familiare, la dignità personale, la giustizia sociale, come è evidente dalla lunghissima scena del pranzo di Natale (di ben sedici pagine).

L'incipiente sessualità di Stephen viene sottolineata dalla scena in cui Eileen, le cui mani « parevano avorio, soltanto eran soffici », gli mette la mano in tasca, episodio che viene collegato con il « far porcherie » nei gabinetti da parte di alcuni studenti. L'ingiusta punizione di Stephen e la sua ricerca di giustizia con l'appello al rettore chiudono il capitolo. Il trionfo decretato a Stephen dai compagni per il coraggio nell'affrontare il rettore e denunciare Padre Dolan si rivelerà illusorio, come mostra l'inizio del capitolo secondo. Per quanto riguarda la nascita della vocazione artistica notiamo che l'artista-bambino elabora primitivamente le proprie impressioni e per lo piú si limita a una pura registrazione.

L'inizio del capitolo secondo ridimensiona il romanticismo adolescenziale con cui si concludeva il primo. Inizia con una squallida descrizione di vita familiare:

« Lo zio Charles fumava pezzi di un tabacco cosí nero

che alla fine suo nipote gli suggerí di godersi la fumata mattutina in una piccola baracca in fondo al giardino ».

Stephen deve imparare a distinguere tra sé e il mondo e si distacca dall'ambito ristretto da cui fino ad allora ha ricavato sensazioni (la famiglia, che viene mostrata in disfacimento). Comincia a manifestarsi quella insofferenza e irrequietezza che lo portano a vagabondare nella città e fanno di questo elemento un motivo portante (come è stato notato tra i primi da Hugh Kenner e dalla Van Ghent):

« talvolta una febbre si impadroniva di lui e lo portava a vagabondare nella sera per il viale tranquillo ».

I vagabondaggi sono accompagnati dalle fantasticherie sui libri letti (in particolare sul personaggio di Mercedes ne *Il conte di Montecristo* di Dumas). Si accentua il senso della sua diversità e il suo isolamento:

« Il rumore dei ragazzi che giocavano lo disturbava [...] non aveva desiderio di giocare. Aveva desiderio d'incontrare nel mondo reale l'immagine incorporea che la sua anima contemplava tanto costantemente. Non sapeva dove cercarla o come ma un preannuncio che lo guidava gli diceva che questa immagine, senza nessun atto aperto da parte sua, gli sarebbe venuta incontro [...] Stephen si sarebbe svanito, sotto quegli occhi, in qualcosa d'impalpabile e poi, in un attimo, si sarebbe trasfigurato. In quel magico istante la debolezza, la timidezza, e l'inesperienza sarebbero cadute da lui ».

È ironico che la prima incarnazione di quest'anima incorporea sia la prostituta con la quale Stephen compie, alla fine del capitolo, la sua iniziazione sessuale. Si annuncia il tema della lotta e della responsabilità: « Si accorse poi che anche lui veniva arruolato per la lotta ». La lotta deve aver luogo proprio a Dublino: « La sua anima era ancora tormentata e abbattuta dal fenomeno inerte di Dublino ». Stephen manifesta la sua vocazione poetica scrivendo dei versi per E. C. che ha preso nel suo cuore il posto di Eileen. Legato al tema della non sottomissione compare quello dell'eresia, sotto forma di originalità e indipendenza critica riscontrabile sia nei saggi scolastici di Stephen, sia nella sua strenua difesa di Byron

contro Tennyson. Stephen ha inoltre abbozzato, accanto
alle prime prove poetiche e critiche, una concezione del
funzionamento dell'opera d'arte:

> « Lo sorprese accorgersi che la commedia, che alle prove
> gli era parsa una frammentaria cosa senza vita, aveva
> assunto improvvisamente una sua vita propria ».

La figura del padre viene a perdere, durante il viaggio a
Cork, il suo fascino, mentre Stephen approfondisce la conoscenza della propria natura sensuale, evidenziata dal
turbamento prodotto dalla scoperta della parola *foetus* in-
tagliata su un banco della scuola visitata. Stephen si sente
eletto per un « incontro sacro » che si rivelerà essere quello con la prostituta, e dal quale Stephen ricava un senso
di fierezza e di sicurezza di sé, che viene però immediatamente dissolto, analogamente a quanto è avvenuto nel
capitolo primo, con l'inizio del capitolo terzo.
Il senso del peccato, che è il tema principale del terzo
capitolo, fa apparire infatti in luce ulteriormente degradata la realtà:

> « Il rapido crepuscolo decembrino era venuto giú di peso,
> goffamente, dopo il giorno monotono e Stephen, fissando
> gli occhi attraverso il monotono quadrato della finestra
> della classe, sentí che il ventre esigeva il suo cibo. Spe-
> rava che ci sarebbe stato stufato a cena, rape carote pa-
> tate sfatte e grassi pezzi di montone, serviti in una densa
> salsa pepata e grassa di farina. Rimpinzatene bene, gli
> consigliava il ventre ».

La paura della dannazione lo getta in braccio alla Chiesa:

> « Il suo peccato, che l'aveva nascosto agli occhi di Dio,
> l'aveva avvicinato al Rifugio dei Peccatori ».

L'oratoria di Padre Arnall, ispirata a quella del gesuita
secentesco Gian Pietro Pinamonti, trasporta Stephen in
un'estasi religiosa in cui crede di comunicare con lo Spirito. Per effetto delle prediche il concetto di peccato viene
allargato, si estende anche al peccato d'orgoglio intellettuale di cui il protagonista si sente particolarmente colpevole. L'esaltazione prodotta dalle prediche e la confessione

finale inducono Stephen a credere di aver risolto tutti i suoi problemi:

« Una vita nuova! Una vita di grazia, di virtú e di felicità. Era vero. Non era un sogno da cui si sarebbe svegliato. Il passato era passato. Corpus Domini nostri. Il ciborio gli stava innanzi ».

La lunghezza e l'intensità di questo capitolo sono in diretto rapporto con l'effetto prodotto dalla retorica religiosa nella mente di Stephen. Si nota che è avvenuta una spaccatura nel suo comportamento: come artista è distaccatamente interessato ai fenomeni della sua psiche, come uomo è terrificato.

All'inizio del quarto capitolo, il piú corto fra tutti, lo slancio religioso si è già tramutato in stanca *routine* e la penitenza è divenuta ridicola:

« La domenica veniva dedicata al mistero della Santa Trinità, il lunedí allo Spirito Santo, il martedí agli Angeli Custodi, il mercoledí a San Giuseppe [...] ».

Stephen deve ricominciare la ricerca di se stesso che sembrava conclusa e rifiuta l'offerta del direttore di dedicarsi al sacerdozio, offerta che pure solletica il suo orgoglio, per ritornare alla realtà che si ripresenta squallida e ributtante:

« Sorrise al pensiero che era questo disordine, questa sregolatezza e confusione della casa di suo padre e della stagnante vita vegetale intorno che l'avrebbero vinta nelle sua anima ».

L'alternativa che si offre a Stephen in questo momento è tra un ordine (la Chiesa) che è sterile e tra un disordine (la famiglia e la patria) che è ributtante e ostile all'artista. Considerando la struttura drammatica dei capitoli, Stephen deve qui apparire, nel momento che precede l'epifania decisiva, la visione, cioè, della ragazza sulla spiaggia, come completamente in balía delle cose, come rassegnato ad essere sopraffatto da esse. Dopo aver evitato il padre che lo aspetta all'Università, Stephen si avvia alla spiaggia:

« Scoraggiato, alzò gli occhi verso le lente nubi screziate sul mare. Esse viaggiavano per i deserti del cielo, orda di nomadi in marcia, viaggiavano alto sopra l'Irlanda dirette verso occidente ».

Le grida dei compagni, che lo salutano come martire e eroe chiamandolo (« Bous Stephanoumenos! Bous Stephaneforos! »), suonano in questo momento particolarmente ironiche e lo spingono a cercare di riaffermare la propria identità. Per questo si ispira alla figura del « favoloso artefice » Dedalo, il padre spirituale:

> « La sua anima era sorta dalla tomba dell'adolescenza, rigettando i suoi lini mortuari. Sí! Sí! Sí! Avrebbe creato superbamente dal fondo della libertà e della potenza della sua anima, simile al grande artefice di cui portava il nome, una creatura viva, nuova, ascendente e bella, impalpabile, indistruttibile! ».

Stephen, abbandonata l'adolescenza, si inoltra solo, con la sua anima, nel mondo misterioso della giovinezza. Il suo temperamento va in cerca di una bellezza romantica, che si manifesta nella visione della ragazza sulla spiaggia:

> « Una ragazza gli stava davanti in mezzo alla corrente: sola e immobile, guardando verso il mare. Pareva una creatura trasformata per incanto nell'aspetto di un bizzarro e bell'uccello marino. Le sue lunghe gambe nude e sottili erano delicate come quelle di un airone e intatte, tranne dove una traccia smeraldina di alga era restata come un segno sulla carne. Le cosce, piú piene e sfumate come l'avorio, erano nude fin quasi alle anche, dove gli orli bianchi dei calzoncini erano come un piumaggio di soffice peluria candida. Le sottane color ardesia erano audacemente rimboccate alla vita e le pendevano dietro a coda di colombo. Aveva il seno come quello di un uccello, morbido e delicato, delicato e morbido come il petto di una colomba dalle piume scure. Ma i suoi lunghi capelli biondi erano infantili: e infantile, toccato dal miracolo della bellezza mortale, era il suo viso ».

La natura « anfibia » della ragazza, essere di terra e di acqua, è simile a quella di Stephen-Icaro, essere di terra e di aria. La sensualità e la spiritualità sono fuse nell'immagine intensamente visiva e profana della ragazza; Stephen è trasportato dalla fantasia in un altro mondo:

> « Sentiva sopra di sé la vasta cupola indifferente e il
> cammino tranquillo di corpi celesti; e sotto, la terra, che
> lo aveva generato, lo stringeva al suo seno ».

Il tumulto del sangue e il languore sono ora conseguenza
dell'abbraccio della forza materna della terra, in deliberato
contrasto con i precedenti abbracci della prostituta e della
Chiesa. I termini « mortale » e « terreno » diventano sino-
nimi di quella vitalità e energia che sono all'origine del-
l'opera d'arte, mentre perdono le connotazioni di grossola-
nità e volgarità. Stephen dovrà ora difendere la sua scoperta e affermarla nel mondo.

L'ultimo capitolo copre circa un terzo del libro. Stephen,
divenuto studente universitario, parte al mattino dalla propria squallida casa. Il percorso è ricco di trappole e di
segni di cattivo augurio:

> « Il sibilo del padre, i borbottii della madre, lo strillo di
> una demente invisibile eran per lui altrettante voci che
> offendevano e minacciavano di umiliare l'orgoglio della
> sua giovinezza ».

L'itinerario è segnato da meditazioni letterarie:

> « Passando davanti agli squadratori di pietre di Baird in
> piazza Talbot, lo spirito di Ibsen gli avrebbe alitato ad-
> dosso come un vento stimolante, uno spirito di ribelle
> bellezza giovanile [...] passando davanti a una sudicia
> bottega di cose di mare, oltre il Liffey, avrebbe ripetuto
> la canzone di Ben Jonson [...] »

e da osservazioni linguistiche:

> « La sua coscienza della lingua gli sfuggiva dal cervello
> e sgocciolava via nelle parole stesse, che andavano asso-
> ciandosi e dissociandosi in ritmi capricciosi ».

Il decano, con il quale per primo Stephen tenta di inta-
volare una discussione sul significato dell'arte e di arrivare
a una definizione della bellezza, si rivela un antagonista
non valido, per i parametri rigidamente moralistici e pra-
tici da lui usati. Viene però citata nella conversazione la
frase di San Tommaso « pulchra sunt quae visa placent »
che ricorrerà nella discussione successiva con Lynch e

inoltre viene sottolineata la qualità specialistica della discussione estetica:

> « Una difficoltà [...] nella discussione estetica è sapere se le parole vengono usate secondo la tradizione letteraria o secondo la tradizione della strada ».

Stephen ritrova i propri compagni e ha una discussione con Davin, lo studente feniano, fautore di un impegno politico assoluto. Stephen riafferma la propria indipendenza, in quanto artista, dall'Irlanda:

> « L'Irlanda è la vecchia troia che si mangia i maiali che ha partorito ».

La discussione successiva sui principi estetici, vero *climax* del libro, si inscrive in una scena di sapore goliardico che, per il suo solo tono, oltreché per alcune interruzioni, ne ridimensiona l'importanza. È chiaro che le teorie estetiche di Stephen sono parte della sua ironizzabilità, sia per il linguaggio esaltato e fumoso, sia per la collocazione della scena in un ambito, come si è detto, goliardico. L'antagonista è Lynch, al quale Stephen spiega che:

> « L'emozione estetica è [...] statica. Arresta e innalza la mente al disopra del desiderio e della ripugnanza. [Il ritmo] è il primo rapporto estetico formale tra le varie parti di un tutto estetico oppure di un tutto estetico con le sue parti o con una sola oppure di una qualunque delle parti col tutto estetico al quale essa appartiene [...] l'arte è il modo umano di disporre la materia sensibile o intelligibile a uno scopo estetico ».

Stephen inizia a definire la bellezza commentando San Tommaso:

> « San Tommaso [...] dice che è bello ciò di cui l'appercezione piace »,

piegando San Tommaso alle proprie esigenze di artista decadente. Ma la discussione viene interrotta da un intermezzo conversativo dal quale Stephen si riprende riportando il discorso sull'estetica:

> « Per finire ciò che stavo dicendo sulla bellezza [...] i

più soddisfacenti rapporti del sensibile debbono perciò corrispondere alle fasi necessarie dell'appercezione artistica [...] Tre sono le condizioni del bello: l'interezza, l'armonia e lo splendore ».

Successivamente prende in considerazione le tre forme dell'arte elencate in ordine gerarchico:

« la lirica, in cui l'artista presenta la sua immagine in rapporto immediato con se stesso; l'epica, in cui l'artista presenta la sua immagine in rapporto mediato con se stesso e cogli altri; la drammatica, in cui l'artista presenta la sua immagine in rapporto immediato cogli altri »,

e arriva alla famosa e discussa qualificazione dell'artista:

« L'artista, come il Dio della creazione, rimane dentro o dietro o al di là o al disopra dell'opera sua, invisibile, sottilizzato sino a sparire, indifferente, occupato a curarsi le unghie »,

che ha fatto pensare alla maggior parte dei critici a una dipendenza stretta da Flaubert. L'apprendistato dell'artista viene rappresentato nelle numerose pagine in cui lo si vede intento a comporre in un romantico isolamento la *Villanella*, poesia tipicamente decadente, il cui tono fondamentale è dato dal ritorno insistito dell'aggettivo « weary » [stanco, spossato]. Il prodotto è chiaramente inferiore alle teorizzazioni sull'estetica. Sulle scale della biblioteca Stephen si sofferma a osservare gli uccelli « appoggiandosi stanco al suo bastone di frassino », cercando di leggere nel loro volo un segno augurale, ribadendo cosí la funzione scientifico-magica dell'artista e insieme « cultica » dell'arte, che indaga nei misteri della natura per trarne auspici e insegnamenti. Inoltre la vista degli uccelli sottolinea il tema della fuga verso la libertà che Stephen si accinge a compiere. Si stacca da Cranly ribadendo la sua indipendenza e il suo agnosticismo:

« tenterò di esprimere me stesso in un qualche modo di vita o di arte, quanto più potrò liberamente »

e questi concetti vengono ripresi, in un crescendo di intensità, nelle pagine di diario che chiudono il libro. Stephen è tutto proiettato verso il futuro:

« Io desidero stringere tra le mie braccia la grazia che non è ancora entrata nel mondo ».

In contrasto con la natura di epigono del decadentismo rivelata nella *Villanella*, Stephen vuole ora diventare capostipite di una nuova corrente letteraria, vuole diventare il padre riconosciuto della propria razza. La crescita comporta la distruzione di una parte di sé e l'apertura su un mondo ignoto, sul mistero: la caduta è probabile, ma l'artista deve seguire la propria vocazione, deve lasciarsi tentare dall'impossibile. Il fatto che il capitolo (e il libro) termini con un tono di trionfo e estasi come i precedenti lo mette nella stessa luce: per quanto presuma di essere un momento risolutivo nella carriera dell'artista, esso è solo uno stadio, e la nostra simpatia o antipatia per l'artista deve tener contemporaneamente conto della sua ingenuità e della sua presunzione.

Esuli (Exiles)

Cominciato nei primi mesi del 1914 e finito a Zurigo nel settembre 1915, *Esuli* [32] testimonia dell'allargamento degli interessi e dei problemi joyciani. Il tema dell'identità dell'artista viene affrontato dall'uomo maturo, ormai marito e padre, con una ricchezza di esperienza nuova rispetto a *Dedalus*. I personaggi scelti e le situazioni sono molto vicini a quelli di Joyce negli anni tra il 1912, anno della sua ultima visita in Irlanda, e il 1914. Il dramma si svolge a Dublino, nel 1912, e tratta di un autore irlandese che, ritornato a Dublino con la moglie, dopo anni di esilio all'estero per perfezionare la sua arte, incontra un vecchio amico che ha fatto carriera come giornalista, restando a Dublino e accettandovi dei rapporti di compromesso. L'egocentrismo dell'artista Richard Rowan contrasta con la tendenza al compromesso, che è anche fruttuosa comunione con il mondo, del giornalista Robert Hand. Richard rivela la sua natura egocentrica nel porsi come spettatore dell'esperimento umano da lui architetta-

[32] Tale è la traduzione italiana del titolo che Joyce stesso preferì ad *Esiliati*, per ribadire il tema dell'esilio dell'artista come destino, non come imposizione esterna.

to: l'adulterio della moglie Bertha con l'amico Robert. Tre concezioni dell'amore sono messe a confronto: quella leale e materna di Bertha, quella vitalistica e materialistica di Robert, quella spirituale e intellettuale di Richard, che viene presentato come un innovatore del costume, un fautore della costante affermazione della libertà, che l'uomo deve scegliere ogni volta nella piú completa indipendenza. La nobiltà dell'eroe che accetta di rimettere in gioco ogni volta tutto se stesso viene solo lievemente ironizzata con l'accentuazione dei caratteri sado-masochistici (il tradimento da parte della moglie è quasi favorito e auspicato) e voyeuristici (a Richard non deve essere taciuto niente del rapporto amoroso dei due amanti), ma non viene mai distanziata abbastanza dai problemi personali del suo autore per poter essere veramente drammatizzata.

Joyce si impegna direttamente, con un tono aggressivo e didattico non dissimile da *Stefano eroe*, a cui *Esuli* è del resto stato paragonato (da A. Walton Litz), nella illustrazione delle posizioni ideologiche dei personaggi che non sono altro che portavoce dell'autore. Tutti i problemi sono risolti nei discorsi e non nell'azione (non si ha neppure testimonianza che l'adulterio sia avvenuto): ne sono prova le lunghe tirate liriche, le goffe e compiaciute indicazioni di scena che rivelano uno scarso senso del dramma in un autore come Joyce che pure aveva dimostrato fattivamente il suo interesse per il teatro, sia con la partecipazione a filodrammatiche, sia con i propri saggi (*Teatro e vita* è del 1900), sia con la precedente stesura di un dramma (*Una carriera brillante*), andato distrutto. Il lungo apprendistato critico sull'opera di Ibsen, se ha insegnato all'autore l'introduzione di elementi naturalistici, in opposizione al teatro irlandese allora imperante, quello di Yeats e di Lady Gregory, non l'ha aiutato a raggiungere quella necessaria distanza dal suo mondo piccolo e maniacale che viene nell'opera fedelmente riprodotto. Non basta neppure la presenza di temi comuni a farne un precursore di *Ulisse*, come ha voluto certa critica: è il mezzo teatrale che non viene sfruttato sapientemente nelle sue potenzialità; il tema della scelta tra amore per la donna e dedizione all'arte era stato ben piú complessamente articolato in *Dedalus*, e quello dell'unione mistica del padre e del figlio (o dei fratelli) nella stessa donna verrà ripreso con ben altra portata in *Ulisse* e in *La veglia di Finnegan*.

Ulisse (Ulysses)

Pubblicato il 2 febbraio 1922 a Parigi, a quattro anni dall'uscita del primo episodio sulla « Little Review » di New York, diretta da Margaret Anderson e da Jane Heap, *Ulisse* era frutto di una gestazione durata sette anni. Benché si indichino generalmente le date 1914-1921 e i luoghi di composizione siano identificati, nell'ordine, con Trieste, Zurigo, Parigi, il primo nucleo di *Ulisse* deve esser fatto risalire al settembre 1906, quando, a Roma, Joyce concepí il disegno di un nuovo racconto intitolato *Ulisse* da aggiungere a quelli già ultimati di *Gente di Dublino*. Dice l'Ellmann, citando una testimonianza di Stanislaus, che « avrebbe trattato di un ebreo di Dublino, bruno, di nome Hunter, che si diceva fosse tradito dalla moglie ».[33] Nel febbraio 1907 Joyce scrive a Stanislaus che il racconto non procede, ma in realtà egli continuò a pensarci e a lavorarci al punto di fargli assumere le dimensioni di un vero e proprio romanzo, a continuazione di *Dedalus*. Nell'unico racconto scritto successivamente, *I morti*, i riferimenti omerici impliciti nel nome del personaggio Ulisse vengono trascurati, quasi fossero messi da parte per un trattamento piú estensivo.

Dal *curriculum* degli studi di Joyce risulta che negli anni 1893-1894 dovette leggere *Le avventure di Ulisse* di Charles Lamb, rifacimento dell'*Odissea* (che dipendeva dalla classica versione di Chapman) e la versione vittoriana di Butcher e Lang. Sia nel libro di Lamb sia nella versione di Chapman risaltavano i caratteri umani, ma anche simbolici e mistici dei personaggi; si trattava per Joyce di una prima conferma del fatto che il mito omerico poteva essere tradotto in linguaggio moderno e semplice e presentato in una forma abbreviata (come scrisse alla zia Josephine nel novembre 1922, le guide all'*Ulisse* sono sia la lettura dell'*Odissea* sia *Le avventure di Ulisse* di Lamb).[34]

---

[33] R. ELLMANN, *James Joyce*, cit., p. 238 (tr. it. Milano, 1964, p. 277).
[34] Già avanti nella stesura, Joyce scriveva al fratello: « Qui l'*Odis-*

Gli anni tra il 1907 e il 1914 furono impiegati dall'attenta rilettura di Omero e dei suoi commentatori, tra i quali Victor Bérard, autore di *I Fenici e l'Odissea* (1902) e sostenitore dell'origine semitica del poema, e di Max Müller, orientalista tedesco stabilitosi a Oxford, che aveva fatto studi comparatistici sulle religioni (con particolare attenzione al culto del Sole). I primi tre capitoli, quelli che riprendono la figura di Stephen abbandonata con il *Dedalus*, furono scritti da Joyce con grande facilità, a differenza dei capitoli successivi che coinvolgevano Leopold Bloom, ebreo di origine ungherese e personaggio del tutto nuovo. Quando ancora stava finendo *Dedalus*, Joyce aveva già accumulato materiale per la nuova opera, come si può vedere dai frammenti che rappresentano la prima scena nella torre Martello. Era dunque Joyce stesso, con il suo metodo di composizione, che stabiliva quella continuità tematica tra le opere che doveva essere notata da Eliot tra i primi, e inoltre instaurava un principio di contemporaneità e simultaneità di concezione, e parallelamente di resa tecnica, che doveva essere applicato intensivamente in *Ulisse*. Quando Joyce cominciò *Ulisse* il progetto era già molto avanzato nella sua mente: il disegno generale doveva apparirgli visivamente completo prima che il libro fosse steso definitivamente.[35] Il problema di Joyce fu quello di far combaciare i suggerimenti derivati direttamente dalla pratica della stesura con il piano generale dell'opera. *Ulisse* non nasceva direttamente sulla pagina come la maggior parte dei racconti di *Gente di Dublino*, ma la sua ampia struttura aveva bisogno di essere dettagliatamente preveduta. In una lettera del 18 maggio 1918 a Harriet Weaver, Joyce era in grado di tracciare i limiti della struttura fondamentale: diciassette capitoli (il capitolo di intermezzo, il decimo attuale, « Le simplegadi », era l'unico a non essere ancora previsto) divisi in *Telemachia* (i primi tre), *Odissea* (gli undici centrali), e *Nostos* (i tre finali). Nel 1920, quando ancora

sea è parecchio nell'aria. A. France sta scrivendo *Le Cyclope*, G. Fauré, il musicista, un'opera, *Penelope* ». Lettera del 25 luglio 1920, in *Letters of James Joyce*, III, p. 10.
[35] A. W. Litz, *The Art of James Joyce*, Londra, 1961. Contiene una persuasiva argomentazione in proposito.

doveva stendere « Circe », scriveva ai suoi agenti letterari
che aveva già abbozzato la fine del libro. La disposizione
finale dei capitoli non corrisponde del resto all'ordine di
stesura: lavorò a piú capitoli contemporaneamente, scrisse
« Itaca » dopo « Penelope ». Il lavoro di revisione rappresenta una conferma di questo suo metodo di lavoro. Diamo
qui in riassunto le fasi della stesura.

Nel 1914 comincia a scrivere il primo episodio, « Telemaco »; nel 1915 comincia il terzo episodio, « Proteo »;
nel 1918 ha già concepito la struttura fondamentale; per
la fine del 1918 compaiono a puntate in forma non definitiva sette episodi; nel 1920 pubblica a puntate quanto
precede l'episodio del « Ciclope », scrive « Nausicaa » e
parte di « Le mandrie del sole », traccia il *Nostos* e inizia
« la grande revisione »; nel 1921 riscrive i capitoli da
« Calipso » a « Nausicaa », scrive il *Nostos*, finendo per primo l'ultimo episodio, « Penelope », e per ultimo « Itaca ».

A ispirare la revisione furono gli episodi piú complessi
e laboriosi, « Circe » e « Le mandrie del sole »: Joyce
volle coinvolgere nello stesso processo compositivo, incentrato sulla complessa ricchezza di tecniche, di riferimenti
e di temi sia i primi sia gli ultimi capitoli per fare del
libro un tutto organico. Mentre però furono notevolmente
ampliati « I lotofagi », « I lestrigoni », « Nausicaa » e « Il
ciclope », non fu sostanzialmente aggiunto molto negli
episodi della *Telemachia*. Quello conclusivo veniva da
Joyce considerato il penultimo, « Itaca », perché l'ultimo,
« Penelope », era per lui al di fuori del tempo e quasi del
libro. Gli ultimi episodi, che già si giovavano della maturazione della tecnica narrativa, furono lasciati da Joyce
quasi intatti. Egli riteneva di aver raggiunto una rigorosa
coesione intima, nonostante l'inserzione negli ultimi episodi di nuovi motivi, e non volle comunicare lo schema
che gli era servito operativamente se non molto tardi, con
molta reticenza e con alcune significative varianti, prima
a Quinn (2 settembre 1920), poi a Linati (21 settembre
1920) e in seguito a Larbaud (6 novembre 1921); lo schema, poi pubblicato da S. Gilbert in *James Joyce's « Ulysses »* (1930) e basato sullo schema Larbaud, è il piú noto.

Diamo nelle pagine seguenti la versione dello schema
Linati secondo la lettura data da Richard Ellmann in
appendice all'edizione inglese del 1973 (modificata in al-

cuni punti rispetto alla prima, 1972) del suo recente libro
Ulysses on the Liffey.

Dallo schema Linati appare chiaramente la struttura
triadica del libro, che l'Ellmann ha voluto vedere nella
successione degli episodi come uno sviluppo a tesi, antitesi e sintesi. Questo modello triadico fu di tale importanza da indurre Joyce ad aggiungere, come si è detto
(anche se ovviamente non è l'unica motivazione), un capitolo, « Le simplegadi » (avventura peraltro non vissuta da
Ulisse, che affronta invece nell'*Odissea* i mostri Scilla e
Cariddi) per controbilanciare nella seconda parte del giorno i tre gruppi della prima parte. « Le simplegadi » è il
primo episodio della terna pomeridiana e, per la sua caratteristica di racconto centrale, di « *entr'acte* », è strutturato in modo da riprodurre in sé tutto il libro e i principi
organizzativi secondo i quali è composto: contiene diciotto scene, corrispondenti ai diciotto capitoli del libro, che
si svolgono contemporaneamente nelle vie di Dublino e
coinvolgono tutti i personaggi, emblemi della vita della
città, che anonimamente mescolati cozzano tra di loro e
assistono allo spiegamento delle due forze principali: la
Chiesa cattolica, rappresentata da Padre Conmee e l'Inghilterra Imperiale, rappresentata dal viceré conte di Dudley.

Le due terne successive, della sera (capitoli XII, XIV,
XV), dalle 8 alla mezzanotte, e della notte fonda (capitoli XVI, XVII e XVIII), dalla mezzanotte all'alba, concludono il libro con un'intensificazione dello sperimenta-
lismo linguistico di cui i critici hanno voluto vedere il
culmine talora nella tecnica narrativa catechistica e impersonale di « Itaca », talora nel trionfo assoluto del monologo interiore, sciolto da ogni esigenza esteriore di
organizzazione logica in « Penelope ».

L'impulso di espansione dei temi e dei riferimenti, di
segno contrario a quello selettivo e individuante preva-
lente in *Gente di Dublino* e *Dedalus*, viene apparentemente disciplinato dallo schema che diventa la struttura
portante dell'intero sistema organizzativo del libro, l'ambito, l'*humus* fertile in cui i temi si possono moltiplicare
e correlare. Con il rifiuto di forme narrative tradizionali
quali l'intreccio e la caratterizzazione bozzettistica dei personaggi, Joyce necessitava di strutture che organizzassero
i suoi materiali e le trovò nello schema omerico, che è

LO SCHEMA LINATI

	Titolo	Ora	Colore	Persone	Tecnica	Scienza, Arte	Senso (Significato)	Organo	Simbolo
					I. ALBA				
1	Telemaco	8-9	oro, bianco	Telemaco Antinoo Mentore { Pallas I Proci Penelope (madre)	Dialogo a 3-4 Narrazione Soliloquio	Teologia	Il figlio spodestato alla lotta	(Telemaco non soffre ancora il corpo)	Amleto, Irlanda, Stefano
2	Nestore	9-10	marrone	Nestore Telemaco Pisistrato Elena	Dialogo a 2 Narrazione Soliloquio	Storia	La saviezza del vecchio mondo		Ulster, Donna, Senso pratico
3	Proteo	10-11	azzurro	Proteo Menelao Elena Megapente Telemaco	Soliloquio	Filologia	La Prima materia (ΠΡΟΤΕΫΣ)		Parola, Marea, Luna, Evoluzione, Metamorfosi
					II. MATTINA				
1 (4)	Calipso	8-9	arancio	Calipso (Penelope moglie) Ulisse Callidike	Dialogo a 2 Soliloquio	Mitologia	Il viandante che parte	Reni	Vagina, Esilio, Famiglia, Ninfa, Israele in schiavitù
2 (5)	Lotofaghi	9-10	bruno	Euriloco Polite	Dialogo Soliloquio	Chimica	La seduzione della Fede	Pelle	Ostia, Pene nel bagno, Schiuma,

			Personaggi	Tecnica	Scienza e Arte	Senso		Organo	Corrispondenze
			Elpenor Aiace Agamennone Ercole Eriphyle Sisifo Orione Laerte ecc. Prometeo Cerbero Tiresia Hades Proserpina Telemaco Antinoo	Dialoghi			Nulla		...L'ignoto, L'Inconscio, Vizio Cardiaco, Reliquie, Crepacuore
					MEZZOGIORNO				
4 (7) Eolo	12-1	rosso	Eolo Figli Telemaco Mentore Ulisse	Simboleutike Dikanike Epidiktike Tropi	Rettorica	L'Irrisione della Vittoria		Polmoni	Macchine, Vento, Fama, Cervo volante, Destini Mancati, Stampa, Mutabilità
5 (8) Lestrigoni	1-2	sanguigno	Antiface La Figlia Allettatrice Ulisse	Prosa peristaltica	Architettura	L'Abbattimento		Esofago	Sacrifizio cruento, Cibi, Vergogna
6 (9) Scylla e Cariddi	2-3	—	Scylla e Cariddi Ulisse Telemaco Antinoo	Gorghi	Letteratura	Dilemma Bitagliente		Cervello	Amleto, Shakespeare, Cristo, Socrate, Londra e Stratford, Scolasticismo e Misticismo, Platone e Aristotele, Gioventù e Maturità

Titolo	Ora	Colore	Persone	Tecnica	Scienza, Arte	Senso (Significato)	Organo	Simbolo
					GIORNO Punto Centrale - Ombelico			
7 (10) Roccie Erranti	3-4	arcobaleno	Oggetti Luoghi Forze Ulisse	Laberinto mobile fra due sponde	Meccanica	L'Ambiente Nemico	Sangue	Cristo e Cesare, Errori, Omonimi, Sincronismi, Rassomiglianze
8 (11) Sirene	4-5	corallo	Leucotea Partenope Ulisse Orfeo Menelao Argonauti	Fuga per canonem	Musica	Il Dolce Inganno	Orecchio	Promesse, Femmina, Suoni, Abbellimenti
9 (12) Ciclope	5-6	verde	Prometeo Nessuno (Io) Ulisse Galatea	Asimetria alternata	Chirurgia	Il Terrore Egocida	Muscoli Ossa	Nazione, Stato, Religione, Ginnastica, Idealismo, Esagerazione, Fanatismo, Collettività
10 (13) Nausikaa	8-9	grigio	Nausikaa Ancelle Alcinoo Arete Ulisse	Progressione retrogressiva	Pittura	Il Miraggio Proiettato	Occhio Naso	Onanismo, Muliebre, Ipocrisia
11 (14) Armenti del Sole	10-11	bianco	Lampetie Phaetusa Elio Iperione Giove Ulisse	Prosa (Embrione, Feto, Parto)	Fisica	Le Mandrie Eterne	Matrice Utero	Fecondazione, Frodi, Partenogenesi
12 (15) Circe	11-12	viola	Circe Le Bestie Telemaco Ulisse	Visione animata fino allo scoppio	Danza	L'Orca Antropofoba	Apparato Locomotore Scheletro	Zoologia, Personificazione, Panteismo, Magia, Veleno, Con...

Fusione di Bloom e Stephen (Ulisse e Telemaco)

1 (16) Eumeo	12-1	—	Prosa Rilassata	Eumeo Ulisse Telemaco Il cattivo Pastore Ulisse Pseudangelo	L'Imboscata Indigena	Nervi
2 (17) Itaca	1-2	— stellare lattea	Dialogo Stile pacato Fusione	Ulisse Telemaco Eur(y)cleia I Proci	La Speranza Armata	Succhi
3 (18) Penelope	∞	stellare lattea *poi* nuova alba	Monologo Stile Rassegnato	Laerte Ulisse Penelope	Il Passato Dorme	Grasso

NOTTE ALTA - ALBA

Ulisse (Bloom) →   Telemaco (Stephen) →

però, per quanto imponente e macroscopico, solo uno dei possibili principi di ordine dell'opera, poiché ad esso Joyce affiancò tecniche di sperimentazione linguistica quali ad esempio il *Leitmotiv* e la citazione, anch'essi strumenti di coesione organica del libro.

La necessità di attenersi a uno schema prefissato costringe il narratore a una verifica costante dei propri mezzi che improntò l'opera in senso antiromantico e non effusivo, modernista, nel suo sforzo di autocoscienza, costringendo il lettore all'esercizio delle proprie facoltà critiche in una ricostruzione e in un giudizio che gli precludono qualsiasi identificazione emotiva con l'azione o con i personaggi dell'opera (è questa caratteristica, oltre alla scelta parallela del tono eroicomico, che ha indirizzato i critici verso la ricerca dei modelli settecenteschi dell'*Ulisse*).

Lo schema joyciano per *Ulisse* è soprattutto un modello operativo (dal quale Joyce stesso si distacca e che considera dissolto e annullato dall'opera compiuta), non tanto un ordine del quale il narratore ha bisogno per contenere e arginare il ricco e vario materiale dell'opera. Questo spiega sia la reticenza di Joyce nel volerlo divulgare sia le varianti presenti nei diversi schemi. Ciascuno schema rappresenta infatti contemporaneamente il quadro riassuntivo, se pure in senso relativo e provvisorio, dei problemi, dei temi e delle tecniche usate dall'autore e un abbozzo di interpretazione dell'opera fornito dall'autore stesso (come dimostra, ad esempio, la sostituzione della terminologia generica usata da Joyce per designare, nello schema Linati, le tecniche narrative dei capitoli II, V e VI, indicate con dialogo, narrazione e soliloquio, con la terminologia più specifica e ostentatamente critica di catechismo, narcisismo e incubismo adottata nello schema Gilbert). L'accento posto dai critici sull'uno o sull'altro degli schemi li condiziona per la lettura della struttura del romanzo: così Ellmann vede come fondamentale lo schema ternario, coerentemente con l'attenzione portata soprattutto allo schema Linati, dove esso risulta particolarmente evidente.

È proprio l'estrema cerebralità dello schema che consente di riaffermare, come fa Joyce facendo rientrare *Ulisse* nel genere del romanzo, la natura epico-narrativa del libro e la sua funzione di mediazione tra elementi realistici e simbolici, tra astratto e concreto, natura e storia, passato e presente. Anche se talora certe corrispondenze della narrazione con organi del corpo o con colori risentono di forzature o si appoggiano su fragili riferimenti, sono tuttavia nell'opera perché Joyce, per sua stessa ammissione, aveva inteso mettercele. La loro ricerca da parte dei critici non è né inutile né banale, ma è troppo spesso fine a se stessa: di queste scelte, come della scelta dei personaggi e degli episodi dell'*Odissea* bisognerebbe piuttosto interpretare il senso.

La cerebralità dello schema viene dai critici troppo facilmente identificata e confusa con la sterile frivolezza che caratterizzerebbe il mondo moderno frammentario e dispersivo, incapace di alimentare quella forza mitopoietica organica e unitaria che caratterizzava il mondo classico. D'altra parte, però, in netta contrapposizione con il valore negativo rappresentato dalla ricercata complessità della struttura, il valore positivo del libro viene identificato dai critici·con l'energia e la vitalità fisica del personaggio principale, Leopold Bloom. Ma proprio qui sta l'equivoco: la vitalità poetica di Bloom non esiste al di fuori di quel suo continuo bilanciamento tra reale e surreale, tra universalità e provincialità, tra necessità e gratuità che sono del resto le stesse oscillazioni fra i poli dell'opera, « coestensiva », come il *Dedalus*, con l'eroe. È vero che la storia di Bloom è il centro del racconto, ma lo è proprio in quanto investita e dilatata da tutta la vasta rete di riferimenti e corrispondenze con altre storie o miti che Joyce, con il suo schema, include come parti integranti ed elementi portanti della storia principale.

In una lettera del 1918 a Budgen, Joyce definiva *Ulisse* « un'odissea moderna », « l'epica del corpo umano », concetti che ribadiva nella famosa lettera a Linati del 21 settembre 1920:

« È l'epopea di due razze (Israele-Irlanda) e nel medesimo tempo il ciclo del corpo umano ed anche la storiella d'una giornata (vita). La figura di Ulisse mi ha sempre affascinato fin da ragazzo. Cominciai a scrivere una novella per *Dubliners* 15 anni fa ma smisi. Sette anni, lavoro ora a questo libro – accidenti! È una specie di enciclopedia, anche. La mia intenzione è di rendere il mito *sub specie temporis nostri*; non soltanto ma permettendo che ogni avventura (cioè, ogni ora, ogni organo, ogni arte connessi e immedesimati nello schema somatico del tutto) condizionasse anzi creasse la propria tecnica. Ogni avventura è per cosí dire una persona benché composta di persone – come favella l'Aquinate degli angelici eserciti ».

I tre aspetti della storia considerati: quello della storia ufficiale (Israele-Irlanda), quello biologico (ciclo del corpo umano) e quello individuale (una vita), sono tutti rappresentati nell'assoluto del libro che si presenta come un'enciclopedia o *summa* medioevale, la cui varietà (che include anche la messa a nudo e quasi l'esibizione degli strumenti tecnici e genetici del romanzo) viene sublimata nell'unitarietà dell'opera. È importante sottolineare la data della lettera citata, che coincide con il periodo della « grande revisione » dell'opera, quando Joyce cominciava a sentire come inadeguate le tecniche di caratterizzazione del personaggio sperimentate nei primi capitoli e faceva prevalere tecniche di montaggio surrealistico che richiedono ampi spazi e vaste prospettive sulla frammentazione impressionistica. Si spiega quindi che l'artista si lasci prendere la mano e investire dalla forza coesiva e centripeta dell'opera, culminante poi in « Itaca » (« permettendo che ogni avventura [...] condizionasse anzi creasse la propria tecnica »), che tende ad esautorarlo e a renderlo spettatore dell'avventura da lui stesso avviata precedentemente con una presentazione dei personaggi in sostanza tradizionale seppure attraverso la tecnica del monologo interiore. L'opera si dà le sue proprie leggi, analogamente alla realtà, e si presenta misteriosa, insondabile e opaca come questa. La difficoltà di *Ulisse* e la sua inclusività (che qualche critico moderno tende a smontare e a sminuire facendone un problema piú quantitativo che qualitativo) non dipendono quindi tanto dall'intenzionalità dell'autore di configurarlo come indovinello o rompicapo, ma dal suo impasto misterioso e profondo, dalla sua autonomia dall'autore, dalla sua spersonalizzazione.

L'opera non rappresenta piú soltanto la serie degli stili alla portata dell'autore (sia che si tratti dello stile che l'autore considera suo proprio, sia che si tratti degli stili da lui parodiati o citati), ma la serie infinita e non chiusa di tutti gli stili possibili, della cui presenza e funzione le leggi stesse dell'opera decidono, condizionando l'autore.

E sottraendosi all'autore, diventando essa stessa realtà autonoma, l'opera si sottrae anche al tempo includendolo tutto.

Lo schema del romanzo inquadra la storia di una giornata (il 16 giugno 1904, che Joyce volle indicare in omaggio al primo incontro con la moglie) a Dublino. Si apre con il risveglio di Stephen Dedalus, lo stesso personaggio di *Dedalus*, nella torre Martello (una torre fortificata costruita contro le invasioni) e con quello di Leopold Bloom nella sua casa di Eccles Street n. 7. Si conclude con il soliloquio di Molly Bloom nel letto in cui è entrato furtivamente Bloom a tarda ora della notte, dopo aver ricevuto in casa Stephen, che ha incontrato nel quartiere dei bordelli e che ha salvato da una rissa. L'azione principale è quella che segue le peregrinazioni di Bloom mentre sbriga le incombenze di questa giornata, ma l'azione viene a ingrossarsi a mano a mano che si interseca e si somma alle azioni di altri personaggi quali Stephen, Mulligan, Blazes Boylan e a mano a mano che riusciamo a vedere l'azione di Bloom sullo sfondo di una fitta rete di relazioni con personaggi della storia e del mito (Joyce, coerentemente con le proprie ascendenze realiste, si sente impossibilitato a rappresentarlo se non in senso relativo, nel rapporto con l'ambiente e con gli altri personaggi).

L'azione è ad un tempo realistica e simbolica (del resto la città scelta, Dublino, con le sue qualità di incontaminatezza e organicità, « piccola abbastanza da poter essere vista come un tutto », capitale, ma non cosmopolita, è un vero e proprio mondo compiuto e concreto, atto però a essere assunto come microcosmo simbolico), e la sua simbolicità è indipendente dal fatto di riprodurre nei tempi moderni e in proporzione ridotta l'avventura di Ulisse. Le coincidenze puntuali con la storia di Ulisse, quelle che hanno dato adito a interpretazioni contrastanti sulla loro utilità e valore, servono semmai ad alimentare la prospettiva eroicomica e ad illuminare la dimensione ironica nella quale si colloca l'avventura di Bloom, che ricalca, proprio perché uomo comune, avventure e itinerari già tracciati nella storia e nel mito.

La disposizione ad accettare il reale con saggezza e la sua capacità di sentirsi perduto nel mondo e insieme al centro del mondo costituiscono il perno dell'identificazione di Bloom con Ulisse e la giustificazione del suo ruolo di personaggio principale. Il personaggio principale del romanzo deve alla sua completezza umana la sua universalizzabilità in Ognuno, come Joyce illustrò a Frank Budgen, in una conversazione che ebbe con lui nel 1915 e che deve essere, per la sua importanza, citata per intero:

« "Conosci un qualche personaggio completo e a tutto tondo che sia stato presentato da qualche autore?" (Budgen suggerí vari personaggi di romanzieri moderni, per arrivare infine a Faust e a Amleto.)
"Sí, — disse Joyce —, Faust che non ha età non è un uomo. Ma hai citato Amleto. Amleto è un essere umano ma è soltanto un figlio. Ulisse è figlio di Laerte, ma è padre di Telemaco, marito di Penelope, amante di Calipso, compagno d'armi dei guerrieri greci nell'assedio di Troia e re di Itaca. Fu soggetto a molte prove, ma con il coraggio e con l'astuzia le superò tutte. Non dimenticare che fu un disertore che tentò di sfuggire al servizio militare fingendosi pazzo. Non avrebbe mai imbracciato le armi e non sarebbe mai andato a Troia, se l'ufficiale reclutatore greco non fosse stato troppo furbo per lui e non avesse piazzato il giovane Telemaco di fronte all'aratro mentre stava arando. Ma una volta in guerra l'obiettore di coscienza andò fino in fondo. Quando gli altri volevano abbandonare l'assedio egli insistette che si stesse finché Troia fosse caduta [...] E inoltre, la storia di Ulisse non finì con la guerra di Troia, ma cominciò proprio quando gli altri eroi greci ritornarono per vivere il resto dei loro giorni in pace. E poi [...] fu il primo *gentleman* d'Europa. Quando avanzava, nudo, per andare incontro alla giovane principessa, nascose ai suoi occhi virginei le parti che bisognava nascondere del suo corpo ricoperto di salsedine e incrostato di datteri di mare. Fu anche un inventore. Il carro armato è una sua invenzione. Cavallo di legno o scatola d'acciaio, non fa differenza; entrambi contengono guerrieri armati [...] Lo [Ulisse] vedo da tutti i lati, e quindi è a tutto tondo nel senso della figura dello scultore. Ma è anche un uomo completo allo stesso tempo – un uomo buono. Ad ogni modo è quello che intendo che sia" ».

Il passo consente di fare alcune utili considerazioni. Per quanto riguarda l'opportunità di identificare Bloom con Ulisse (sostenuta nel mirabile libro dello Stanford e recentemente avversata da John Gross, che rileva nel personaggio di Bloom l'assenza di dignità ieratica ed eroica), ci pare che si debba comunque tener conto del fatto che, come risulta evidente dal passo citato, la figura stessa di Ulisse viene da Joyce liberamente interpretata e universalizzata (come del resto tutta la sua vicenda). Anche nel caso di Ulisse l'obiettivo viene ravvicinato per descrivere con irriverente curiosità la vita del personaggio nella totalità delle sue manifestazioni, rendendolo a tutto tondo; quello che si intende mettere a fuoco è il mistero dell'uomo attraverso la proiezione nel suo ambiente, visto non come inferno e tomba (come era in *Gente di Dublino* e, in qualche misura, anche in *Dedalus*), ma come fertile *humus* vitale. Quello che interessa è il processo attraverso il quale l'uomo, conoscendosi, « diventa » re, si trasforma da creatura comune in carne ed ossa nel personaggio mitico che irradia forze magiche, capaci di porlo al centro del suo ambiente e di una cultura (Joyce fu affascinato, come del resto il suo connazionale e quasi contemporaneo Yeats, dal mistero dell'uomo che apre entrambi i mondi, quello del possibile e quello del reale, quello del contingente e quello del trascendente, e Bloom, come Ulisse, è quest'uomo).

La regalità di Ulisse non riposa, per Joyce, su segni esteriori, ma sull'impegno coerente e critico nell'essere uomo, nell'affrontare il proprio destino. Le sue battaglie sono tutte combattute nella mente, prima che sul campo, il suo mondo è agli antipodi di quello feroce e vitale, fondato su valori arcaici, dell'*Iliade*. Con questa sua interpretazione Joyce allarga il concetto di guerra e di lotta all'esistenza stessa dell'uomo, le cui vittorie sono effimere e parziali e per lo piú affidate alla furbizia e all'inganno. Nella definizione di Ulisse come « uomo completo » è preconizzata e implicita la non regalità e la passività di Bloom, il suo scetticismo e la sua diffidenza, il suo porsi non come « antieroe » ma semplicemente come « non eroe ». Bloom è contemporaneamente vagabondo disancorato dalla società in cui vive e uomo di principi, pratica quella che è stata definita la « strategia dell'elusione », ma ha un impegno umano e civile profondo; esplica un lavoro frustrante e molto spesso inconcludente, quello dell'agente pubblicitario, ma attinge a risorse intime che gli vengono riconosciute nel giudizio che viene dato di lui: « ha qualcosa dell'artista ».

Non c'è, insomma, contrapposizione, a livello di valori,
tra Bloom, che si vorrebbe uomo reale in quanto contemporaneo, e Ulisse, uomo ideale in quanto uomo del passato; la contrapposizione è unicamente a livello di moduli
narrativi, sfruttata per ottenere quell'effetto eroicomico che
era già stato largamente perseguito nel romanzo settecentesco. Mentre la contrapposizione dei due personaggi è del
tutto strumentale, artificiosa e meccanica, la loro coincidenza e interazione sono invece reali e sostanziali: Joyce
vuole cosí non tanto illustrare la realtà ambigua e insondabile delle cose, quanto piuttosto difendere il diritto del-
l'opera a comprendere tutto, senza escludere dalla rappresentabilità alcuna esperienza.

È ben comprensibile l'insofferenza dimostrata da Joyce
per il personaggio di Stephen, del quale diceva a Frank
Budgen « ha una forma che non si può cambiare », personaggio irrigidito nel proprio ruolo di censore della società
e spesso trattato in modo scopertamente macchiettistico,
prototipo dell'uomo immaturo e incompleto e quindi ina-
datto a divenire portavoce dell'umanità, collocato com'è
ai margini della vita sociale. La riluttanza di Stephen ad
assoggettarsi all'Irlanda diventa, nel personaggio maturo
di Bloom (in questo senso è corretta l'affermazione di alcuni critici che Stephen sia da considerarsi piú uno « stadio » di Bloom che non il suo antagonista), piú generalmente una riluttanza a sacrificare la propria libertà e inven-
tiva ai condizionamenti di qualsiasi organizzazione o struttura della vita sociale; Bloom ricerca, a differenza di Stephen, non già la sua identità, ma i suoi titoli di appartenenza al genere umano.

La « ricerca » di Bloom è collocata sullo sfondo mitico
della « ricerca » di Ulisse, che solo una narrativa superficiale ed esterna può raffigurare come eroico trionfatore.
Non c'è sostituzione, parallelismo rovesciato o antitesi di
« contemporaneità e antichità », come sostiene Eliot nella
famosa recensione del 1923, ma piuttosto intreccio e fusione dei due mondi. Né si può dire che *Ulisse* rappresenti
l'affermazione di un nuovo metodo « mitico » che seppel-
lendo la forma logora del romanzo ne superi, con operazione rivoluzionaria ed eversiva, la piatta struttura narrativa. Il romanzo (poiché Joyce sostiene il suo inserimento
nel genere) non avrebbe quel carattere di rappresenta-

zione indiretta e quell'effetto scanzonato ed eroicomico che l'autore gli volle conferire, in analogia con certi esiti del romanzo settecentesco, e in particolare di Fielding, se Joyce non sommasse i due « metodi », se non trattasse, cioè, come rituale il quotidiano, come quotidiano il rituale, di volta in volta creando e smantellando quella forma e quell'ordine che Eliot vorrebbe inequivocabilmente affermati in Ulisse. Per Joyce la forma non è un valore consacrato, è il risultato precario e talora confuso della tensione tra diversi poli, non l'imposizione di uno schema antico e vuoto su una materia caotica in quanto contemporanea, in una ricostruzione filologicamente corretta e accurata. La forma, se Joyce la usasse nel senso voluto da Eliot, avrebbe un valore moralizzatore (di ristabilire l'ordine, appunto, facendo violenza alle cose) o di ricomposizione accademica, il che è del tutto estraneo alle intenzioni di Joyce, che vuole invece provare, attraverso le numerose manomissioni di quel presunto ordine (l'aggiunta di alcune avventure non affrontate da Ulisse, ad esempio, o la riduzione della potenza evocativa di certi riferimenti omerici), la pluralità degli ordini esistenti e la loro relatività, l'onnipresenza delle strutture mitiche dietro ogni forma narrativa, sia essa classica o moderna. Joyce esce da questa dicotomia, conferendo alle azioni dei personaggi un valore mitico in sé, non in quanto dipendente dalle correlazioni con lo schema omerico. Né l'una né l'altra prospettiva ha l'appannaggio del valore oggettivo e assoluto, della verità.

L'artista accoglie nella sua ottica entrambe le dimensioni, non si accontenta né si compiace dell'una o dell'altra prospettiva, sollecitato in ugual misura dalla rappresentazione realistica, per la quale a ogni personaggio viene attribuito il suo stile e la sua parlata, e dalla proiezione mitica o fantastica, per la quale ogni personaggio o azione viene collocato in una prospettiva più vasta, nella totalità ideale della letteratura. Joyce non scarta nulla, per lui tutto ciò che è legato alla genesi dell'opera è pertinente, anche a costo di perdere la contestualità dei significati. L'accumulazione dei due « metodi » è patente e viene denunciata dallo sfasamento tra caratterizzazione psicologica e realistica dei personaggi e loro funzione simbolica nell'azione e nelle situazioni (è il caso molto evidente di Molly Bloom, alla quale viene attribuita un'origine anglo-spagnola che la caratterizza come donna di sensualità naturale ed istintiva, ma che pure si esprime con il linguaggio limitato e povero della dublinese Nora). Il linguaggio, che pure conserva quella funzione mimetica che aveva assunto in *Gente di Dublino*, in quanto riproduce e accoglie ritmi e espressioni idiomatiche, non è piú al servizio della definizione psicologicamente individuante del personaggio, ma al servizio della definizione di una cultura e del posto che in essa occupa l'uomo (si veda la seconda parte dell'episodio « Nausicaa », che registra l'emergere della voce di Bloom in contrapposizione a quella di Gerty McDowell della prima parte, dove la contrapposizione è chiaramente tra i due modi di rappresentabilità dell'episodio, tra i due linguaggi, e quindi tra le due realtà, piú che non tra le due individualità psicologiche dei personaggi).

Le motivazioni psicologiche dei personaggi sono separate e irrilevanti rispetto all'evidenza e dissociate dal significato dell'azione; gli avvenimenti sono da interpretare e da leggere per il loro valore ripetitivo e archetipo. L'arrovellarsi di un critico come Empson per trovare un senso all'incontro di Stephen e Bloom (cercando di stabilire se si debba intendere che Stephen succederà al proprio padre spirituale e diventerà l'amante di Molly) tradisce (anche se Empson la chiama « una stupefacente trasformazione dell'Eterno Triangolo » [36]) un'interpretazione strettamente realistico-psicologica che non fa altro che cacciare il critico in un vicolo cieco. « Superficie e simbolo » sono inestricabilmente connessi.

Le stesse parole di Joyce (« la natura della leggenda scelta basterebbe a turbare l'equilibrio mentale di chiunque »), con il termine « leggenda » e il riferimento all'« equilibrio mentale », indicano che la storia di *Ulisse* ha la serietà dell'apologo e della fiaba, dove tutto è ugualmente reale, e che è impossibile interpretare la riunione di Stephen, Molly e Leopold Bloom sotto lo stesso tetto come l'apertura verso una soluzione romanzesca del tipo

---

[36] W. EMPSON, *The Theme of « Ulysses »*, « Kenyon Review », Winter, 1956.

del triangolo. L'accento va posto invece sull'intima e necessaria coesione e organicità della triade di personaggi
(che non a caso viene interpretata dalla maggior parte dei
critici, anche se talora con strani virtuosismi e con dubbi
esiti, come una vera e propria Trinità) perduti nell'Inferno
ostile di Dublino, ma dominati dalla necessità di riunirsi
e di ricostituire, per quanto precariamente, una gerarchia
essenziale e privata in assenza di un senso della comunità.

L'impegno mitografico dell'autore presenta i rapporti tra
i personaggi principali come il risultato di itinerari geome-
trici e di operazioni combinatorie determinati e tracciati
dalla loro vicenda biologica e cosmologica. Alla psicologia
umana dei personaggi, da cui dipende tradizionalmente
il dinamismo della narrazione, si sostituiscono leggi biologiche (l'attrazione tra i chimismi simili dei personaggi) e
cosmologiche (l'attrazione tra i campi magnetici). È bene
citare qui la lettera di Joyce a Frank Budgen (della fine
febbraio 1921), che illustra questa concezione con l'esempio
dell'episodio piú significativo al proposito, « Itaca »:

« Sto scrivendo "Itaca" in forma di catechismo matema-
tico. Tutti gli avvenimenti sono scomposti nei loro equi-
valenti cosmici, fisici, psichici ecc., p.e. Bloom che salta
giú nell'interrato, che fa uscire acqua dal rubinetto, la
minzione in giardino, il cono d'incenso, la candela accesa
e la statua, cosí che il lettore sa tutto ma lo sa nella forma piú nuda e fredda, mentre Bloom e Stephen diventano in tal modo corpi celesti, vaganti come le stelle che
contemplano. L'ultima parola (umana anche troppo umana) viene lasciata a Penelope. È l'indispensabile contro-
firma del passaporto di Bloom per l'eternità. Voglio dire
l'ultimo episodio, "Penelope" ».[37]

La lettera, che va vista in rapporto ideale con quella di
poco precedente (21 settembre 1920) a Linati, in cui Joyce
affermava che ogni avventura di Ulisse si creava la sua
propria tecnica e che era « una persona benché composta
di persone », sottolinea come quella un'esigenza di spersonalizzazione dell'arte (si noti il rammarico per la parola

[37] In Letters of James Joyce, I, p. 159.

di Penelope «umana anche troppo umana», anche dopo
che la voce di Molly è ridotta a quella della terra, del
principio vitale, della fertilità naturale) e di quella rappresentazione indiretta che necessita di ampie prospettive. Il
viaggio di Bloom non approda a nulla, anzi, la sua Itaca
idealizzata «gli dà la nausea» (lettera a Budgen del 10 dicembre 1920) una volta riconquistata, il suo è un viaggio
«attraverso», condotto per ampi spazi, alla ricerca delle
«corrispondenze» tra gli ordini del reale, non uno scen-
dere alle radici, una ricerca del centro. La ricomposizione
della triade di personaggi non ha altro valore che quello
di ricostruire formalmente un ordine, che peraltro resta
precario e ambiguo, di ricominciare un ciclo, non certo
il valore catartico di ricomposizione del mondo e delle
gerarchie o il valore comunque risolutivo che avrebbe nella
narrativa tradizionale naturalistica.

Certo questo risultato di spazializzazione della narrazione, di chiara marca surrealistica, questo effetto di ral-
lentamento ottenuto attraverso la scomposizione infinite-
simale dell'azione devono essere considerati come il punto
di arrivo (anche se notevoli anticipazioni tecniche venivano fatte in «Eolo», che non a caso fu riveduto contemporaneamente alla stesura di «Itaca») di tutta la serie
delle sperimentazioni degli episodi precedenti, che sono,
dal punto di vista stilistico, ciascuno un libro a sé. «Itaca», che era, detto per inciso, l'episodio preferito da
Joyce, rappresenta lo sganciamento anche dalla tecnica del
monologo drammatico, dall'obbligo, cioè, da parte del narratore di produrre sensazioni, emozioni, per dare invece
un quadro oggettivo, non un'interpretazione, ma una rappresentazione della realtà. La tecnica naturalistica, che
pretendeva di essere l'unico accesso alla verità, viene svuo-
tata dall'interno e ridotta a catalogo, a superficie esterna,
per ribadire che niente è per definizione reale o irreale e
che il senso è soggettivo. L'opera sola è reale in quanto,
per il suo solo esistere come opera, rappresenta una razio-
nalizzazione del caos (l'intenzione dell'autore) che la pre-
cedeva; l'operazione è sentita da Joyce come magica e misteriosa, trascendente l'intenzione stessa dell'artista e tuttavia come quintessenza della letterarietà dell'opera. L'autore esprime e formula la sua risposta nella totalità del-

l'opera, nella struttura complessiva che riassume tutti i punti di vista, non attraverso un personaggio portavoce, e invita il lettore a collocarsi nella stessa prospettiva, in uno spazio vuoto da cui le immagini possano essere lette tutte e ai margini possa affiorare e essere colto il disegno dell'opera, che non può non esistere, per quanto non esista in forma unica e definitiva. Il monologo di Molly, nell'ultimo episodio, « Penelope », che è stato interpretato e letto come antitesi e negazione della vivacità e vitalità degli episodi precedenti, come « al di fuori » del libro in quanto opposto al libro, è invece l'oggettivazione totale della natura stessa del libro, realizzazione piena di quella « comic joy » che ha le sue radici piú vere nella conciliazione degli opposti, nella coesistenza di peculiarità e organicità che rispondeva a uno dei primi fini estetici propostisi da Joyce: la classicità dell'opera, non affidata alla impressione della voce e dello stile dell'autore, ma al costituirsi in organismo di diversi materiali variamente orchestrati.

Questa apologia dell'opera, oltre a evidenziare l'impotenza dell'autore e di conseguenza la sua colpevolezza nella pervicacia dello scrivere, indica come leggere inequivocabilmente quel confronto tra passato e presente nel quale troppi critici vorrebbero veder esaurita la funzione di *Ulisse*; lungi dall'essere un binario obbligato, esso è metafora di altre opposizioni nella tensione delle quali l'autore deve ritagliare l'opera, vale a dire la tensione tra opera singola e modello, tra originalità e norma, tra travaglio artistico e opera compiuta, tra varietà e unitarietà, tra realtà e possibilità, tra permanenza e mutamento.

Ulisse è diviso in tre parti: *Telemachia, Odissea, Nostos.* La *Telemachia* e il *Nostos* sono costituite da tre episodi ciascuna, che si corrispondono, nella sequenza, per la tecnica narrativa impiegata: propriamente « narrativa » nei primi due della serie (« Telemaco » e « Eumeo »), « catechistica » nei secondi due (« Nestore » e « Itaca »), di « monologo » negli ultimi due (« Proteo » e « Penelope »). A loro volta i capitoli della *Telemachia* coincidono, per quanto riguarda l'ora, con i tre primi capitoli dell'*Odissea*. La struttura triadica si ripete poi per tutto il libro.

TELEMACHIA

Telemaco

Sono le otto di mattina e Buck Mulligan, studente in medicina, si fa la barba sul parapetto della torre Martello in cui abita con Stephen Dedalus, l'artista dal nome « assurdo » non irlandese, e con Haines, studente di Oxford cultore di civiltà celtica. La cerimonia della sbarbatura imita il rituale della messa: ma il celebrante è Buck Mulligan che usurpa il posto all'artista cui competerebbe (e in tal senso è uno dei Proci, mentre Stephen è il principe spodestato). L'arte dell'episodio è la teologia, l'episodio ha un carattere sacro. Il metodo narrativo è impressionistico, evidente nella profusione degli aggettivi con cui viene presentata la figura di Buck « solenne e paffuto » all'inizio. Stephen è in conflitto sia con Buck Mulligan, a causa del suo scetticismo e materialismo, sia con Haines che, per essere inglese, ha velleità di potere sull'Irlanda. L'atteggiamento di Stephen nei confronti sia del cattolicesimo, a cui associa l'immagine tormentosa della madre morta, sia della cultura irlandese vernacola, a cui è associata la figura della lattaia esausta e sterile, è di assoluto seppur confuso rifiuto. Il riferimento irriverente e indelicato di Mulligan alla madre di Stephen, che definisce « bestialmente morta », come pure il tema dell'usurpazione (simboleggiato dalla chiave che Stephen lascia a Mulligan) e dell'esclusione, e il luogo dell'azione, la torre, suggeriscono una parentela di Stephen con Amleto. Stephen si rivela vero figlio di Ulisse in quanto sa dominare i propri sentimenti e benché incerto sul proprio futuro prende la decisione di non ritornare più alla torre. Si impone la ricerca del padre implicito nei rimandi ai due doppi di Stephen, Telemaco e Amleto, anche se il tema principale dell'episodio è quello del distacco dalla madre, dall'*omphalos* di cui la torre è simbolo.

Nestore

Alle dieci di mattina Stephen tiene una lezione di storia nella scuola di Dalkey. L'arte (in senso medievale) dell'episodio è la storia, la tecnica quella della domanda e risposta. È evidente che Stephen non crede alla storia sia per le domande che rivolge agli allievi (che danno l'avvio all'episodio, prevalentemente dialogico), sia per i brani di monologo interiore, che si rifanno alla negazione della storia blakiana (la battaglia di Tarentum è infatti per Stephen, secondo Blake, « favoleggiata dalle foglie della memoria » e il tempo « un'unica vampata finale »). D'altra parte non ha valori da sostituire alle due concezioni storiche che gli vengono proposte, l'una da Haines « history is to blame » (la storia in quanto inevitabile) e l'altra, non molto diversa, da Mr. Deasy, il direttore della scuola, per il quale la storia è retta da una mano provvidenziale. Per Stephen queste due teorie non sono altro che avalli dell'occupazione inglese dell'Irlanda. L'unico modo in cui concepirla è, seguendo Aristotele, come movimento, come « un'attualità del possibile in quanto possibile ». La gratuità della storia (Pirro) e l'assurdità delle interpretazioni che ne vengono date contribuiscono a far dire a Stephen: « la storia è un incubo da cui cerco di destarmi ». Il suo carattere di incubo può solo essere riscattato affermando l'estraneità della mano di Dio nella storia: Dio è per Stephen « un grido ». Con questa lapidaria definizione Stephen dimostra ancora la sua saggezza non lasciandosi trascinare nelle discussioni politiche. Il tema della storia viene ancora ribadito, oltreché dal personaggio del paternalistico Mr. Deasy anche dalle sue raccolte di monete del periodo Stuart, « vile tesoro » di cucchiaini con il manico foggiato in forma di apostoli, e di conchiglie: questi oggetti ribadiscono l'alleanza delle forze laiche e religiose nella repressione dell'Irlanda e come dispensatrici di falsi valori « morto tesoro » (« shell » ha il valore sia di conchiglia sia di guscio vuoto). Inoltre il tema delle conchiglie (usate presso alcuni popoli come moneta di scambio) si collega all'atteggiamento di Mr. Deasy, tipico orangista, di difensore del capitalismo inglese e di antisemita. Al suo antisemitismo Stephen oppone il ricordo di mercanti ebrei alla Borsa di Parigi, non trafficanti di denaro ma veri saggi (« pazienti, sapevano i disonori della loro carne »), un'anticipazione della saggezza di Bloom, radicata nel riconoscimento del peso della fisicità nella vita dell'uomo. Stephen ammira alcune stampe di cavalli e rivive con la fantasia i momenti delle loro vittorie. Mr. Deasy consegna a Stephen una lettera da pubblicare sui giornali a proposito della cura dell'afta epizootica che affligge il bestiame (il parallelo con il Nestore omerico, domatore di cavalli, che offre agli dei il sacrificio di una vacca anticipa anche la comparsa di Leopold Bloom, il « dark horse » del libro). Ritorna il tema del rimorso per la morte della madre, per la quale, apprendiamo, Stephen è ritornato da Parigi, nella soluzione dell'indovinello proposto agli allievi: « La volpe che seppellisce la nonna sotto un cespo di caprifoglio » (nell'episodio successivo la volpe è identificabile con il cane e questo con il mare o con la madre), replicato nel tema dell'annegato, evocato con i versi del *Lycidas* di Milton che gli allievi devono imparare. Quello che è reale non sono i fatti della storia ma l'amore della madre (dell'allievo gracile in cui Stephen si rivede) che assicura la continuazione della specie e quindi della storia. Joyce propone qui la sua concezione della storia come storia biologica che svilupperà successivamente nelle altre opere.

Proteo

Nell'*Odissea* Telemaco va da Menelao e ascolta il racconto della cattura di Proteo. Qui Stephen vive personalmente l'avventura di catturare l'immagine reale di se stesso, che è soggetta, come ogni cosa, a continue trasformazioni. Stephen è insieme Proteo e il catturatore di Proteo, vive in una entrambe le avventure: è qui anticipata la tecnica di attribuire a un personaggio le caratteristiche e le avventure di altri personaggi. Alle undici Stephen passeggia sulla spiaggia tra Sandymount e Ringsend dove il fiume Liffey sfocia nel mare. L'episodio è quasi esclusivamente narrato attraverso il monologo interiore di Stephen, caratterizzato da un'estrema musicalità. L'arte è la filologia (la mutabilità del linguaggio). Stephen medita sulla mutabilità e sull'identità, sulla precarietà e sulla realtà e stabilisce un rapporto ideale con le meditazioni di Amleto. La visibilità e l'udibilità delle cose non esauriscono la loro realtà: anche se non sono percepite (Stephen chiude gli occhi) le cose continuano la loro esistenza. Inoltre spazio e tempo si identificano come si può rilevare dal sincretismo dell'espressione: «un brevissimo spazio di tempo attraverso brevissimi tempi di spazio». Riaperti gli occhi vede due levatrici; una di esse porta una borsa in cui Stephen immagina un «aborto con un cordone ombelicale strasciconi». La vista delle levatrici lo induce a pensare a se stesso come figlio, al mistero della nascita e alla paternità (riferimenti a Adamo e Eva, a Cristo). Pensa alla propria famiglia in decadenza, a cui contribuisce la scioperataggine del padre, pensa a Swift e pensa alla propria vocazione religiosa perduta. Rievoca il periodo della vita parigina e l'incontro con il ribelle irlandese Kevin Egan. Voltatosi vede la torre Martello e ricorda la sua esclusione. La carcassa enfiata di un cane annegato sulla spiaggia lo induce a meditare sulla corruzione della materia. Un cane si avvicina e poi scappa. Stephen non ama nuotare e ha lasciato morire la propria madre: in contrasto con lui Mulligan, che ha salvato un uomo dall'annegamento, è un coraggioso. Due raccoglitori di telline con un cane che raspa nella sabbia (e che ricorda quindi la volpe del capitolo precedente) e che si trasforma nella fantasia di Stephen in pantera ricordandogli il sogno che ha fatto la notte precedente, si rivelano essere zingari, e vengono presentati con un gergo zingaresco che ha la funzione di sottolineare il continuo mutamento dei punti di riferimento. Stephen scrive su un lembo della lettera di Mr. Deasy alcune espressioni poetiche e si chiede se qualcuno le leggerà mai; Stephen medita sulla relatività del concetto di distanza e sull'oscurità dei versi che può dipendere non da un elemento oggettivo ma da un elemento soggettivo del lettore. Stephen orina, confondendo le proprie acque con le altre, in segno di partecipazione al flusso della vita. Col ritorno della marea Stephen medita sulle trasformazioni biologiche a cui sottostà il corpo di un morto annegato. Medita sull'interscambio tra vita e morte, sulla corruzione come presupposto di rinascita e di sviluppo.

ODISSEA

È la parte che introduce la materia che riguarda Bloom (Ulisse): il padre. La serie delle avventure è interrotta da un capitolo di interludio (« Scilla e Cariddi »); Joyce fa inoltre vivere a Bloom un'avventura in piú rispetto all'Ulisse di Omero: « Le simplegadi ». Le avventure rappresentano le prove cui è sottoposto l'eroe: Bloom le affronta con non minore dignità dell'eroe omerico.

Calipso

Alle otto di mattina Bloom lascia Molly che idealmente lo tiene in stato di cattività, come la Calipso di Ulisse. Il capitolo comincia con un tono fortemente assertivo e con dense immagini sensorie. Bloom attribuisce un aspetto animato alle cose mentre d'altra parte tende a concepire l'uomo come animalesco. Anche i sentimenti vengono da lui espressi in termini sensuali e fisici. Va dal macellaio a comprare un rognone per colazione (il percorso è tutto segnato da odori e profumi). Qui legge un ritaglio di giornale che parla di una fattoria modello sul lago di Tiberiade e poi, uscito dal negozio, un annuncio per un progetto di piantare eucaliptus in Turchia (Agendath Netaim). Si destano in lui pensieri concernenti l'Oriente, cui idealmente tende per la sua origine ebraica. Un effetto di rappresentazione simultanea viene raggiunto quando Bloom osserva con la consueta meticolosità la stessa nuvola che aveva osservato Stephen « Una nuvola cominciò a coprire il sole del tutto lentamente tutto. Grigia. Lontana ». Inoltre il particolare del vestito nero di circostanza che è costretto a indossare è identico in Stephen. Ritornato a casa trova una lettera della figlia, una lettera (che si rivelerà essere di Blazes Boylan, l'amante della moglie) e una cartolina della figlia per la moglie. Il programma della *tournée* della soprano Marion Tweedy (Molly) comprende « Là ci darem la mano » dal Don Giovanni e « Love's Old Sweet Song ». Molly chiede a Bloom il significato della parola metempsicosi, che ha trovato nel libro che sta leggendo, storpiandola in una frase che ha un doppio senso allusivo « met him pike hoses ». La risposta di

Bloom è sicura: «trasmigrazione delle anime» e introduce un tema che tocca da vicino la sua qualità di personaggio concepito come una sorta di reincarnazione di Ulisse. Molly chiede a Bloom di acquistarle un altro romanzo di Paul de Kock, scrittore di romanzi pornografici sadici come quello che sta leggendo. Bloom torna in cucina, mangia il rognone semiabbrustolito e legge la lettera della figlia che nomina un giovane studente già menzionato nel primo capitolo. È il giorno successivo al suo compleanno e Bloom ricorda il giorno della sua nascita e prefigura la sua incipiente vita sessuale; si ripromette di andarla a trovare. Bloom sente il bisogno di defecare e raggiunge il gabinetto attraverso il giardino prendendo con sé il vecchio numero di «Titbits» su cui legge un racconto. Ricorda che anche lui aveva avuto ambizioni di scrittore e che per questo aveva cominciato a prendere appunti sulle conversazioni di Molly. Lasciato il gabinetto pensa al funerale e al morto «Povero Dignam».

I lotofagi

I compagni di Ulisse sono ridotti all'inerzia dopo aver mangiato il loto. Il capitolo è ricco di riferimenti ai fiori e alle spezie. Il caldo e la vetrina della Belfast and Oriental Tea Company rimandano Bloom all'Oriente e all'ozio. La sonnolenza e l'assenza di combattività si comunicano anche a lui; va all'ufficio postale dove, esibita una falsa carta di identità a nome Henry Flower, ritira una lettera di Martha Clifford, una sua amica platonica. Tuttavia Bloom non può ancora aprirla e la tiene in tasca chiedendosi che cos'è quel rigonfiamento che sente (scopriremo poi che si tratta di un fiore). Intanto osserva una donna elegante e pregusta la vista delle sue gambe calzate di seta, ma un tram gli preclude la vista ed è il simbolo di tante altre esclusioni o di azioni fatte a mezzo o solo pensate che gli accadranno durante la giornata. Spiega il giornale e ci scorge un annuncio pubblicitario per la Plumtree Potted Meat, elemento che acquisterà un significato simbolico. Incontra McCoy che lo prega di mettere la sua firma al funerale e fa un riferimento alla propria moglie mettendola sullo stesso piano di Molly, accostamento che Bloom rifiuta. Gli viene in mente una canzoncina che si adatta alla situazione: «La regina era nella sua stanza da letto che mangiava il pane». Ricorda l'interesse del padre per il teatro e con le citazioni di Amleto (che lo collegano a Stephen) entra il tema del suicidio che caratterizza il padre; l'immagine dei cavalli che mangiano la biada è quella dell'impotenza. Finalmente in un posto tranquillo legge la lettera di Martha che è volgare e sentimentale; Martha è ansiosa di incontrarlo, Bloom no («si rifiuta

di portare la Lotusland nella sua vita attiva »).[38] La canzoncina su Mary che perde la spilla delle mutande accosta Marta
e Maria, le due ammiratrici di Cristo-Bloom. Strappa la lettera. Entra nella chiesa di All Hallows non per pregare ma
per osservare e medita sulla fede intesa come oppio per i popoli; pensa alla vita con immagini di rose e di spine; pensa
anche alla musica sacra e agli eunuchi che la cantavano;
ammira la solida struttura della chiesa cattolica. In seguito
va dal farmacista a ordinare una lozione per Molly (che si
dimenticherà di ritirare nel corso della giornata) e compera
una saponetta al limone. Incappa in Bantam Lyons che gli
chiede il giornale per controllare il nome di un cavallo; Bloom
gli dice di tenerlo perché stava per buttarlo via e questo viene
scambiato per un suggerimento a scommettere su un cavallo,
« Throwaway », cosa che gli procurerà successivamente (cfr.
« Il Ciclope ») dei guai. Bloom si avvia ai bagni di cui pregusta la freschezza immaginando il proprio corpo nella vasca
come il bambino nel ventre materno e il proprio organo sessuale come un languido fiore.

Ade

·È nell'Ade che Ulisse apprende il suo destino futuro ed è
da questo capitolo che il destino di Bloom sarà legato a quello
di Stephen (l'immagine dell'ombelico comparsa in « Proteo »
ricompare qui come « il nastro della carne »). Bloom ha raggiunto la casa di Dignam a Sandymount per il funerale. Martin Cunningham, Mr. Power, Simon Dedalus (il padre di Stephen) e Bloom prendono posto nella stessa carrozza diretta
al Glasnevin Cemetery. Bloom vede una vecchia che spia con
il naso schiacciato contro la finestra e pensa alla vestizione
dei cadaveri inaugurando il tema del capitolo: la vecchiaia e
la morte. Attraversando la città Bloom nota Stephen che
indossa un cappello largo e un abito scuro (analogia con
Amleto) e lo indica a Simon Dedalus che si preoccupa che
non sia con Mulligan che chiama « ruffiano ». Bloom sente
ostilità per Simon Dedalus che ritiene troppo « rumoroso »,
ma lo vede giustamente fiero del figlio e pensa al proprio
figlio Rudi morto e alla figlia Milly, presto donna. La carrozza si ferma al Grand Canal, il primo dei fiumi dell'Ade.
Nel momento in cui i compagni salutano Blazes Boylan, Bloom
impacciato si guarda le unghie chiedendosi che cosa tutti ci
trovino in quell'uomo che è il « peggior uomo della città ».
Mr. Power chiede a Bloom della moglie chiamandola Madame

---

[38] Cfr. R. ELLMANN, *Ulysses on the Liffey*, Londra, 1972, p. 45.

e inoltre, parlando della morte, menziona il suicidio come una
disgrazia per una famiglia, ma Martin Cunningham interviene
a sviare il discorso imbarazzante per Bloom. Il padre di Bloom
si è infatti ucciso con il veleno. Arrivati al cimitero vedono
uscire il funerale affrettato di un bambino illegittimo. Il rapporto padre-figlio è presente nella mente di Bloom mentre
osserva il figlio di Dignam che regge una corona. Bloom non
è toccato dalla retorica del sermone religioso ma medita su
particolari realistici come quello del gas che esce dalle casse.
I pensieri di Bloom sono semiseri: pensa a come fa un becchino a convincere una donna a sposarlo. Nota anche uno
straniero in impermeabile (McIntosh) la cui identità verrà
scambiata con il nome dell'indumento con cui è designato.
Bloom nota che l'uomo con l'impermeabile è il numero tredici « il numero della morte ». Bloom medita sull'identità
dell'uomo: « E se fossimo improvvisamente qualcun altro ».
Hynes il giornalista chiede a Bloom il suo nome di battesimo,
la L per Leopold sparirà poi anche dal cognome Boom nel-
l'articolo giornalistico. Bloom pensa all'impossibilità di ricordare tutti i morti. Dal rumore dei sassi Bloom individua un
grosso topo che immagina mentre mangia cadaveri con una
serie di immagini grottesche e disgustose. Bloom sente di dover
tornare nel mondo dei vivi perché ha ancora molto da sperimentare. Mr. Cunningham gli si avvicina accompagnato da
Menton (uno dei corteggiatori di Molly all'insaputa del marito)
con cui Bloom ricorda di aver avuto un diverbio giocando a
bocce. Bloom gentilmente gli fa notare che ha una tacca sul
cappello, ma Menton non apprezza e gli risponde seccamente,
ma ancora il soccorrevole Cunningham salva Bloom sottolineando anche lui la cosa. Il viaggio funebre attraverso la
città ha un parallelo con il viaggio trionfante di Blazes Boylan
ne « Le Sirene ».

Eolo

La città è congestionata: si sentono i suoni dei tram, della
posta, delle consegne dei barili di birra. Questi rumori inter-
mittenti culminano nell'ansito umano della macchina stam-
patrice del giornale (« Slt, Slt ») e nei discorsi gonfi di retorica dei giornalisti. Bloom è negli uffici del « Weekly Freeman
and National Press », deve sottoporre al direttore Nannetti (un
italiano che non ha mai visto « la sua vera patria ») un ritaglio con l'annuncio della ditta Keyes, sormontato da due
chiavi intrecciate (la chiave come simbolo di esclusione sarà
di grande importanza in seguito). Qui Bloom è persino igno-
rato dall'altro straniero a Dublino: Nannetti. C'è anche Hynes
cui Bloom fa notare con tatto che gli deve dei soldi. Il faz-

zoletto che sa di limone gli ricorda la casa e pensa di fare
una scappata a vedere Molly prima che si vesta per Boylan,
ma poi accantona l'idea. Entra all'« Evening Telegraph » per
usare il telefono; nella redazione si trovano tra gli altri Ned
Lambert, Simon Dedalus e il prof. MacHugh che commenta
l'entrata di Bloom con un « il fantasma cammina » (anticipando la funzione di Bloom padre-fantasma e Stephen-Amleto).
Il commento di Simon Dedalus, « Cristo agonizzante », è
ugualmente appropriato. Ned Lambert sta leggendo un brano
di retorica nazionalistica che Bloom commenta negativamente.
O'Molloy sbatte la porta in faccia a Bloom. La citazione dei
detti del misterioso Wetherup introduce un elemento sinistro
simile a quello di McIntosh. Myles Crawford, il direttore, entra nella stanza e scambia pesanti battute con MacHugh.
Bloom con il suo tatto e con la sua gentilezza è sempre più
isolato. Lenehan entra con le pagine dell'edizione sportiva e
con l'indicazione del probabile vincitore dell'Ascot Gold Cup
Race. Bloom ha saputo che Keyes è ad una tornata d'asta e
si affretta a raggiungerlo per chiedergli dell'annuncio, ma
si scontra con Lenehan, che si scusa in modo scherzoso: « Par-
don, Monsieur ». Quando è uscito gli fanno il verso e discu-
tono sulla situazione dell'Irlanda. Entrano O'Madden Burke
e Stephen con la lettera di Mr. Deasy per Crawford. Il prof.
MacHugh paragona i greci dominati dai romani agli irlandesi
dominati dagli inglesi. Crawford invita Stephen a scrivere per
il giornale; vengono rievocati grandi successi giornalistici dei
quali tutti si beano. Arriva la telefonata di Bloom a cui Crawford fa rispondere di andare al diavolo. Stephen è preoccupato
dai problemi dell'espressione poetica e pensa a Sant'Agostino
(e al problema della corruzione dei buoni); per Stephen l'oratoria politica è un cattivo modo di utilizzare il proprio talento.
Stephen propone di andare al *pub* ribadendo il suo attaccamento a Dublino come fonte di ispirazione. Racconta la parabola realistica delle due vecchie salite sulla colonna di Nel-
son. Bloom ricompare in un momento nefasto con la proposta
di Keyes e viene insultato da Crawford. Bloom pesa la situazione, nota Stephen. Stephen finisce la sua parabola.

I lestrigoni

Le abitudini cannibalesche dei lestrigoni sono riprodotte dai
dublinesi del ristorante Burton: Bloom, come Ulisse, ne è
disgustato. È l'una, e Bloom pensa al pranzo. Un giovane del-
l'Y.M.C.A. gli dà un volantino che annuncia un incontro con
il pastore Dowie (il volantino comincia con le parole Bloo
e Bloom ingenuamente crede di trovare scritto il suo nome:

si tratta invece dell'espressione Blood of the Lamb). Lo slo-
gan « Elia viene » anticipa Bloom ironicamente identificato
con Elia nel capitolo seguente. Bloom riflette sulla commercia-
lizzazione della religione. Bloom nota con compassione la
figlia di Dedalus, Dilly, malvestita e malnutrita. All'altezza
del ponte O'Connell getta il volantino nell'acqua ma nota che
i gabbiani non lo scambiano per una pallottola di cibo (il
contrasto è con gli uomini che scambiano per buone le parole
di Dowie). Getta in acqua dei biscotti sbriciolati che sono cibo
vero. Bloom approva la trovata pubblicitaria dei pantaloni
Kino's installata su una barca che lo fa pensare alla pubblicità
per la cura delle malattie veneree nei gabinetti pubblici; si
chiede se Boylan possa esserne affetto, ma scaccia il pensiero.
Nota l'ora sul Ballast Office e ricorda il libro di un astronomo
con la parola « parallasse » di cui non sa il significato; la
paragona al « met him pike hoses » di Molly, concludendo che
Molly ha saggezza e spirito. Vede passare uomini sandwich con
cartelli di HELYS il cartolaio per il quale lavorava l'anno in
cui aveva sposato Molly. Ricorda una festa con Molly e i suoi
ammiratori tra i quali il tenore Bartell d'Acry; Bloom è interrotto dall'incontro con una sua vecchia fiamma, Mrs. Breen
che, molto provata dalla vita è quasi pazza e non regge certo
il confronto con Molly. Bloom chiede notizie della signora
Beaufoy, sbagliando il nome, che sta partorendo in ospedale.
Pensando a Mrs. Purefoy disapprova il marito che le fa fare
continuamente figli in modo puramente animalesco. Pensa che
è tempo che si provveda a rendere il parto indolore e si lamenta che non esistano gabinetti pubblici per donne mentre
ce n'è uno per uomini sotto la statua di Tom Moore (il che gli
ricorda la sua poesia « Incontro di correnti »). Bloom ricorda
la brutalità dei poliziotti in occasione di manifestazioni stu-
dentesche filoboere, ma pensa anche che gli stessi studenti
saranno poi diventati dei conformisti. Una nuvola nasconde
il sole; Bloom è depresso al pensiero che tutto si riproduce
identico nella vita, si sente insicuro e privo di identità. « Nessuno è niente. Questa è proprio la peggiore ora del giorno. Vitalità. Opaca, oscura: odio quest'ora. Mi par d'essere stato mangiato e vomitato ». Pensa ancora a chi potrebbe chiedere il significato di « parallasse », ma desiste perché tanto « non se ne
saprà mai nulla » e ogni cosa continuerà come prima. Ricorda
la notte di luna in cui Boylan e Molly cantarono un duetto
d'amore; ma si sforza di accettare quello che è stato; si sforza
di pensare ad altro, ma il pensiero ritorna indietro: « Ero
più felice allora — o ero io quello? O sono io adesso? ». In
Grafton Street ammira una vetrina di tessuti a cui associa
ricordi sensuali di Molly. Entra nel ristorante dove è rivoltato
dagli odori e soprattutto dalla vista dei piatti di carne e

ordina un *sandwich* di formaggio e del vino. Nosey (il ficca-
naso) Flynn gli chiede della *tournée* di Molly e di Boylan.
Immagini di cibo si legano ad immagini di corruzione; Bloom
ricorda il giorno in cui sul capo Howth baciò Molly e ricevette in bocca il biscotto all'anice, caldo e masticato; ma
l'episodio rievocato riesce solo a fargli sentire piú pesante-
mente la diversa situazione attuale: « Io. E io ora ». Per rea-
zione Bloom è attratto dalla bellezza fredda del bancone di
quercia e decide di visitare il museo della biblioteca dove
si vedono statue classiche (« non gliene importa di chi guarda ») che non hanno alcun bisogno umano (soprattutto di
cibo). Davy Byrne chiede a Flynn chi è Bloom, Flynn dice
che fa l'agente pubblicitario ma che è la massoneria che gli
dà una mano; sono entrambi d'accordo che Bloom è umano
e amichevole ma che non gli si può far mettere niente per
scritto. Bloom uscendo saluta Lyons che dice agli amici di
aver ricevuto da lui il suggerimento per un cavallo. Bloom
vede un cane che vomita e rimangia; tuttavia ne sente meglio
dopo il vino bevuto e canticchia un'aria dal Don Giovanni.
Fatti i conti pensa che può comprare una sottoveste di seta
a Molly e preferisce non pensare a oggi e alla *tournée* per
pensare a una vacanza dopo. Aiuta un cieco ad attraversare
la strada e pensa alle loro difficoltà nel fare l'amore: l'impossibilità di vedere la donna; si tocca la pelle per sentire la
sensazione (come Stephen in « Proteo »). Improvvisamente
Bloom ha una serie di sensazioni che riconducono a Boylan:
« Cappello di paglia al sole. Scarpe gialle. Pantaloni col
risvolto. È. È. Il cuore accelerava piano i battiti [...]. Non
vedere. Non vedere. Avanti ». Agitato si rifugia nel museo
e per darsi un contegno si fruga nelle tasche cercando il
sapone.

I movimenti peristaltici dell'episodio sono, oltre a quelli
del cibo nel tubo digerente, anche le oscillazioni della sicurezza di Bloom che si affida alla realtà e insieme ne rifugge.
Il cannibale è Boylan « mangiatore di ostriche » che tormenta
e insegue Bloom.

Scilla e Cariddi

È l'episodio di mezzo, è uno degli episodi scritti per primi
e meno rimaneggiati. Come Ulisse passa non notato tra il
gorgo Cariddi e il mostro dalle molte teste Scilla, qui Bloom
transita nella biblioteca tra i gorghi di oratoria dei parteci-
panti alla discussione. Nell'ufficio del direttore, alle due, ci
sono Stephen, A. E., John Eglinton, e Lyster, il bibliotecario
quacchero che loda le osservazioni di Goethe su Amleto.
Stephen le ridicolizza, ma viene a sua volta attaccato da

Eglinton. Stephen dichiara di volersi attenere al presente e di rifiutare sia il platonismo di Russell (A. E.) sia il folklore celtico di Haines. Mr. Best, un altro bibliotecario, cita la descrizione fatta da Mallarmé di una recita di *Amleto* tenuta in provincia. Secondo Stephen ci sono troppe morti in *Amleto*, si tratta di un vero e proprio macello. Eglinton spinge Stephen a illustrare la sua teoria su *Amleto*. Stephen definisce il fantasma di *Amleto* lo straniero che ritorna dopo aver sperimentato un altro mondo: Shakespeare si identificherebbe con il padre di Amleto (il cui ritorno è analogo a quello di Stephen da Parigi e a quello di Bloom alla casa alla fine di *Ulisse*) e si presenterebbe al figlio Hamnet (morto a undici anni e mezzo) per dirgli dell'adulterio della moglie Ann. Per Russell è invece illecito ricercare motivi autobiografici nell'opera, dal momento che questa sola importa. Stephen vorrebbe controbattere ma ricorda che Russell gli ha prestato una sterlina che non è in grado di restituirgli e che ha speso con una prostituta. Eglinton sostiene che Ann non ha importanza nella vita di Shakespeare e che Shakespeare fece solo un errore a sposarla. Stephen ribatte dicendo « che un uomo di genio non fa errori » ma anzi, li provoca, per sperimentare. Stephen aggiunge che Shakespeare fu sedotto da Ann (e si chiede quando verrà il suo turno). Russell si alza per andarsene; Eglinton gli chiede se andrà da Moore la sera, ma Russell risponde che ha già un impegno; parlano di una antologia della poesia irlandese. Stephen è escluso dall'invito e esprime il suo senso di solitudine identificandosi con Cordelia « La piú sola delle figlie di Lir ». Stephen raccomanda a Russell la lettera di Mr. Deasy. Lyster, che ha accompagnato Russell, chiede a Stephen se intende dire che Ann fosse infedele a Shakespeare. Stephen concepisce Shakespeare come invasato dal desiderio sessuale: è Christfox, la volpe che insegue donne e sostiene che le immagini dell'artista hanno un contenuto simbolico che varia; in esse passato presente futuro si fondono: « Egli è in mio padre. Io sono in suo figlio ». La chiave di interpretazione per l'intera produzione di Shakespeare è costituita dalle ultime opere. Eglinton considera la critica di Stephen meno valida della critica ufficiale; ma Stephen continua dicendo che Shakespeare sarebbe alla ricerca di ciò che l'ha distrutto e ridotto a fantasma e che rivelerà solo al figlio. Un « Amen » ironico annuncia l'entrata di Mulligan che punzecchia Stephen: Joyce lo inserisce come diversivo prima dell'esposizione finale della teoria. Stephen dà un'interpretazione apparentemente burlesca dell'artista, che è Padre, Figlio e Spirito Santo insieme (si tratta, tra l'altro, di un'altra prova del fatto che Joyce si è raffigurato in *Ulisse* sia come padre sia come figlio). Il discorso continua sugli esempi letterari di misoginia (Eva, Gertrude in *Amleto*). Mulligan indica Bloom (intento a cercare l'annuncio con le chiavi nel « Kilkenny People ») e ricorda di averlo visto nel museo a contemplare le dee nude. Stephen, invitato da Eglinton, continua a esporre la sua teoria; secondo lui il tema dell'infedeltà della donna nelle sue opere rivela che era un problema personale; sostiene che il lascito del « second best bed » era offensivo verso Ann; Stephen accusa Shakespeare di opportunismo e di egoismo (ma da un lampo di autocritica scopriamo anche che Stephen è conscio di stare esasperando il tono della conversazione). Eglinton invita Stephen a provare che Shakespeare era ebreo e Stephen indica l'avarizia e l'incesto come caratteristiche della pigrizia ebraica. Stephen riflette che l'accanimento di Eglinton nel negare la rilevanza della famiglia è dovuto al rifiuto della sua, che è un'umile famiglia contadina. Pensa al proprio padre che fa sforzi per avvicinarsi al figlio e alla paternità come « un male necessario » e si volge a formulare la sua dottrina della paternità: la paternità è uno stato mistico, procede da un vero e proprio mistero, mentre l'amore materno nasce da legami fisici evidenti; non c'è amore tra padre e figlio, il figlio è nemico del padre; cita l'eretico Sabellio, sostenitore dell'identità del padre e del figlio, e confutato da Tommaso per la mancanza di autonomia data alla figura del figlio. Il messaggio del padre al figlio (di Dio all'uomo) è che l'uomo è corrotto e che deve vincere la propria corruzione. Stephen considera il problema del suo futuro (« da chi sarà corteggiato? ») e medita sul suo nome, Dedalus, ricordando la sua fuga dall'Irlanda. Eglinton riassume la discussione dicendo che Shakespeare è sia « il fantasma sia il principe »; Stephen annuisce benché intendesse dire molto di più: Shakespeare è Ognuno; alla fine della sua vita e della sua carriera c'è *La tempesta* dove i buoni vengono ricompensati e i cattivi puniti. Ma richiesto se creda nella sua teoria Stephen risponde di no, forse per non rivelare quanto intensamente vi creda. Mulligan rinfaccia a Stephen di essere ostile al gruppo di Lady Gregory e legge inoltre il titolo di una sua opera oscena, *Ognuno è la sua propria moglie*, che ha per oggetto la masturbazione (e sottolinea l'identificazione di Bloom con Ognuno). Stephen avverte che c'è qualcuno dietro e riconosce Bloom; mentre medita di separarsi da Mulligan Bloom passa tra i due; l'episodio, che si collega al pensiero di Stephen di aver guardato gli « uccelli d'augurio », indica Bloom come il futuro di Stephen. Mulligan chiama Bloom l'ebreo errante e nota lo sguardo amichevole che ha per Stephen, interpretandolo oscenamente. Stephen ricorda la chiusa di *Cymbeline* piena di calma rassegnazione.

Le simplegadi

È il capitolo che inizia la seconda parte e che, per la sua posizione centrale, ha funzione di intermezzo e di sintesi microscopica del libro stesso: consta infatti di diciannove piccoli episodi (diciotto piú una coda). L'ambiente è la città-labirinto in cui si muovono diversi personaggi, dapprima simultaneamente (nelle prime nove parti), poi con un certo sviluppo fino a che quasi tutti i personaggi nominati vengono a incontrarsi (ultime tre parti). C'è un viaggio fluviale, quello del volantino appallottolato e gettato nel fiume da Bloom, e due viaggi per la città rispettivamente del rappresentante del potere religioso Padre Conmee e del potere politico, il viceré conte di Dudley e il suo seguito, sui quali vengono misurati i viaggi minori degli altri cittadini. Le rocce erranti vengono nell'*Odissea* menzionate a Ulisse da Circe con riferimento a Giasone e Ulisse le evita. Joyce invece fa sí che Bloom viva, in modo non privilegiato, ma identico agli altri, nel sottofondo e non come protagonista principale questa avventura; anche lui, come gli altri cittadini, è una roccia errante che si muove e cozza contro le altre della città (secondo la testimonianza di F. Budgen Joyce scrisse l'episodio con « una carta di Dublino davanti »). Sono circa le tre e Padre Conmee, un tempo rettore del Belvedere College, si dispone ad andare a Artane e attraversa la città con una lettera di Martin Cunningham a favore del figlio di Dignam. Mentre attraversa il prato di Clongowes legge il breviario e benedice due giovani che escono da una siepe con gli abiti in disordine. II. Corny Kelleher, impresario di pompe funebri chiude il suo libro mastro (era stato visto poco prima ancora al lavoro da Padre Conmee). C'è un *flashback* che mostra Padre Conmee al momento di salire sul tram. C'è l'anticipazione di un'azione di Molly: un braccio getta da una finestra di Eccles Street una moneta al marinaio storpio. III. Il marinaio cammina in Eccles Street, la sua canzone commuove. Molly gli getta la moneta. IV. Katey e Boody Dedalus arrivano a casa dove chiedono alla sorella Maggy se ha venduto i libri (di Stephen); Maggy risponde che non li hanno voluti (in *flashback* si vede Padre Conmee che cammina sul prato) (in anticipazione: il commesso della casa d'aste di Dillon suona la campana). Il volantino appallottolato di Bloom naviga verso est. V. Una commessa confeziona per Blazes Boylan un cestino di frutta, mettendo sotto alla frutta una bottiglia (di porto) e un vasetto (di profumo?). Boylan le chiede di mandarlo subito. Passano gli uomini sandwich di HELYS. Viene anticipata la vista di Bloom che sceglie libri da una bancarella sotto il Merchant's Arch. Boylan flirta con la commessa, prende un garo-

fano rosso per sé e chiede di telefonare. VI. Stephen parla
con il maestro di musica Artifoni che, accomiatatosi, corre
per prendere il tram ma lo perde. VII. Miss Dunne, segreta-
ria di Blazes Boylan, nasconde la copia del romanzo di Wilkie
Collins, *The Woman in White*, in un cassetto. Batte la data
16 giugno 1904 (in *flashback* si rivedono gli uomini sandwich).
Arriva la telefonata di Boylan: Miss Dunne gli dice che ha
un appuntamento con Lenehan all'Ormond Bar alle 4. VIII.
Ned Lambert mostra a un visitatore l'antica camera di con-
siglio di St. Mary's Abbey: « il posto piú storico di Dublino ».
Esce il visitatore e Ned Lambert si lamenta del raffreddore
preso la notte e peggiorato al funerale di Dignam. IX. Lenehan va a incontrare Boylan e entra nella sala corse per
vedere le quotazioni di Sceptre, il cavallo su cui ha pun-
tato. Si aprono i cancelli che faranno passare il corteo del
viceré (anticipazione della sezione XIX). Lenehan riferisce
che Bantam Lyons sta sostenendo un cavallo che non vale
niente; passano vicino alla schiena scura di Bloom che guarda
i libri. McCoy, il compagno di Lenehan, dice che Bloom va
alle aste a comprare libri di astronomia. Attraversato il ponte
vanno lungo il Wellington Quay (anticipa l'azione del figlio
di Dignam che ha appena comprato una bistecca di maiale).
Lenehan racconta del famoso Glencree Dinner dieci anni prima, che già Bloom ha ricordato (*flashback*, il cartello: Camere
non ammobiliate a Eccles Street spostato da una mano che
scostava la tendina per guardar fuori, ritorna al suo posto)
e del ritorno in carrozza in cui era seduto vicino e ben stretto
a Molly. McCoy non si diverte e difende Bloom: come uomo
di cultura « ha qualcosa dell'artista ». X. Bloom cerca un libro
per Molly e sceglie il romanzo pornografico costruito sul solito
triangolo: marito, moglie e amante dal titolo *Dolcezze del
peccato*. XI. Come già abbiamo visto l'imbonitore di Dillon
agita il campanello. Dilly Dedalus incontra il padre che mer-
canteggia con lei per non darle del denaro. (Il corteo del viceré
esce da Parkgate). XII. Il rappresentante Tom Kernan è con-
tento di aver fatto un affare e lo attribuisce al suo vestito
ben tagliato e alla sua bella conversazione. (Viene anticipato
l'incontro di Simon Dedalus con « Father » Cowley; *flashback*
sul volantino di Bloom che ora naviga verso ovest). Kernan
svolta in Watling Street e pensa ai tempi passati e al modo
toccante di Ben Dollard di cantare la canzone che si riferisce
alla battaglia di New Ross, durante l'insurrezione del 1798,
intitolata « The Croppy Boy » (la canterà nella sezione seguente). Kernan corre per vedere il corteo del viceré sul Pem-
broke Quay ma non ci riesce. XIII. Stephen guarda la vetrina
di un gioielliere. Immagina il suo lavoro di artista come quello
di chi estrae dalla terra immagini sepolte (*flashback* sulle leva-

trici di « Proteo » con le conchiglie in borsa) e si vede sull'orlo
di « due mondi ruggenti »: il mondo esterno e il mondo interno
che si rispecchiano. Da una bancarella prende un libro di teoso-
fia pieno di ditate. Compare la sorella Dilly che ha acquistato
una grammatica francese; Stephen sente la sua responsabilità
di proteggerla ma anche il proprio egoismo che gli consiglia di
sottrarsi alla famiglia. XIV. Simon Dedalus incontra « Father »
Cowley che ha appena ricevuto la visita di ufficiali giudiziari
che vogliono pignorargli dei beni; Cowley conta su Ben Dollard perché induca il pignoratore a desistere. Ben Dollard
risolve la questione dicendo che tutto è già pignorato dal
padrone di casa al quale « Father » Cowley deve del denaro.
XV. Martin Cunningham dice a Mr. Power che ha interessato
Padre Conmee per il figlio di Dignam (anticipazione del capitolo successivo con Miss Douce e Miss Kennedy che guar-
dano fuori dalla finestra). Li raggiunge John Wyse Nolan
che riferisce che Bloom ha offerto 5 sh. « nell'ebreo v'è molta
cortesia »; Cunningham cerca di raccogliere altri fondi per la
famiglia Dignam ma due persone si scusano e fanno finta di
non conoscerlo. XVI. Mulligan e Haines indicano il fratello
di Parnell che gioca a scacchi. Haines dice che Stephen non
ha equilibrio (*flashback* sul marinaio con una gamba sola);
Mulligan lo attribuisce alla paura dell'inferno che gli hanno
instillato i Gesuiti; dice che scriverà qualcosa tra dieci anni
(*flashback* sul volantino di Bloom che ora va verso est supe-
rata la « Rosevean » che Stephen aveva visto alla fine di
« Proteo »). XVII. Artifoni che aveva perso il tram cammina
in Holles Street. Dietro a lui c'è il cieco che Bloom aveva
guidato (cfr. « I lestrigoni »). Va a scontrarsi violentemente
con Farrell che segue Artifoni, e lo maledice. XVIII. Il giovane Dignam esita a ritornare a casa; guarda una vetrina e
si vede riprodotto da due specchi laterali. Vede un bellimbusto
con un fiore in bocca (Blazes Boylan) che presta orecchio a un
ubriaco. Pensa al padre e al suo messaggio in punto di morte.
XIX. Il viceré, la moglie e il seguito vanno a inaugurare il
« Mirus Bazaar » per raccogliere i fondi destinati al « Mer-
cer's Hospital ». Sono di volta in volta guardati con stupore
e con indifferenza, salutati e spiati con l'occhio da tutti
i personaggi nominati nelle sezioni precedenti, tra i quali
anche l'uomo con il *mackintosh* marrone.

Le sirene

Nell'*Odissea* Ulisse riesce a passare indenne davanti alle
sirene perché si è fatto legare all'albero della nave e ha fatto
riempire le orecchie di cera ai suoi marinai. Nell'episodio
joyciano c'è una corrispondenza letterale in quanto ci sono

le due affascinanti bariste-sirene, ci sono i riferimenti alle canzoni e alla musica e c'è Ulisse-Bloom legato all'albero, impotente a reagire alla musica che lo ossessiona: quella del tintinnio del calessino di Boylan che si reca da Molly. Ma c'è soprattutto la frammentazione musicale con la quale sono resi oggetti, fenomeni e persone; l'episodio è modellato sulla *fuga per canonem*, il linguaggio « aspira alla condizione della musica ». Le stesse due bariste esistono all'inizio soprattutto come temi musicali (che sono stati contati in numero di cinquantasette): « Bronzo accanto a oro udirono i ferrei zoccoli, acciaisonanti ». Le due bariste dell'Ormond Bar seguono dalla finestra la cavalcata del viceré. Miss Douce vede passare Bloom con il libro per Molly sotto il braccio, il pensiero di Bloom la investe e se ne libera dicendo scherzosamente a Miss Kennedy quale orrore sarebbe essere sposata a Bloom con i suoi « occhi untuosi » e con i suoi « quattro peli di barba ». Entrano nel bar Simon Dedalus e Lenehan che deve incontrarsi con Boylan: entrambi scherzano con le bariste. Miss Douce loda l'esecuzione del suonatore cieco (quello stesso che è stato aiutato da Bloom). Intanto Bloom compra da Daly la carta da lettere per scrivere a Martha, ma non gli sfugge la vista della carrozza di Boylan: « Tinnulo su molleggianti gomme scarrozzava dal ponte alla riva Ormond ». Boylan, l'« eroe conquistatore », entra nel bar salutato da Lenehan. Sopraggiunge Bloom, l'« eroe inconquistato », che viene invitato ad entrare da Richie Goulding: una buona occasione per guardare da vicino Boylan senza essere visto. Si stupisce tuttavia che non sia ancora andato da Molly e commenta patetico: « Forse un trucco. Non andare: aguzza l'appetito. Io non potrei ». Ci sono schermaglie tra le bariste e Boylan e Lenehan. Tutti aspettano le quattro per avere i risultati della corsa di cavalli del giorno. Ben Dollard si siede al piano mentre si sente il tintinnio della carrozza di Boylan che riparte. Si rievocano alcuni precedenti concerti, in particolar modo uno in cui Ben Dollard si fece prestare l'abito da sera da Bloom (immediatamente dopo anche Bloom ricorda questo episodio rievocando le risa di Molly, perché l'abito gli stava stretto; anche Molly nel suo monologo lo ricorderà). I suoni dei concerti rievocati e il suono della carrozza tintinnante di Boylan si mescolano. Simon Dedalus canta l'aria « M'apparí » dalla *Martha* di Flotow. Bloom osserva se stesso e Richie Goulding nello specchio. La canzone gli ricorda il primo incontro con Molly a Terenure. Entra Tom Kernan. Bloom decide di scrivere la lettera a Martha e chiede penna, inchiostro e carta assorbente. Pensa alla natura misteriosa della musica, tutta basata su rapporti matematici; pensa che la figlia non ha alcun senso musicale. Facendosi schermo del giornale perché Richie

Goulding non veda, Bloom scrive senza molta passione la
lettera a Martha, ma aggiunge un poscritto: « Mi sento cosí
triste oggi, cosí solo ». Spiega a Richie Goulding che sta rispon-
dendo a un annuncio pubblicitario e finge di copiare l'indirizzo dal giornale. Bloom ha finito il pranzo e cerca di tenere
lontano il pensiero di Molly e Boylan. Con un suono ricor-
rente si annuncia il lento avvicinarsi del suonatore cieco che
viene a cercare il diapason dimenticato. Cowley continua a
suonare al piano: Bloom riconosce l'aria del Minuetto dal
Don Giovanni e immagina una danza in un castello con i con-
tadini che stanno a guardare di fuori (è un commento muto
alla sua condizione). Intanto Boylan che, lasciato il calessino,
aveva chiamato una carrozza a nolo, arriva a Eccles Street,
bussa alla porta e si risente il tema del verso del gallo precedentemente evocato dal suono dell'orologio che batteva le
quattro. Bloom non riesce a farsi notare dal cameriere al
quale vuol pagare il conto e andarsene. Cowley invita Ben
Dollard a cantare « The Croppy Boy »; come l'aria del Don
Giovanni era un'aria di seduzione, cosí il tema della canzone
è un tradimento, e entrambi sono collegati a Bloom. Bloom
paga e sta per uscire, ma è trattenuto dal pathos della canzone; scambia un'occhiata con Miss Douce che si guarda allo
specchio e immagina l'ultimo sguardo allo specchio di Molly
prima di aprire a Boylan. Anche Miss Douce è commossa
ma i suoi sguardi non vanno a Bloom, mentre c'è un riferimento osceno al suo maneggiare « la clava di smalto bianco »
della birra. Bloom si alza e mentre esce sente gli applausi
alla canzone. Simon Dedalus e Lidwell commentano la situazione matrimoniale di Bloom e Molly. Bloom si rammarica di
aver bevuto il sidro che gonfia e provoca flatulenza. Per evitare
di incontrare una prostituta che conosce (l'ultima sirena dell'episodio), Bloom finge di guardare la vetrina di un antiquario. Il
peto causato dalla fuoriuscita dell'aria prodotta dal sidro rappresenta l'ultima nota musicale dell'episodio.

Il ciclope

Nell'Odissea Ulisse sfugge al gigante con un occhio solo,
Polifemo, accecandolo; il ciclope gli getta dietro una roccia
ma lo manca. Nell'episodio Polifemo è il « Citizen » che ha
l'unico occhio del suo nazionalismo fanatico e intollerante,
ingigantito dalla retorica dei suoi discorsi. L'episodio è rac-
contato da un narratore anonimo in prima persona, ma il suo
racconto è interrotto da brani di prosa in stili diversi benché
tutti altamente retorici. C'è una corrispondenza parodica con
l'episodio dell'accecamento di Polifemo nell'Odissea all'inizio, quando il narratore racconta di uno spazzacamino che

l'ha quasi accecato. Con Joe Hynes racconta di essersi recato
alla taverna di Kiernan e di avervi incontrato il cittadino
con il suo cane rognoso, Garryowen. Il fanatismo nazionali-
stico del cittadino viene messo alla berlina da un lungo brano
inserito nella narrazione scritto in stile epico. Joe Hynes
paga inaspettatamente da bere perché, in seguito a una segna-
lazione di Bloom, è stato pagato. Bloom è definito « papà
prudenza » e il narratore riferisce di averlo visto gironzolare
« con quell'occhio da ghiozzo ». Entra Alf Bergan descritto
prima con tono eroicomico e poi in linguaggio colloquiale;
attira l'attenzione degli altri sulla coppia che sta passando:
i Breen, entrambi psichicamente malati; il commento è impietoso come quello su Bloom da parte del cittadino e stabilisce un'equivalenza tra i due pazzi e gentili Breen, e Bloom.
Bob Doran, che è ubriaco in un angolo, continua a ripetere,
sottolineando il tema dell'episodio: « Di chi ridete? ». Alf
crede di aver visto passare Dignam e l'equivoco viene com-
mentato burlescamente. Il cittadino nota Bloom ancora prima
che entri « quel fottuto massone ». Bloom entra a chiedere
se c'è Martin Cunningham, è costretto ad accettare un sigaro
da Joe Hynes e partecipa alla conversazione criticando la
pena capitale. Hynes e il cittadino citano nomi di martiri
della rivoluzione. Il narratore disprezza la superiorità di elo-
quio e di pensiero di Bloom; il cittadino brinda ai martiri
irlandesi cercando di provocare Bloom. A questo punto c'è
la descrizione di un'esecuzione in linguaggio giornalistico, retorico e burlesco. Il cane, finito un biscotto che gli è stato
offerto, comincia a diventare irrequieto. Bloom si rifiuta di
bere con la compagnia perché dice di essere venuto solo a
cercare Cunningham: è piú che mai isolato. Hynes fa l'apologia degli « sport gaelici » in opposizione a Bloom; viene
introdotto nella conversazione il tema della violenza. Alf
accenna ai concerti di Molly organizzati da Boylan e Bloom
è costretto a riconoscere le doti di organizzatore di Boylan.
Un'interpolazione in stile poetico loda la bellezza di Molly.
Ancora vengono messi in ridicolo i Breen. Il cittadino tenta
di provocare Bloom, ma Bloom lo ignora, anzi propone a
Hynes di posporgli la data in cui deve rendergli un prestito;
ma il cittadino insiste sul tema degli stranieri in Irlanda e
del loro parassitismo. Arrivano Nolan e Lenehan che riferiscono della riunione municipale sulla lingua inglese, il cittadino si infuria, mentre Bloom fa appello alla ragione per dimo-
strargli i pregi della civiltà inglese. Lenehan annuncia che la
corsa è stata vinta da « Throwaway » (« Buttafuori »), la cui
equivalenza simbolica con Bloom è ormai chiara. Il cittadino
parla del futuro glorioso dell'Irlanda mentre si continua a bere.
Bloom urbanamente sottolinea l'inutilità dell'orgoglio nazio-

nale; gli altri gli chiedono di quale nazione parli e ridono della sua definizione: « una nazione è la stessa gente che vive nello stesso posto ». Quando sostiene di essere irlandese, il cittadino sputa in terra. Insorto a difendere la sua razza rinnega l'uso della forza e predica l'amore: mentre va a cercare Cunningham viene crudelmente deriso dagli altri che lo indicano come « nuovo apostolo dei gentili » con ovvio riferimento a Cristo. Il cittadino inveisce ancora contro l'Inghilterra e le sue giustificazioni oziose per l'imperialismo. Pensano che Bloom sia andato a ritirare i soldi della vincita di « Throwaway ». Entra Martin Cunningham che non ha incontrato Bloom. I presenti continuano religiosamente a bere. Rientra Bloom scusandosi ma non viene creduto; l'atmosfera si fa sempre piú tesa; Cunningham, Power e Bloom escono precipitosamente seguiti dal grido del cittadino: « Tre evviva per Israele! ». Bloom trova il tempo per rispondere: « Mendelssohn era ebreo e anche Carlo Marx e Mercadante e Spinoza. E il Redentore era ebreo e suo padre era ebreo. Il vostro Dio ». Il cittadino cerca la scatola di biscotti per tirarla addosso a Bloom ma ha il sole negli occhi e sbaglia il colpo. Un'interpolazione narra l'evento in termini cosmici. Il cittadino scatena il cane dietro alla carrozza dei tre. In un'ultima interpolazione in stile biblico Bloom si trasforma in Elia e viene assunto in cielo.

Nausicaa

Nell'*Odissea*, Nausicaa, figlia di Alcinoo re dei Feaci, gioca sulla spiaggia con le sue ancelle quando compare Ulisse scampato al naufragio: Nausicaa lo veste e lo accompagna a casa. Anche Bloom è scampato al naufragio provocato dal cittadino e ha bisogno di riposo e di affetto: lo trova nell'atteggiamento ambiguo e dolciastramente sentimentale di Gerty MacDowell.

Gerty, Cissy Caffrey e Edy Boardman sono sulla spiaggia e sorvegliano i due fratelli gemelli di Cissy e il piccolo Boardman. Vicino c'è la chiesa Stella del mare e un'equivalenza si stabilisce tra Gerty e la Vergine. La descrizione che viene data di Gerty è fatta con il linguaggio fumoso e sentimentale adottato da lei. Gerty nota Bloom e vede in lui il romantico straniero che soddisferà il suo desiderio di un innamorato maturo nonostante abbia « la faccia piú triste che mai abbia visto ». Mescolate alle frasi dolciastre del linguaggio di Gerty giungono le frasi della benedizione del prete, molto simili nella loro vacuità.

Gerty è conscia che Bloom le sta guardando le gambe in atto di adorazione parallelo a quello degli uomini che stanno

facendo un ritiro di temperanza nella chiesa vicina. Gerty
è sempre piú eccitata per l'attenzione che le viene dedicata.
Cissy va a chiedere l'ora a Bloom, ma il suo orologio si è
fermato simbolicamente alle quattro e mezzo. Nella chiesa
si sta cantando il *Tantum Ergo* e dietro la chiesa cominciano
i fuochi d'artificio, mentre sia Gerty sia Bloom raggiungono
il culmine della loro eccitazione. Edy e Cissy si alzano per
andare mentre Gerty conclude il ritratto di Bloom dal suo
punto di vista idealizzante come dell'uomo che ha bisogno
dell'aiuto di una donna, aiuto che vorrebbe prestargli. Anche
Gerty si alza, rivelando di esser zoppa. Il rapporto che si è
istituito tra i due è momentaneo ma intenso. Bloom pensa
che Gerty debba esser vicina al suo periodo mestruale e
pensa alle stranezze di comportamento delle donne in quel
periodo. Pensa alla stranezza che il suo orologio si sia fermato alle quattro e mezzo, proprio l'ora dell'adulterio che
commenta con precisa crudezza. Bloom è riconoscente a
Gerty per il muto dialogo che si è stabilito fra di loro e
continua a seguire il gruppetto con gli occhi. Bloom pensa
al rapido sfiorire delle donne ma è fiero della fiorente opu-
lenza di Molly. Vede sullo sfondo la collina di Howth (« dove
noi ») ricordando l'unione con Molly. Pensa alla figlia Milly.
Pensa di lasciare un messaggio sulla sabbia per Gerty e comincia a scrivere « Io sono un » ma non va oltre e getta via
il bastoncino. Nella canonica il cucú suona le ore, ricordando
ancora una volta il tradimento.

Le mandrie del Sole

Nell'*Odissea* Ulisse e i suoi compagni sbarcano nell'Isola
del Sole; Ulisse li avverte di non uccidere i buoi del Sole
per mangiarli, ma essi lo fanno mentre dorme. Per castigo
degli dei la nave è colpita da un fulmine e tutti soccombono
salvo Ulisse. Nell'ospedale della Maternità in Holles Street
(anch'esso, come l'Isola del Sole, simbolo di fertilità) alcuni
studenti tengono un contegno irriverente schiamazzando e
facendo scherzi salaci; solo Bloom disapprova il loro comportamento e cerca di moderarli. La corrispondenza tra il
tema della crescita dell'embrione, manifestazione di fertilità,
e la crescita nei secoli della prosa inglese, dall'anglosassone
all'inglese del XX secolo, è giustamente apparsa a molti critici troppo elaborata. C'è una divisione in nove parti corrispondenti agli stadi di sviluppo del feto, tutti indicati con terminologia medica molto precisa, ma che hanno il loro corrispondente in altri episodi del libro. Il tema della fertilità
viene ripreso sia dai riferimenti alla contraccezione come ad
essa contraria, sia dal trattamento simbolico dei personaggi

dove « Bloom è lo spermatozoo, l'ospedale il grembo, l'infer-
miera l'ovulo, Stephen l'embrione » (cfr. *Letters of James
Joyce*, I, pp. 138-9).

L'episodio inizia con tre invocazioni magiche: la prima
dice soltanto « Andiamo a Sud a Holles Street », come chia-
risce Stuart Gilbert; la seconda è un'invocazione al sole, per-
sonificato da Sir Andrew Horne; la terza è il grido della leva-
trice che annunzia il sesso del neonato. Il passo che segue
è in stile latineggiante, caotico, confuso e turgido: rappresenta lo stato che precede la creazione, loda la preveggenza
dei Celti che hanno previsto ospedali per la maternità. Segue
un passo in anglosassone epico con effetti allitterativi: « In-
fante ingenerato in sorte ebbe letizia ». Bloom, l'ebreo errante,
entra nell'ospedale per visitare Mrs. Purefoy che sta partorendo; è commosso per il dolore delle donne durante il parto.
Uno studente, Dixon, invita Bloom a una festa che si tiene
nell'ospedale. Il banchetto viene descritto con prosa mande-
villiana. Bloom accetta con riluttanza la birra; entra l'infer-
miera a pregare di non fare chiasso, frattanto si sente un
grido e Bloom spera che il travaglio di Mrs. Purefoy sia
finito (lo stile del passo è di Malory). Gli studenti sono
Dixon, Lynch e Madden che sono studenti in medicina, Lenehan, Crotthers, Punch Costello e Stephen, deve arrivare Mulligan; Bloom si unisce a loro solo per amicizia verso Stephen
e suo padre. Si discute del problema della scelta tra la vita
della madre e quella del nascituro: tutti sono d'accordo
che debba darsi la precedenza alla vita della madre. Bloom
viene consultato ma risponde con una battuta dicendo che
la chiesa cattolica ci guadagna sia dalla nascita sia dalla
morte in questo caso. Ma Bloom pensa alla partoriente e al
figlio Rudi morto undici anni prima per il quale Molly aveva
lavorato in lana d'agnello un camicino (è chiaro il riferimento
a Cristo); trasferisce le sue attenzioni paterne su Stephen
lamentandone la scioperattaggine. Stephen fa un brindisi irriverente al papa e poi fa una sorta di predica. Dopo una serie
di scherzi salaci sull'amore fisico Stephen conclude con una
riflessione sul carattere circolare della vita dell'uomo, dalla
culla alla tomba (lo stile è di Sir Thomas Browne). Un
tuono interrompe la conversazione blasfema e Stephen ne è
terrorizzato, ma non vuole dimostrarlo e rincara la dose delle
battute blasfeme; Bloom avverte però la sua paura e cerca
di calmarla dando delle spiegazioni scientifiche del fenomeno.
Nello stile di Bunyan viene analizzato lo stato d'animo di
Stephen. Diretto all'ospedale, Mulligan incontra Alec Bannon, di ritorno da Mullingar dove ha incontrato una ragazza
che è Milly Bloom. Intanto la scena è nuovamente quella
dell'ospedale dove si parla dell'afta epizoòtica che ha colpito

il bestiame; a Bloom rincresce che si debba abbattere tutto il bestiame che ha visto diretto ai *docks* la mattina, ma Stephen lo rassicura dicendo che è in arrivo un esperto con una cura. La parola che in inglese significa toro, *bull*, richiama quella latina *bulla* che è oggetto di una rievocazione storica tra Lynch e Dixon. Nello stile settecentesco di Addison e Steele viene descritto l'ingresso di Mulligan e Bannon all'ospedale: Mulligan mostra un biglietto da visita in cui si autonomina burlescamente « Fertilizzatore e Incubatore » dicendo di essere disposto a farlo per tutte le donne che si presenteranno. Mulligan chiede a Bloom se ha bisogno di cure ostetriche e Dixon rincara la dose chiedendogli di giustificare il suo ventre obeso. Bannon dice di voler comprare alla ragazza di Mullingar (Milly) un impermeabile per proteggerla dalla pioggia: da questo spunto inizia una conversazione oscena sui contraccettivi. La pazienza di Bloom è messa a dura prova. Nello stile dell'oratoria politica settecentesca viene anzi discussa la legittimità delle sue critiche agli studenti, essendo egli uno straniero, oltre a essere in difetto presso Molly per l'adempimento dei suoi doveri coniugali, un seduttore di domestiche, un masturbatore. Viene annunciata la nascita del bambino dei Purefoy, nello stile di Gibbon. Gli studenti si lanciano in una rassegna di anormalità sessuali citando gli accoppiamenti con animali raccontati nei miti. Appare Haines descritto con lo stile del romanzo gotico come una figura di fantasma. Intanto Bloom pensa al suo primo sterile rapporto sessuale con una prostituta; cosí è ora il suo matrimonio senza un figlio (lo stile è quello trasognato di Charles Lamb). Bloom continua nella sua fantasticheria cercando di rievocare immagini di giovinezza attraverso quella della figlia Milly. Stephen si vanta delle sue capacità poetiche mentre Lynch le svaluta e spera che produca presto un'opera vasta (è un'altra profezia di *Ulisse*). Lenehan si lamenta delle perdite alle corse dei cavalli dichiarandosi stupito della vittoria del cavallo bruno Throwaway su Sceptre (questa vittoria e le rispettive identificazioni preannunciano la vittoria finale di Bloom su Boylan l'usurpatore). I discorsi della compagnia si fanno sempre piú disordinati mentre lo stile passa da Landor a Macaulay a Dickens a Newman a Pater e a Ruskin. Mentre ancora in stile dickensiano viene presentato il nuovo nato, si stabilisce una certa calma prima che Stephen inviti tutti ad andare al Burke, un *pub*. Ci sono vari elementi che indicano una corrispondenza tra il neonato e Stephen, Verbo fatto carne. Nel *pub* tutti bevono a spese di Stephen. Bannon identifica in Bloom il padre di Milly. Compare il misterioso uomo con il *mackintosh* marrone. Mentre vengono fatti uscire dal locale per la chiusura si nota che sono undici (si è aggiunto Bantam

Lyons), il numero degli apostoli. Stephen e Lynch si affrettano a raggiungere il quartiere dei bordelli.

Circe

Nell'*Odissea* la maga Circe trasforma in porci i compagni di Ulisse. Ulisse, che intende salvarli, va nell'isola dopo aver bevuto una pozione fornitagli da Ermes che lo immunizza contro gli incantesimi di Circe; riesce cosí ad averla in suo potere; i suoi uomini vengono ripristinati alle loro figure umane e Ulisse si apparta con Circe. In « Circe » è conservata l'atmosfera da incubo, Stephen è ubriaco, intorno a lui pullula un'umanità derelitta. Entrano nel quartiere anche due soldati, Carr e Compton, che chiamano Stephen « parroco » perché sta facendo con Lynch una parodia della messa. Stephen proclama che il gesto è un possibile linguaggio universale. Bloom entra nel quartiere inseguendo Stephen e compra un piede di porco e un po' di carne dal macellaio. Osserva un bagliore nel cielo e si accorge che si tratta di un incendio, ma osserva con sollievo che non è dalla parte di casa sua. Sempre all'inseguimento di Stephen, attraversa precipitosamente la strada rischiando di farsi investire da due ciclisti e da una vettura che lavora sulle rotaie del tram. Si chiede se il tranviere è lo stesso che gli ha impedito la vista della donna con le calze di seta al mattino. Dopo aver promesso a se stesso di fare piú ginnastica se non altro per avere l'agilità di scansarsi per strada dai veicoli e evitare incidenti, riprende l'inseguimento di Stephen che considera « il migliore della combriccola », a sua volta inseguito da un cane che gli procurerà delle noie con due guardie notturne. Arrivato al bordello di Bella Cohen si informa da Zoe Higgins (che porta il cognome della madre) se Stephen è dentro; la prostituta gli chiede se per caso è lui il padre. La prostituta lo invita a entrare: nell'interno Lynch è seduto in terra su un tappeto e Stephen suona il pianoforte; sono con loro Kitty e Florry. Arriva nella stanza anche il suono di un grammofono che copre quello del pianoforte e la conversazione. Stephen è colpito dalla notizia letta da Florry che l'Anticristo è vicino, e fantastica. Zoe offre della cioccolata a Bloom che si mantiene in disparte; la vista delle gambe di Zoe è per Bloom occasione per una fantasticheria al cui centro c'è il nonno, Lipoti Virag; arriva Bella Cohen che si preoccupa, vedendo Stephen, di chi pagherà; Stephen consegna una sterlina, ma Bloom paga per lui e gli restituisce il denaro. Gli consiglia nel frattempo di dargli tutto il denaro che ha: teme infatti che, trovandosi in stato di ubriachezza, possa essere derubato. Stephen accetta; Zoe legge la mano a entrambi mentre Stephen racconta un sogno in cui gli si annunciava un incontro con uno straniero. Bloom rivive la scena d'amore tra Molly e Boylan. Tutti ballano salvo Bloom che sta in disparte; Stephen a un certo punto ha le vertigini e una visione della madre morta per scacciare la quale rompe il lume con il suo bastone di frassino. Bella vuole essere pagata e Bloom, dopo aver tirato sul prezzo, paga. Stephen è uscito precipitosamente e sta per essere coinvolto in una rissa dai due soldati attaccabrighe; Stephen imprudentemente si lascia scappare alcune affermazioni politiche contro Edoardo VII che offendono Carr, il quale lo abbatte con un pugno; Lynch invece se la batte con Kitty (ed è paragonato a Giuda). Arrivano le due guardie ma Kelleher, l'impresario di pompe funebri, promette di aggiustare tutto. Bloom rimane solo con Stephen e lo veglia mentre sta rinvenendo e mormora frasi sconnesse. Bloom rievoca il figlio morto chiamandolo per nome.

NOSTOS

Eumeo

Ritornato a Itaca Ulisse è ricevuto nella capanna di Eumeo sotto i panni di un mendicante. Quando arriva Telemaco gli si rivela e con lui organizza la vendetta sui Proci. Il locale in cui si rifugiano Bloom e Stephen mentre si dirigono verso casa subito dopo mezzanotte corrisponde alla capanna e Fitzharris detto Skin-the-Goat corrisponde a Eumeo; la rivelazione di Bloom a Stephen e di Stephen a Bloom è il ricongiungimento di Ulisse e Telemaco. La tecnica, in questo primo episodio della terna conclusiva, corrisponde alla tecnica del primo capitolo: si tratta di narrativa.

Bloom aiuta Stephen a rialzarsi e lo invita a casa; Stephen è offeso per il tradimento dell'amico Lynch che l'ha piantato in asso. Un certo Corley si fa loro incontro chiedendo lavoro e denaro; Stephen risponde che la fortuna non arride neppure a lui, ma gli dà del denaro. Bloom raccomanda a Stephen di guardarsi dai cattivi amici che frequenta e gli consiglia di rientrare in famiglia. Bloom propone a Stephen di mangiare qualcosa in un locale vicino frequentato da vetturini e scaricatori di porto; il locale è tenuto da Fitzharris uno degli « invincibili », setta rivoluzionaria che aveva organizzato gli assassinii di « Phoenix Park » nel 1882. I due prendono una tazza di caffè e devono ascoltare le avventure piuttosto incredibili raccontate da un marinaio ubriaco, W. B. Murphy, che ha sul petto tatuato il volto di un uomo. La loro conversazione tocca punti importanti come quello dell'immortalità dell'anima e della questione ebraica: Bloom dimostra sempre sentimenti egualitari e buon senso, mentre Stephen rivela rigidità moralistica e aristocratico individualismo. Bloom incoraggia Stephen a diventare giornalista ma Stephen è svagato; la conversazione si sposta alla politica: si parla di Parnell che secondo alcuni non sarebbe morto e starebbe per ritornare; vengono fatti pesanti lazzi all'indirizzo dell'amante di Parnell, Kitty O'Shea. Bloom mostra a Stephen una fotografia di Molly e lo invita a fare quattro chiacchiere a casa. Per strada, usciti dal locale parlano delle loro preferenze musicali che non coincidono: Bloom è per una musica popolare e sentimentale, mentre Stephen vorrebbe un *revival* della musica elisabettiana. Un vecchio cavallo che trascina una scopatrice corrisponde al vecchio cane Argo di Ulisse. Un movimento brusco del cavallo fa scansare Bloom che osserva, riassumendo la situazione: «Le nostre vite sono in pericolo stanotte. Attenzione al rullo compressore». Quando Stephen canta un'antica canzone tedesca Bloom fa progetti per l'educazione della sua voce e sostiene che non gli impedirebbe di occuparsi anche di letteratura. Ma il pensiero di Stephen è lontano.

Itaca

Nell'*Odissea* Ulisse e Telemaco distruggono i Proci con l'uso delle armi e con grande spargimento di sangue; in *Ulisse* la vittoria di Bloom sui pretendenti è intellettuale e morale. I riferimenti alla triade cristiana che identificano Stephen con Cristo e Bloom con il Padre si moltiplicano. La tecnica, come quella del secondo episodio, è impersonale e catechistica.

Bloom ha dimenticato la chiave e deve entrare, facendo un'acrobazia, dalla porta di servizio dell'interrato direttamente in cucina; offre a Stephen una tazza di cioccolata aggiungendo la panna che è destinata alla colazione della moglie. I due cercano di conoscersi meglio (ma vengono evidenziate soprattutto le loro differenze). Stephen racconta delle sue ambizioni letterarie, Bloom della sua situazione familiare. Bloom pensa a Rudi morto e a Milly lontana, mentre Stephen pensa alla madre. Bloom offre a Stephen di restare per la notte, ma Stephen rifiuta. Bloom fa uscire l'ospite: si soffermano a guardare il cielo pieno di stelle, separandosi mentre suona la campana di una chiesa. Bloom rientra in casa e sbatte contro un mobile che la moglie ha cambiato di posto. Chiude in un cassetto la lettera di Martha, cogliendo l'occasione per rileggere vecchi documenti di famiglia, tra i quali il certificato di morte del padre.

Il contenuto dei cassetti viene minuziosamente inventariato e analizzato, come del resto il contenuto di tutta la casa di Bloom. Bloom seguita a sognare ad occhi aperti di una casa in campagna e di evasioni all'estero. Spogliatosi si infila nel letto che contiene avanzi di cibo e briciole dello spuntino di Molly e Boylan, oltre alla sua chiara impronta. Bloom, ripensando alla schiera dei corteggiatori di Molly, si sente superiore a loro perché può vedere il loro avvicendarsi e la loro illusione di essere « unici ». Anzi, sono tutti vittime di Molly. Bloom decide di non intervenire drasticamente ma di lasciar fare al tempo; inoltre, la relazione amorosa è nell'ordine naturale delle cose e « irreparabile ». In questo clima di accettazione completa della situazione umana finisce il viaggio di Bloom, ritornato vicino alla « ampia carne » di Molly. Molly si sveglia al bacio di Bloom sul suo deretano e gli chiede che cosa ha fatto durante la giornata: Bloom omette di dire della lettera di Martha, di Gerty MacDowell e del Cittadino, mentre sottolinea con enfasi l'incontro con Stephen « professore e autore ». Molly pensa alla loro lunga astinenza e Bloom alla lega che si è stabilita tra Molly e la figlia dal momento in cui questa è entrata nella pubertà. Bloom si addormenta con la testa ai piedi del letto, in posizione fetale rispetto a Molly, pienamente reinserito nella sua casa.

Penelope

Il monologo interiore di Molly, travolgente come un fiume in piena e ristoratore come l'acqua di una fonte, si svolge per otto passi nei quali affiorano i sentimenti di Molly per gli uomini della sua vita e soprattutto per il marito. Molly esprime la sua gelosia per il marito che non le ha certamente detto la verità sulla sua giornata e che sospetta abbia fatto l'amore con qualcuna (ricorda la lettera che gli ha visto nascondere il giorno prima) dato che, affamato, ha richiesto la prima colazione a letto. Ricorda la cameriera che licenziò appena avuto sentore delle inclinazioni di Bloom per lei. Il suo pensiero corre a Boylan e all'amore fatto nel pomeriggio, dopo il quale Molly si è addormentata per essere svegliata dallo stesso tuono che ha spaventato Stephen. Pensa anche alla condizione sfortunata della donna che paga il prezzo del piacere con la gravidanza. Pensa che se volesse un altro figlio lo vorrebbe da Bloom, che ammira per la sua tempra e anche per la sua composita cultura, non da Boylan, nonostante la sua prestanza sessuale. Molly ricorda il primo incontro con Boylan, che l'aveva adocchiata mentre prendeva il tè con Bloom. Ricorda l'eleganza e la pulizia di Bloom e i suoi doni delicati, ma anche la sua testardaggine e il senso dei suoi diritti come nel caso dell'episodio del treno; trova che le sue idee politiche sono anche troppo poco accomodanti. Si lamenta della scarsità di denaro della casa e vorrebbe poter spendere liberamente, si chiede se potrebbe fuggire con Boylan. Si compiace al pensiero che avrebbe potuto far avanzare Bloom nella carriera con la sua avvenenza se lui fosse stato meno testardo.

Considera la bellezza dei seni femminili e la bruttezza degli organi sessuali maschili; ricorda che quando allattava Milly, Bloom l'aiutava succhiando il resto del latte; delle trovate di « Mastro Poldy » si potrebbe fare un libro. Il fischio di un treno in lontananza fa venire in mente a Molly ricordi di Gibilterra, la monotonia della vita militare e i colloqui del padre, maggiore Tweedy, con un capitano. È riconoscente a Boylan che ha reso movimentata la sua vita, vorrebbe scrivergli, ma molto brevemente perché non ama i paroloni. Pensa al suo primo amore, il luogotenente Mulvey, che inizia la lista dei pretendenti, anche se con lui non ebbe rapporti sessuali (i pretendenti sono tutti quelli che hanno aspirato a Molly, non necessariamente i suoi amanti).

Mulvey le sembra vicino come se non fossero passati vent'anni. Il treno fischia di nuovo e si perde in lontananza. Molly si chiede se Bloom non esagera a ritornare alle quattro di notte dopo aver passato la serata con studenti di medicina e che cosa significa la richiesta della colazione a letto.

Pensa alla grande casa vuota durante il giorno dove lei ha paura dei ladri e ricorda il progetto (uno dei tanti non attuati) di Bloom di trasformarla in una accademia di musica. Molly rivela la sua gelosia per la figlia pensando all'intimità che ha con il padre, pensa anche all'avventatezza di Bloom nel portare in casa Stephen a tarda ora la notte. Il suo periodo mestruale inizia e Molly medita sulla condizione della donna. Molly si alza per orinare e osserva curiosa la strana posizione di Bloom dormiente. Si preoccupa che perda anche il nuovo lavoro con il « Freeman » come ha perso tutti gli altri, per la sua caparbietà e per le sue idee politiche. Pensa che non può essere andato a letto con Josie Breen perché « non ne avrebbe il coraggio con una donna sposata ». Ricorda ancora il famoso « Glencree Dinner » in cui aveva fatto un duetto e flirtato con Simon Dedalus. Pensa a Stephen che ha visto fuggevolmente una volta; lo collega con la lettura delle carte la mattina che le hanno predetto « un giovane straniero » e un miglioramento della sua situazione economica. Pensa che Stephen non è troppo giovane per lei e che lei lo potrà aiutare nella sua attività poetica. Paragonato a Stephen, Boylan è volgare; le ha dato una pacca sul sedere, si è spogliato senza cerimonie. Esasperata dall'indifferenza di Bloom vorrebbe attirare uomini dalla strada, come fanno gli uomini con le donne. Bloom dorme con il respiro pesante, grosso e inutile. Ripensa a Stephen che scappa dalla famiglia pensando al fallimento suo e di Bloom nell'avere un figlio maschio. Pensa che le piacerebbe imparare l'italiano da lui, come Bloom ha suggerito, e immagina un *ménage à trois* con Stephen e Bloom. Conta di fare un ultimo sforzo per attirare Bloom con la sua nuova biancheria intima. Pensa di uscire presto la mattina per comprare qualcosa di fresco e dei fiori, che potrebbero servire nel caso di un'eventuale visita di Stephen. Molly ama i fiori e riconosce l'esistenza di una forza superiore che muove il mondo. Ricorda con un crescendo di sí alla vita e all'amore il primo abbandono tra le braccia di Bloom sulla collina di Howth. Bloom la conquistò chiamandola « fiore di montagna ». E l'identificazione di Molly con una forza sensuale e terrena, come un elemento della natura, è qui completa.

La veglia di Finnegan (Finnegans Wake)

La lettera dell'11 marzo 1923 a Harriet Shaw Weaver, in cui Joyce afferma di aver « scritto due pagine – le prime dopo il *Sí* finale di *Ulisse* », viene solitamente utilizzata per datare l'inizio della stesura di *Finnegans Wake* [*La veglia di Finnegan*], noto per tutto il tempo della composizione (diciassette anni) con il titolo di *Work in Progress* [*Lavoro in corso*].

Tutto il 1922 era però stato un anno di preparazione e di raccolta di materiali, come testimoniano gli appunti pubblicati sotto il titolo di *Scribbledehobble* a cura di Thomas E. Connolly. Diviso in quarantasette sezioni, ciascuna intitolata con i nomi delle opere e dei capitoli di *Ulisse*, a cominciare da *Musica da camera* (escluso soltanto *Pomes Penyeach*, pubblicato nel 1927), *Scribbledehobble* dà diretta ed evidente testimonianza dello stretto legame connettivo tra il *corpus* delle opere joyciane e *La veglia di Finnegan*, lavoro ciclopico che riepiloga tutta l'opera, spesso parodiandola,[39] riandando alle origini di ciascuna. I legami di metodo con *Ulisse* sono certamente molto evidenti, anche per la contiguità temporale: in un'altra lettera a Harriet Shaw Weaver di poco precedente la prima citata (6 febbraio 1923), Joyce scriveva:

« Sono molto lieto di sentire che Le piace il *Book of*

---

[39] Cfr. gli studi di passi paralleli in C. HART, *Structure and Motif in Finnegans Wake*, Londra, 1962.

Kells.[40] Cosa posso dire dell'*Odissea*? Ho preso un mucchio di appunti su di essa che non sono riuscito a incorporare. Ultimamente stavo cercando di riordinarli secondo un sistema nuovo di zecca che ho inventato a mia maggior complicazione e tormento ».

Proprio quel lavoro di riordinamento e risistemazione di materiale antico elaborato o non elaborato presiedeva alla raccolta di appunti contenuti in *Scribbledehobble*.

Pubblicata dapprima su riviste, dal 1924 al 1928, in brani separati, e successivamente in fascicoli singoli negli Stati Uniti, *La veglia di Finnegan* ebbe la non comune sorte di essere preceduta, nella pubblicazione in volume, da un'opera di critica interamente dedicata ad essa, una serie di saggi di amici di Joyce coordinati da Sylvia Beach e pubblicati (nel maggio 1929, esattamente dieci anni prima della pubblicazione della *Veglia*), sotto il patrocinio della Shakespeare and Company. Il titolo era stato suggerito da Joyce stesso, come dimostra la sua originalità: *Our Exagmination round His Factification for Incamination of Work in Progress*. *La veglia di Finnegan* fu anche preceduta dalla traduzione di alcune sue parti: è il caso della versione francese (ad opera, tra gli altri, di Samuel Beckett) del passo di Anna Livia Plurabelle, pubblicato nel maggio 1931 sulla « Nouvelle Revue Française »; inoltre, nel 1937 Joyce si dedicò con Nino Frank alla traduzione dello stesso passo in italiano, ma la versione fu pubblicata solo nel 1940 su « Prospettive ».[41]

Le indicazioni delle date di inizio e di conclusione dell'opera vengono fornite da Joyce nelle pieghe dell'opera stessa come indicazioni autobiografiche poiché si riferiscono all'età dell'autore nell'accingersi ad iniziare l'opera: « fortitudor ages » (93.8),[42] « quarantadue anni », 1924; e a concluderla: « fiftyseven » (620.4) « cinquantasette »,

[40] Codice medievale irlandese una cui copia Joyce aveva regalato a Miss Weaver e che costituisce una delle fonti di ispirazione di *La veglia di Finnegan*.

[41] « Joyce pretendeva che quella versione fosse la migliore introduzione alla lettura e alla comprensione dell'originale » citato in: G. CIANCI, *La fortuna di Joyce in Italia*, Bari, Adriatica, 1974, p. 82 nota.

[42] Per facilitare il reperimento delle citazioni vengono dati i numeri di pagina e di riga.

1939. I confini dell'opera sono delimitati da elementi biografici dell'autore poiché l'opera è propriamente la sua
storia. L'autore deve quindi imporre la propria presenza
poiché senza di lui sarebbe impossibile l'ingresso nell'opera
cosí come il congedo da essa: la figura del professore
che compare nell'ultima parte (597.1-22) per annunziare
che « Every talk has his stay » [Ogni discorso ha la sua
sosta] e per invitare a frugare l'opera con le parole « Such
me », è una evidente manifestazione dell'autore nell'atto di
annunciare l'inevitabile fine (morte) dell'opera che apre la
possibilità di un'interminabile sua interrogazione (vita).

Dal profondo della sua coscienza che unifica e fonde
le diverse esperienze l'autore srotola la storia dei diversi
personaggi in cui proietta, frantumata, la propria storia;
egli possiede l'opera poiché il farla rappresenta un modo
di vivere e di intendere la propria storia; ma la storia del-
l'autore è una vicenda umana compiuta che ricomincia,
come un mito, sempre da capo, andando dall'alfa all'o-
mega (nascita, vita come figlio, come fratello, come marito, come padre, morte) e come tale è storia dell'umanità
nel suo sforzo di appropriarsi del reale attraverso il linguaggio, considerato come forma di vita della civiltà e
perciò universale ed eterno. L'autore si raffigura nell'o-
pera, nella condizione di infrangere e varcare i limiti del
suo discorso particolare per attingere il discorso universale, di offrire il linguaggio dell'opera come storia del linguaggio.

Ad Auguste Suter Joyce confessava « Je suis au bout
de l'anglais »[43] [Sono al limite dell'inglese], che è da
intendersi non come l'ammissione dell'esaurimento delle
proprie risorse espressive o come misura del limite della
propria arte, ma come condizione dell'arte stessa che mira
a negare la propria letterarietà per affacciarsi al metalin-
guaggio. Il lavoro dell'autore è un « circling the square »
[quadrare il circolo, ma letteralmente l'operazione in-
versa] riferito a Shem, l'uomo di penna (l'artista de *La
veglia*)[44] che demonicamente lo attrae per sconfiggerlo piú

[43] C. G. ANDERSON, *James Joyce and His World*, cit., p. 113.
[44] A Harriet Shaw Weaver scriveva il 16 aprile 1927: « Tutte le
macchine che conosco sono sbagliate. Semplicità. Sto facendo una
macchina con una ruota soltanto. Niente raggi, naturalmente. La

rovinosamente, ma alla cui illusoria riuscita l'autore si
sottomette chiudendo in un circolo formalmente perfetto
la sua opera-storia: « a book of Doublends joined » [un
libro di due capi congiunti] (20.15-16) che per analogia
con la Storia viene osservata svolgersi in un « continuous
present tense » [tempo presente continuo] e « cyclewhee-
ling » [ciclicamente ruotante] (186.2). L'opera è contemporaneamente presenza e memoria, interpretazione della
storia, sua presentificazione e riduzione nella scrittura. La
genesi dell'opera mima la genesi del mondo « past Eve
and Adam's » [oltre Eva e Adamo] e la genesi dell'uomo,
che scrive col proprio corpo (l'inchiostro sono le feci) sul
proprio corpo:

> « l'ultimo alchimista [Shem] scrisse su ogni pollice
> quadrato dell'unico foglio protocollo disponibile, il suo
> proprio corpo » (185.35).

Iniziare l'opera è ripercorrere narrandolo il labirinto
primigenio, il « meandertale » [racconto-labirinto, ma anche lo stadio originario di « Neanderthal »] (18;22), la
spirale vertiginosa al cui centro sta l'uomo, l'individuo, il
soggetto, il microcosmo, ma che mette in relazione con
il macrocosmo, con il mondo del simbolico, ancora una
volta mostrato e indicato come inerente la condizione
umana, non superfluo o accessorio. La spirale viene trac-
ciata dal linguaggio che, nel tentativo di interpretare e
sistemare la Storia, non fa che dire l'unica storia possibile, quella che è rappresentata dall'opera: tutto è linguaggio e narrazione. Anziché interpretare e dominare le
cose con l'uso corretto del suo *medium*, l'uomo è in esso
coinvolto e ad esso ridotto senza via di scampo, senza
possibili alternative.
Questo spiega ad un tempo l'assenza in *La veglia di
Finnegan* di un *trellis*, di un libro-guida che fornisca,
come era per l'*Odissea* in rapporto a *Ulisse*, l'ossatura e
lo schema narrativo (*La Scienza Nuova* di Vico, le opere

---

ruota è un quadrato perfetto... Non deve credere che si tratti di
una stupida favoletta sul sorcio e l'uva. No, è una ruota, lo dico
al mondo intero. E per di piú è *quadrata* » (corsivo di Joyce), *Letters
of James Joyce*, I, p. 251.

di Giordano Bruno e *La Bibbia*, indicati dalla critica come possibili ascendenti, sono utilizzati da Joyce per altri aspetti, non per quello narrativo) e la presenza di uno stile unitario, con effetto di monotonia, che, in quanto linguaggio onirico comune a ogni uomo, può manifestarsi in un solo modo (la progressione di stili, da impressionistico a espressionistico che caratterizzava *Ulisse*, indicando tangibilmente la crescita del libro su di sé, è abolita). Poiché la storia è unica e uniforme, il linguaggio non è rappresentativo o drammatico (scompare il valore drammatico del *Leitmotiv* che tanta parte aveva in *Ulisse*), ma esplicativo e allusivo; e poiché l'unico senso rintracciabile è quello che riguarda la definizione del momento della vicenda in relazione al suo svolgimento ciclico, il linguaggio pare dilettarsi della superficie senza alludere e rimandare a un profondo. Sull'« Irish-English » del libro, cioè sulla lingua in cui, per quanto si è detto prima, è necessariamente scritta la storia di uno scrittore irlandese di lingua inglese (non scritta, come sostiene Goldberg, « in ogni possibile lingua »), si innestano, dilatandolo a dismisura, molte lingue del mondo in un rapporto fluido e magmatico, distruttivo e creativo insieme.[45] Il funambolismo del linguaggio è necessario per rinnovare nell'autore l'illusione e la speranza che l'opera, non piú prodotto selettivo dell'artista asceta ma inclusione di tutto quanto riguarda la storia dell'uomo, perda e trascenda la sua letterarietà. L'opera è un « fine artful disorder » [un disordine ben architettato] (126.9), una « theory none too rectiline of the evolution of human society » [una teoria non troppo rettilinea della evoluzione – ma anche: valutazione – della società umana] (73.31-32), il lavoro di un « alchimista » faustianamente impegnato in un'operazione non di transustanziazione ma di « forgery » [falsificazione] da cui gli proviene un senso di colpa e di peccato.

La colpa sessuale del protagonista Earwicker (il padre), non meglio precisata in *La veglia*, è genericamente la

---

[45] Cfr. W. BLISSETT, *James Joyce: La fucina di un'anima*, in AA. VV., *Il punto su Joyce*, cit., p. 134: « La prima regola di stile della *Veglia*, qualunque sia il contesto, è di dare al tutto sapore irlandese ».

colpa del vivere, ma è anche, per l'identificazione di Earwicker con il figlio Shem, lo scrittore, colpa dello scrivere (Burgess[46] nota come l'elemento osceno, scurrile e
stercorario di *Ulisse* venga in parte sostituito in *La veglia*
dall'elemento blasfemo: indizio che la problematica del-
l'autore si va approfondendo e radicalizzando).[47] L'identificazione tra storia e lingua che Vico aveva proposto viene
realizzata dall'opera: la distanza tra arte e realtà viene
temporaneamente e illusoriamente colmata dal linguaggio
funambolico e lussureggiante dell'opera che vuole idealmente includere tutti i linguaggi (e tutte le storie). La tensione dialettica tra reale e possibile, tra essenza e apparenza, esemplificata in *Ulisse* nel rapporto opera-modello,
viene in *La veglia* portata all'interno del linguaggio stesso,
come rapporto tra il corpo e lo spirito della parola, tra la
sua presenza materiale e spazializzata nell'opera e il suo
senso indicibile nell'opera. Se il linguaggio di *La veglia*
fosse esclusivamente un linguaggio orale, come da piú parti
si dice, la lettura che ne scaturirebbe sarebbe notevolmente
riduttiva delle azioni del testo, che vede dialetticamente
opposte le due nature della parola, evidenziate l'una dalla
sua scrittura e disposizione sulla pagina, e dalla sua possibile interpretazione *at face value*, l'altra dal suo suono
e dal suo « senso » che la pone come continuazione di
un discorso ideale al quale contribuisce come portatore
di senso ogni elemento dell'opera. Gli effetti visivi gio-
cati contro quelli fonici servono a vanificare la struttura
logica, qualsiasi attribuzione di valore e di senso univoco
alla narrazione (la musica come arte il cui senso non è
verbalizzabile è spesso utilizzata dalla critica come analogia per illustrare questa condizione della letteratura).

Joyce non solo infrange e viola, con procedimento squisitamente poetico, la struttura logica e narrativa mediante
la libera associazione dei motivi, la apparentemente infinita moltiplicabilità dei *puns*, mediante la ricchezza pro-

[46] A. Burgess, *Joysprick*, Londra, 1973.
[47] W. Blissett, *James Joyce*: *La fucina di un'anima*, cit., pagine 134-5: « La seconda regola [di stile della *Veglia*] è abbassare
e umiliare le cose di cui si parla... La terza è di rendere comico
il tutto... con l'inserirvi ad ogni piè sospinto le due cose considerate supremamente comiche, sesso e religione ».

vocatoria dei cataloghi (una delle caratteristiche dell'opera, che ha la funzione di presentare le parole come isolate e straniate, rompendo la tradizionale organizzazione del periodo in frasi), ma spinge la parola, dopo averla isolata, fino alla soglia in cui, progressivamente scarnificata e « artificiosamente » ricomposta in unità mediante la compressione in essa di altri residui di parole, essa diventa segno, geroglifico, e quindi nuovo, seppur inquietante e oscuro, potenziale veicolo di significazione. È proprio per la compressione dei significati che l'opera, frutto di un paziente lavoro artigianale di interpolazione e di stratificazione (che per alcuni critici è una voluta quanto gratuita complicazione del suo senso), non solo si presenta come entità chiusa e a sé stante, ma come organismo che sprigiona forza e potenza, evocando medianicamente forme vive, operando in sé la risurrezione di quel linguaggio che ha deliberatamente frantumato e distrutto.

È per dare una rappresentazione del fenomeno linguistico nel suo complesso, mostrando la parola nel momento della sua perdita di identità e della sua frattura, della sua immissione in un universo anarchico e informe, che Joyce sceglie il sogno come artificio narrativo de *La veglia*, non certo, come sostengono alcuni critici, seppur con il suffragio di alcune affermazioni di Joyce, per riprodurre il linguaggio dei sogni. Come dice bene Harriet Shaw Weaver in una lettera a J. S. Atherton: « La mia idea è che Joyce non intendesse che il libro fosse considerato come il sogno di un qualche personaggio, ma che egli considerasse la forma del sogno con i suoi spostamenti e mutamenti e sorprese un artificio comodo, che consentiva la più ampia libertà di introdurre qualsiasi materiale volesse e che era inoltre adatto a un'opera notturna ». Il linguaggio de *La veglia* non ha niente di provvisorio e di approssimato, niente di « infantile » (come sostiene invece John Gross), è troppo ricco di giochi di parole, di sapienti e coscienti incastri, di motivi, per voler essere soltanto una mera riproduzione mimetica del linguaggio dei sogni.

Sogno e veglia sono aspetti complementari dello stesso sforzo dell'uomo per intendere la propria storia. In quanto non differisce, se non nel tempo, dalla veglia, il sogno non può essere pretesto né per la psicanalisi del personaggio, per la rivelazione degli strati profondi della sua psiche,

né per l'utilizzazione del linguaggio come puro gioco o
stravagante decorazione. Una citazione da *Scribbledehobble* appare particolarmente appropriata:

> « i pensieri di sogno sono pensieri di veglia di secoli
> fa: memoria inconscia: grande ricorso: memoria della
> razza ».[48]

Il sogno del sognatore di tutta *La veglia* (il mitico Finn
MacCool) è la rappresentazione geografica e storica, la
« chart expanded » [la carta estesa] (593.19) e onnicomprensiva della memoria di tutta una razza, di tutta una
civiltà. Ma il sogno che aspira ad essere memoria totale,
storia ideale ed eterna, avulsa dalle passioni umane, luogo
da cui cogliere l'avvicendamento dei cicli vichiani (età
divina, età eroica, età umana, ricorso) non può essere sognato se non come storia individuale, nella coscienza della
sua infinita riproducibilità nella pratica del linguaggio.
   Non esistono legittimazioni esterne della validità del sogno che è *La veglia* come Storia se non il fatto di essere
esattamente un sogno che racchiude un sogno che racchiude
un sogno..., dove ciascuna illusione di realtà è data esclusivamente dallo scarto e insieme dalla coincidenza con l'altro sogno. Clive Hart ha dato una descrizione molto persuasiva del sistema di incastro del sogno nel sogno usato
da Joyce e che qui sommariamente riproduciamo. Ci sono
tre livelli, nella struttura del sogno di *La veglia*, e un periodo di silenzio: il primo livello è semplicemente il sogno
del sognatore Finn MacCool che abbraccia tutta *La veglia*;
il secondo livello è il sogno del sognatore intorno al sogno
di Earwicker; il terzo livello è il sogno del Sognatore intorno al sogno di Earwicker intorno al sogno di Shaun (il
figlio di Earwicker); il quarto livello, il periodo di silenzio,
ricostituisce la coscienza capace di sognare di nuovo tutto
il sogno, riportandoci al livello del primo libro.
   L'intreccio delle coincidenze e delle corrispondenze di
questi sogni celebra la storia umana come ritorno dello
« stesso » che unifica passato presente e futuro: « All that
has been has yet to be done and done again » [tutto ciò
che è stato deve essere ancora fatto e rifatto] (194.10).
Tutto il tempo è interno all'uomo: « Anna was, Livia is,

---

[48] *Scribbledehobble*, Buffalo e New York, 1961, p. 104.

Plurabelle's to be » [Anna era, Livia è, Plurabelle sarà] (215.23). Ciascuno è sognatore e sognato, e possibile sognatore di tutto il sogno della storia. Ogni fenomeno può essere indifferentemente descritto in termini di sensibile o di trascendente, di concreto o astratto, di materiale o spirituale. Cosí avviene, in *La veglia*, per il peccato sessuale dell'uomo e l'inizio di un nuovo ciclo storico, che sono entrambi segnalati dal cataclismatico rumore del tuono; per i contrasti e gli antagonismi familiari, manifestazioni quotidiane dei dualismi delle forze del mondo (di chiara derivazione bruniana per Joyce); per l'atto della generazione che, perpetuando la razza, è anche la Provvidenza del mondo, in quanto assicura la continuità della storia e del sogno.

La storia e l'aneddotica, equivalendosi, si interscambiano continuamente: il ritorno del padre (« till Bappy returns ») è anche il principio della vita. I personaggi de *La veglia*, fondamentalmente cinque (Humphrey Chimpden Earwicker, Anna Livia Plurabelle, e i loro figli Shem, Shaun e Isobel) e riducibili a tre, ma in grandissimo numero se si considerano i loro ruoli ai diversi livelli, moltiplicati secondo quello che è stato definito « un processo inflazionistico »,[49] sono maschere multiformi per figure universali e intemporali (sono personaggi della storia anche il fiume Liffey, principio femminile che presiede alla nascita e al mutamento e la rocciosa collina di Howth, principio maschile, che presiede alla generazione e alla continuità).

I personaggi non interessano mai per la loro individualità ma per le loro funzioni, che determinano di volta in volta il loro valore simbolico. Ogni « self », per usare un linguaggio derivato da Yeats che è molto presente e citato ne *La veglia*, ha il suo « antiself ». Tuttavia un trattamento diverso è riservato ai personaggi della generazione piú vecchia e a quelli della generazione piú giovane; come dice giustamente Adaline Glasheen, « In *La veglia di Finnegan* non c'è mai la piú piccola difficoltà nel riconoscere la generazione piú vecchia H. C. E. e Anna Livia; la confusione è limitata alla generazione piú giovane, maschio e femmina ».[50] Le personalità dei due gemelli Shaun the Postman

[49] B. BENSTOCK, *Joyce-Again's Wake*, Seattle, 1965, p. 25.
[50] A. GLASHEEN, *A Second Census of Finnegans Wake*, Northwestern U.P., 1963, p. 236.

e Shem the Penman, incarnate dalle altre coppie Kevin e
Jerry, Mick e Nick, Mookse e Gripes, Ondt e Gracehoper, Burrus e Caseous, Chuff e Glugg, Butt e Taff,
Horus e Set, Esaú e Giacobbe ecc., spesso si fondono, talora si dividono misteriosamente fino a dar vita a un'inquietante triade di personaggi (i tre soldati, ad esempio), e spesso si scambiano. Nessuno dei due è comunque la proiezione
delle simpatie dell'autore. La storia è continuamente fatta
e disfatta dall'accumulazione e dall'interscambiabilità dei
vari personaggi.

Come nota Bernard Benstock, anche il titolo non è selettivo ma cumulativo: « Nello scegliere il titolo cumulativo
per la sua opera dai molti aspetti, Joyce pervenne a *Finnegans Wake* perché significava i molti livelli della sua epica:
allegoricamente era il risveglio del leggendario gigante
Finn MacCool; letteralmente è la veglia funebre per il portatore di calce Tim Finnegan; e profeticamente era il le-
varsi di tutti i "Finnegan" del mondo ».[51]

Dietro al protagonista di una ballata popolare irlandese,
il portatore di calce Tim Finnegan, si nasconde il gigante-
sco eroe di un ciclo di leggende irlandesi Finn MacCool,
che, addormentato sulle rive della Liffey, percorre non
rettilineamente la storia passata, presente e futura. Il fiume,
principio femminile simbolo del tempo, è al centro dell'a-
zione e domina tutto il libro, come Anna Livia è « portatore di plurabilità »! Le cinque figure dell'opera si carica-
no, nel sogno di Finn, di nuove personalità e le loro avventure si fondono senza ordine narrativo apparente. Il vero
e unico protagonista è l'uomo nella storia, cioè Ognuno.

Si tenterà di dare un riassunto, per quanto incompleto
e impreciso, e un esame dei singoli capitoli. Sia per l'indi-
viduazione degli accadimenti sia per la loro interpretazione, la parte analitica è fortemente dipendente dalle opere critiche che l'hanno preceduta e segnatamente da: A.
Glasheen, *A Second Census of Finnegans Wake*, Prefazione; Clive Hart, *Structure and Motif in Finnegans Wake*,
e B. Benstock, *Joyce Again's Wake*.

[51] B. BENSTOCK, *Joyce-Again's Wake*, cit., p. 215.

Capitolo I

Nel capitolo primo Joyce presenta, affastellandoli e confondendoli, temi e personaggi. La storia viene identificata con la storia dell'Irlanda, l'età vichiana caratterizzante il capitolo è l'età divina (anche se non c'è una separazione netta nel modo di presentazione con l'età eroica e umana, in quanto inizio, sviluppo e fine sono fenomeni coincidenti); il conflitto che determina l'avvicendarsi dei cicli storici viene identificato con il conflitto generazionale in seno alla famiglia e con l'opposizione di principi astratti come odio e amore. Il tema della caduta e della risurrezione è visto attraverso la ballata « La veglia di Finnegan » e il suo protagonista Tim Finnegan. La descrizione della città e del paesaggio introduce la figura del padre H. C. E., ancora misteriosamente celato dietro le iniziali del nome, ma che viene successivamente (e retrospettivamente) identificato con Finnegan, Wellington e Van Hoother, e il personaggio femminile, A. L. P. La visita al Willingdone Museum viene guidata dalla donna delle pulizie, Kate, nella sua funzione di madre della Memoria (Muse) (il riferimento è alla statua di Wellington, nel piú importante parco di Dublino, il Phoenix Park). Il personaggio allegorico Biddy, la gallina, trova una lettera su un mucchio di letame; sembra che sia stata mandata agli Earwicker da una cugina Maggie di Boston (identificabile in seguito con la figlia Isobel) e che contenga delle indiscrezioni sul comportamento sconveniente tenuto da Earwicker nel parco alla presenza di due ragazze e tre soldati (è il peccato originale come colpa sessuale, che caratterizza tutte le figure paterne dell'opera. La lettera è anche, a un livello allegorico, una testimonianza di storia universale e rappresenta quindi l'opera stessa). Viene data una descrizione di Dublino. Diverse interpretazioni dei fatti della storia vengono presentate con il tono annalistico usato per la preistoria d'Irlanda (che include la nascita dei gemelli Caddy e Primus) nel colloquio in cui Mutt e Jute, personaggi della fumettistica americana, raccontano la battaglia di Clontarf; inoltre nel racconto epico di Jarl Van Hoother (variamente identificato con H. C. E. o Dio; ci sono riferimenti a Dermot-Finn MacCool e Tristram-Mark) e della Prankquean, personaggio misterioso associato con l'idea della tentazione e del serpente. All'irrequieto Finnegan viene presentata l'età moderna.

Al lettore si richiede di riesaminare l'anticipazione dei temi e dei personaggi di questo capitolo dopo la lettura dell'intera opera: la funzione del capitolo, con le sue disattese promesse di fornire una sorta di indice ragionato del libro, è chiaramente ironica.

Capitolo II

Dopo un'introduzione cosí vasta e complessa da sembrare, in termini razionali, quasi inutile, il secondo capitolo introduce piú specificamente, ma non meno oscuramente, a H. C. E. e alla sua famiglia: moglie, due figli e una figlia. Le iniziali del nome, che indicano Humphrey Chimpden Earwicker e che appaiono nella prima frase del libro « Howth Castle and Environs » (Howth è il luogo in cui la leggenda colloca la testa del gigante Finn dopo la caduta), sono interpretate come « Here Comes Everybody »: come sempre c'è un eccesso di spiegazioni che induce al dubbio e all'incredulità. Earwicker è l'uomo particolare-universale, l'uomo medio, gestore di una mescita, che è vittima del pettegolezzo. Circolano voci sul comportamento scorretto (un oltraggio al pudore?) che H. C. E. avrebbe tenuto nei confronti di due ragazze « two dainty maidservants » alla presenza di tre soldati chiamati Ted, Tom e Taffyd. Un personaggio con la pipa, chiamato il Cad (letteralmente « canaglia, cialtrone », ma anche forma abbreviata di « cadetto »), lo affronta impudentemente nel parco chiedendogli l'ora ed è testimone della sua « esitazione » e del balbettio che tradisce la colpa. È proprio il racconto del Cad che rappresenta il primo anello della lunga catena di pettegolezzi su H. C. E. e introduce il tema del progredire storico: la sua azione produce un sovvertimento dell'ordine e prelude a una sua ricostituzione. Uguale valore di affronti all'autorità e alla vecchiaia (e quindi di morte e sepoltura allegorica che preludono alla rinascita) ha l'episodio della battaglia di Waterloo dove il giovane Shimar Shin « soffia » via il cappello dalle natiche del gran « cavallo bianco » del vecchio Wellington (10.18-22) ripreso poi in forma sostanzialmente identica nell'episodio del soldato irlandese Buckley che uccide con una fucilata il generale russo sorpreso a defecare e a pulirsi con un pezzo di torba irlandese. La natura del Cad è maligna e diabolica ed egli viene identificato con il misterioso Magrath e con Hosty (il nemico di H. C. E.) che compone la ballata destinata a spargere la notizia del comportamento indecente di H. C. E. La ballata di Persse O'Reilly (*perce-oreille* = *earwig* = forfecchia) con allusione al tormento di H. C. E., ma anche riferimento probabile a Patrick Pearse, uno dei comandanti delle forze irlandesi durante l'insurrezione della Pasqua 1916 e fucilato dagli inglesi.

Capitolo III

Con il capitolo terzo il sogno assume un aspetto di incubo che è ottenuto con insistite ripetizioni. Le ripercussioni della ballata di Hosty sono tali che viene istruito una sorta di processo a Earwicker. La rievocazione dell'episodio del parco da parte di Earwicker viene trasmessa per televisione e per radio. Si intervista la folla intorno alla colpa di Earwicker e intorno a un suo incontro con un nemico mascherato. Si sentono dei colpi alla porta del *pub* e un servo a cui viene attribuito il nome di Maurice Behan e poi in seguito di Old Joe, scende a vedere di che si tratta. Viene svolta un'inchiesta su alcune lettere mancanti e su una bara rubata; la guardia di nome Lolly testimonia sull'arresto di Earwicker in stato di ubriachezza (il singhiozzo dell'ubriaco scandisce questa deposizione). Decesso di due tentatrici incarnate nelle leggendarie sorelle di San Patrizio, Lupita e Dorerca. La porta del *pub* è chiusa ma un Midwesterner chiamato Oates imperversa lanciando a Earwicker improperi di cui viene data una lista, chiamata, con ironico riferimento a Goethe, « Contrastations with Inkerman ». Earwicker rimane silenzioso. In seguito l'aggressore si ritira e « lascia la scena paleologica ».

Mentre H. C. E. dorme viene annunciata la resurrezione di Finnegan.

L'attenzione del lettore viene equamente distribuita tra Earwicker, che tiene un comportamento nobile e il suo pericoloso nemico.

Capitolo IV

Nel quarto capitolo il sogno notturno, rassegna dei peccati del mondo, « tram » onirico con riferimento a Freud (*Traumdeutung*), tratta della morte e del peccato. C'è il funerale di H. C. E. nel Lough Neagh, sua « tomba d'acqua », ma si parla anche della sua resurrezione. Una donna, Kate Strong, forse la stessa donna delle pulizie di Earwicker, ricorda i tempi antichi in cui fu commessa la colpa di Earwicker in Phoenix Park. Un nuovo personaggio, Festy King (poi identificato con H. C. E. + Shem), viene processato per le stesse colpe di Earwicker « making fesses immodest » [per aver reso le natiche immodeste]; un altro personaggio correlato con il primo, chiamato Pegger Festy (H. C. E. + Shaun) nega ogni atto di violenza e conquista l'amore della nipote Issy. Liberato, il re manifesta la propria delusione ed è oltraggiato dalle ventotto avvocatesse che gridano: « Shun the punman! » [evitate l'uomo dei pun, ma anche « Shem the Penman », fratello di Shaun the Postman]. Si parla di una lettera in cui gli opposti sono in qualche modo conciliati: « rubbed some shine off Shem and put some shame into Shaun » [toglieva a Shem qualche scintillio e metteva qualche scemenza in Shaun; ma

il gioco di parole Shaun/shine e Shem/shame è intraducibile].
I quattro vecchi giudici Unctius, Muncius, Pruccus e Pylax
riesaminano il caso di Earwicker rievocandone i momenti di
alto erotismo (95-96). Ma corre voce che H. C. E. sia di nuovo
libero e comincia una caccia alla volpe (identificata con
H. C. E.) che si era nascosta con «volponismo». La volpe,
oltreché con H. C. E., viene identificata con Parnell, il cui
pseudonimo era appunto «volpe», anche attraverso il riferimento alla parola «hesitency» (cosí era stata erroneamente
sillabata la parola nelle lettere contraffatte dal giornalista
che intendeva diffamare Parnell al processo). Corrono le voci
sulla morte e sulla resurrezione di H. C. E. (Parnell). Le donne
vogliono sapere di Anna Livia, moglie di Earwicker che ne
protegge il buon nome. Si ascolta il mormorio del fiume Liffey di cui Anna Livia è incarnazione.

Capitolo V

Il capitolo quinto riprende il tema della lettera trovata
sul mucchio di letame (un «alfabeto» o un «letto dell'alfa»)
dalla gallina. Si apre infatti con una invocazione a Anna «la
sempiterna, la apportatrice di Plurabilità», il principio creativo onnipresente che presiede a una nuova genesi. Segue
una lista di titoli suggeriti per il suo documento chiamato
«mamafesta» (la lettera che riassume tutta la letteratura: si
moltiplicano i riferimenti a scrittori e a opere: la Bibbia,
Shakespeare, Pater, Sheridan, Ibsen, Eliot e Pound). La lettera viene esaminata, a partire dalla busta, dal mittente (di
Boston, Massachusetts), da chi l'ha ritrovata, dal contenuto
del tutto banale e dalle sue condizioni non perfette (qualche
parte è obliterata). Viene sottoposta a analisi storiche, testuali, freudiane, marxiste di cui viene dimostrata l'inutilità
in quanto riducono tutte il significato del documento a qualcosa di preciso e limitato. Un poscritto cruciforme fa pensare
al Book of Kells. Alla fine di scopre che è firmata da Shem
the Penman. Il capitolo che era iniziato con Anna Livia, da
cui proveniva il documento, si chiude sull'autore vero, accen-
tuando la distinzione dei loro ruoli.

Capitolo VI

Con il capitolo sesto inizia il programma di indovinelli, il
«nightly quisquiquock of the twelve apostrophes» [il notturno chi è delle dodici apostrofi] (126). I campioni sono
Shaun MacIrewick, portatore della lettera «briefdragger»
per conto dei Signori John Jameson and Son (ditta produttrice

di whiskey) e Jockit Mic Ereweak (Shem) che lo interroga. Viene anticipato il risultato del quiz: Shaun risponde esattamente solo a quattro domande « nel loro disordine ben studiato ». Le domande riguardano i componenti della famiglia e i loro rapporti con il mondo. Domande e risposte sono di lunghezza diseguale, ma l'ultima domanda, quella che identifica Shem come il fratello maledetto, è una domanda breve con risposta breve. La lunghissima prima domanda (tredici pagine) tende all'identificazione di Finn MacCool, a sua volta identificabile con H. C. E. per i riferimenti alla colpa. La seconda domanda riguarda la madre; la risposta è una sorta di invocazione-preghiera. La terza domanda riguarda la ricerca di un « motto » per il luogo in cui Earwicker si è stanziato, la sibillina risposta è « Thine obesity, o civilian, hits the felicitude of our orb! » [la tua obesità, o civile, ferisce la felicità del nostro orbe]. La quarta domanda riguarda le quattro capitali irlandesi (Belfast, Cork, Dublino, Galway). La quinta domanda riguarda il servo di Earwicker, chiamato Old Joe; la sesta riguarda la serva Kate. La settima riguarda i dodici cittadini chiamati « the Morphios » con riferimento alla loro sonnolenza. La settima riguarda personaggi femminili chiamati le « Maggies ». La nona riguarda il sogno che viene definito un caleidoscopio (« a collideorscope »). La decima domanda richiede come risposta una lettera d'amore scritta in linguaggio infantile ricalcato sul « little language » di Swift, con vezzeggiativi come « pepette pitounette ». Il linguaggio rimanda a Isobel, figlia di Earwicker, ma anche sua tentatrice. Con l'undicesima domanda viene chiesto a Shaun se aiuterebbe Shem a salvare la sua anima, ma Shaun risponde con l'argomentazione del pedante prof. Jones sul problema dei soldini (« dime-cash ») e con il racconto della favola di « Mookse and Gripes » (Il sorcio e l'uva) che illustra il motivo del contrasto, contrapponendo il Papa Adriano IV che diede a Enrico II la bolla che riconosceva la sua conquista dell'Irlanda e il suo antagonista storico Barbarossa, qui chiamato Niklaus Alopysius; sempre sul motivo del contrasto viene aggiunto il racconto di Burrus e Caseous. La dodicesima domanda riguarda l'identità di Shem, presentato come fratello maledetto.

Capitolo VII

Nel capitolo settimo il ritratto impietoso di Shem, fatto dal suo mortale nemico e antagonista Shaun dovrebbe, al pari dell'ironia con cui viene trattato Stephen in *Dedalus* e in *Ulisse*, distanziare l'autore dal personaggio. Tanto piú che questo ritratto è idealmente contrapposto ai capitoli che riguardano Shaun alla fine del libro, tutti molto gradevoli. Gli obiettivi e i comportamenti dei due fratelli sono radicalmente diversi: Shaun è Justius, giudice inflessibile, Shem è Mercius, avvocato comprensivo e tollerante.

Nel ritratto di Shem fatto dal fratello viene sottolineata la sua bassezza morale « Shem was a sham » [Shem era una vergogna], « the Lowness of him » [la sua bassezza]; attraverso questo elemento si stabilisce un collegamento con la colpa del padre Earwicker. Viene dato un elenco di giochi (176). Vengono mostrati esempi della codardia di Shem durante la guerra e l'insurrezione; Shem, ubriaco, al contrario si vanta della sua abilità letteraria; nella sua manovra diversiva si trova però a portata di tiro del revolver di un « unknown quarreler » [un ignoto attaccabrighe]. Vengono presentate le arti di Shem: dapprima è presentato come un tenore, poi come un falsario (copiava « tutti i loro vari stili di segnature »); la casa di Shem è « la tormentata boccetta d'inchiostro » (182.31) fabbricato con le sue feci. Un poliziotto deve arrestarlo per salvarlo dalla folla inferocita. Shaun nelle vesti di Justius attacca Shem con una serie di pesanti insulti: « Sniffer of carrion, premature gravedigger [...] you with your dislocated reason » [Annusatore di carogne, becchino prematuro... tu con la tua ragione dislocata] (189.30). Shem nelle vesti di Mercius si discolpa dicendosi attaccato alla vita e alla madre, la « gossipaceous Anna Livia » [la chiacchiericciante Anna Livia].

Capitolo VIII

La « O », simbolo di perfezione e di completezza, prerogativa della donna per Joyce, inizia il dialogo delle lavandaie nel capitolo ottavo.

Il dialogo verte su Anna Livia, il fiume della vita con cui inizia *La veglia* e su cui si conclude. Anna è la Liffey e tutte le località toccate dal fiume. La radice del nome « Liffey » è la stessa di quello che indica la vita « lif ». La sua funzione di fonte di vita è resa possibile dal lavoro delle due lavandaie che lavano i panni sporchi del passato nel punto del fiume che tocca Chapelizod, celebrando contemporaneamente il futuro. Il capitolo è uno dei piú tormentati, fu riscritto ben sei volte,[52] la sua estensione è limitata e il suo tono è decisamente lirico, poetico e l'andamento fortemente ritmico.

---

[52] Cfr. F. HIGGINSON, *Anna Livia Plurabelle: The Making of a Chapter*, Minneapolis, 1960.

Le lavandaie, sulle rive della Liffey, spettegolano sulla vita amorosa di Anna Livia e H. C. E. Anna Livia, identificata con l'Irlanda, manda un messaggio. Le lavandaie lavano le mutande di Lily Kinsella (forse identificabile con Lilith, il demonio femmina della tradizione ebraica, moglie di Magrath, il demonio) la cui relazione con A. L. P. e H. C. E. non è del tutto chiara. A. L. P., vestita come la « poor old woman », l'Irlanda, distribuisce i resti di H. C. E. sotto forma di doni a tutti i suoi figli nella speranza che si acquietino le dicerie sul suo conto. Mentre cade la notte le lavandaie si trasformano in un albero e in una roccia.

Capitolo IX

Il capitolo nono (Libro II, cap. 1) è incentrato intorno al gioco degli indovinelli fatto da Shem, Shaun, Isobel e le sue ventotto amiche di fronte alla taverna. Essi sono contemporaneamente spettatori di una rappresentazione di burattini, il « Mime of Mick, Nick and the Maggies » e attori della stessa. Shem e Shaun portano rispettivamente i nomi di Glugg (il diavolo) e di Chuff (l'angelo) e la loro tenzone costituisce l'argomento del mimo. Questa volta è Shem a essere sottoposto agli indovinelli. Shem-Glugg, incapace di rispondere all'indovinello di Isobel sui gioielli e a quello sugli insetti, si vergogna. Le fanciulle celebrano Shaun come dio del sole; Shem soffre le pene dell'inferno. H. C. E. risuscita e A. L. P. si offre di perdonarlo. È sera e i bambini devono tornare a casa, cosí come gli animali devono rientrare nell'Arca. Nel *pub* A. L. P. è al lavoro in cucina mentre H. C. E. serve i suoi dodici avventori e i quattro anziani. A. L. P. raduna i suoi « pulcini ». Preghiera di ringraziamento dei bambini e poi riposo; il mimo è finito.

Il capitolo celebra l'infanzia come età dell'oro; abbondano i riferimenti all'armonia cosmica negli accenni al sole « eliotropio » e alle festività religiose di tutte le civiltà.

Capitolo X

Il capitolo decimo (Libro II, cap. 2) riguarda l'ora di studio che i ragazzi passano chiosando un testo che è la base della loro educazione. Le note ai margini sono di due tipi: a sinistra quelle eleganti e irriverenti di Shem (Jerry) e a destra quelle solenni e professorali di Shaun (Kevin); le note a piè di pagina sono di Isobel, che sono svagate e superficiali, ma anche le piú divertenti. Le lezioni sono di storia (il riferimento al giardino dell'Eden e alla « visione panoptica dello sviluppo politico o la futura presentazione del passato ») e di grammatica, con particolare riferimento all'arte epistolare, e inoltre di matematica e geometria. Nella lezione di geometria Dolph (Shem) spiega a Kev (Shaun) l'anatomia della vagina (il triangolo) della madre « ti farò vedere figurativamente il grembo della vostra madre terra eterna » (296). Kev colpisce Dolph che successivamente lo perdona. Viene dato un elenco di temi su uomini famosi. Il capitolo si conclude con la lettera dei figli uniti ai genitori.

È da notare che a circa metà del capitolo, dopo un passo non annotato, la posizione dei commenti di Shem e di Shaun si inverte.

Capitolo XI

Il capitolo undicesimo (Libro II, cap. 3) è il piú lungo e il piú importante, il punto nodale in cui si incontrano i temi principali (per questo è stato paragonato come funzione a « Circe » in *Ulisse*). Si sente la radio nel *pub* di Earwicker; Earwicker serve la birra alla spina. Il racconto di Kerss, il sarto, e del capitano norvegese, storia di un ennesimo contrasto (con coro di commento), concerne Earwicker in quanto parla di matrimonio. Earwicker è sempre sotto accusa e deve difendersi davanti ai dodici giudici, ai quattro anziani e ai tre soldati. Earwicker inizia il suo racconto. Alla televisione danno uno spettacolo comico del genere *vaudeville* con protagonisti Butt e Taff (reincarnazioni di Mutt e Jute del primo capitolo), che rievoca come Buckley uccise il generale russo durante la battaglia di Balaclava (a livello simbolico uno dei tanti esempi della sostituzione del padre da parte del figlio): il tema della defecazione come quello della minzione sono in primo piano. Alla fine del racconto Butt e Taff parlano con una sola voce. H. C. E. si discolpa dominando interamente la scena. Intanto arriva l'ora di chiusura del *pub* e Earwicker si affida al viaggio per nave: « so sailed the stout ship » [cosí veleggiò la robusta nave] « from Liff away » [via dalla vita; ma anche: via dalla Liffey].

Capitolo XII

Il capitolo dodicesimo (Libro II, cap. 4) è uno dei piú comprensibili. I quattro anziani commentano l'avventura di Tristano, Isotta e Marco seguendo con gli occhi la nave di Tristano e Isotta. I commentari corrispondono ai quattro Vangeli, come i commentatori ai quattro evangelisti (vengono chiamati con il nome collettivo di Mamalujo (Matteo, Marco,

Luca e Giovanni). I vangeli-annali riguardano la storia d'Irlanda (vale a dire, il racconto dei suoi peccati) e raccontano storie di mare; il ciclo dei quattro racconti si ripete sempre come si ripetono i cicli vichiani. Viene narrata l'unione sessuale dei due amanti. I vecchi riepilogano il viaggio. Il capitolo si chiude sul lirico inno di Iseult la Belle.

Capitolo XIII

Il capitolo tredicesimo (Libro III, cap. 1) inaugura una serie di tre capitoli tutti dedicati a Shaun. Shaun il postino viene visto in una luce eroica (la sua lampada da postino è l'arma con cui uccide il mostro) anche grazie alle sue mangiate pantagrueliche. Quando viene intervistato e gli viene richiesto di cantare, preferisce raccontare la favola dell'« Ondt and Gracehoper » (rifacimento di *La cicala e la formica* che ribadisce il tema dell'esclusione dell'artista). La lettera scritta da Shem viene usata dal fratello come strumento di accusa contro di lui (si stabilisce un parallelo con Parnell, che a sua volta prelude al parallelo con Gesú reso esplicito in seguito) in quanto fondamentalmente immorale. Shaun nell'accusare il fratello cerca di uccidere e di sostituire il padre al quale sono state mosse le stesse accuse di immoralità. Shaun rivendica le stesse doti letterarie del fratello, ma, per sostituire integralmente il padre, deve sottostare a una sorta di Via Crucis (come dice esplicitamente Joyce in una lettera a Miss Weaver):[53] caduto in una botte è costretto a ripercorrere a ritroso il corso del fiume. In un'atmosfera romantica (« e lucean le stelle! », in italiano nel testo) Issy dà un addio struggente a Shaun che si appresta a diventare il padre.

Capitolo XIV

Il capitolo quattordicesimo (Libro III, cap. 2) segue le avventure di Shaun, diventato Jaun. Fermatosi per strada incontra le ventinove giovanissime ragazze di St. Bride, tra le quali la sorella Issy. Fa loro un sermone moraleggiante che parodizza, per le sue futili disposizioni, i comandamenti (433); atteggiandosi a Mosè commina pene severe ai trasgressori. Il sermone assume un tono isterico quando rivolgendosi a Issy tocca l'argomento del sesso. Shem viene accusato di essere un seduttore. La tirata si trasforma in una dichiarazione d'amore a Issy e in un invito a unirsi a lui nella mis-

---

[53] Cfr. *Letters of James Joyce*, I, p. 214.

sione di civilizzare l'Irlanda. Il poscritto, in cui elementi religiosi e gastronomici sono fusi, è di grande effetto umoristico. Issy gli risponde con una lettera affettuosa nel suo « little language ». Jaun nel partire le presenta il fratello Dave raccomandandole di amarlo. Il riferimento è a Davide e Gionata, ma Dave fa la parte di Simone di Cirene e per questo viene successivamente chiamato Crozier (il simbolo episcopale). Finalmente si congeda, mentre le ragazze lo salutano in forma di Haun, il suo stesso fantasma.

Capitolo XV

Il capitolo quindicesimo (Libro III, cap. 3) è il piú difficile e tortuoso fra tutti, in quanto nell'esame psicoanalitico che viene fatto su Shaun dai quattro anziani affiorano altre voci che rispondono per lui. Yawn, trovato sul mucchio di letame in mezzo al parco, si difende dalle accuse che gli vengono mosse dai quattro vecchi illustrando la sua relazione con il fratello in termini di assoluta inseparabilità (488). La voce di A. L. P. parla attraverso Yawn, divenuto una sorta di cassa di risonanza, della colpa di H. C. E. Un personaggio fantasma (Sybil Head) fa sentire la sua voce attraverso il « campo magnetico » (501.15) di Yawn rievocando la caduta dell'uomo in un'atmosfera infernale. Vengono raccolte delle prove contro il personaggio di Toucher Thom (S. Tommaso). L'interrogatorio degenera in una vera e propria rissa soprattutto per l'aggressività di Tom che dà una sua versione dell'episodio del parco (« bisectualism ») (524.12 e 36). Issy parla alla sua immagine nello specchio. L'inchiesta viene ripresa e Kate è chiamata a testimoniare. Viene chiamato anche H. C. E. che si difende vantandosi della grande città che ha fondato e negando di aver desiderato la domestica di sua moglie.

L'inconscio di Yawn appare stratificato come tutta *La veglia*: nello strato piú profondo troviamo H. C. E.

Capitolo XVI

Il capitolo sedicesimo (Libro III, cap. 4) è un capitolo composito. H. C. E. e A. L. P. giacciono nel loro letto (sono designati come Albert Nyanza e Victoria Nyanza dai nomi dei due grandi laghi africani che confluiscono nel Nilo e sboccano nel Mediterraneo) ma sono svegliati dal grido del figlio Jerry che sogna. Matteo, Marco, Luca e Giovanni osservano ognuno dal proprio angolo visuale la posizione dei genitori a letto. Con tecnica cinematografica « Close up. Play! » (559.29) viene ripresa quella che viene chiamata « la prima posizione di armonia»; Marco osserva la «seconda posizione di discordanza» (descritta come una delle fasi della luna). Viene presentata una scena in tribunale dove si tratta di un caso di perversione in un processo a carico di Honophrius e di sua moglie Anita: sono presenti anche la chiesa cattolica Tanga e quella protestante Pongo. Luca osserva la terza posizione di concordia (ora è la donna che offusca il maschio). Il rapporto sessuale di A. L. P. e H. C. E. è disturbato dal canto del gallo. Giovanni dà il «quadro finale»: «la quarta posizione di soluzione».

Capitolo XVII

Il diciassettesimo capitolo (Libro IV, cap. 1) è una conclusione generale cosí come il primo era stato un'introduzione generale. L'alba della nuova era sveglia il gigante addormentato. Le ventinove ragazze celebrano Kevin (Shaun) la cui santa vita viene raccontata successivamente, dopo un intermezzo in cui viene ancora una volta rievocata la colpa di Earwicker, attraverso un articolo comparso sul giornale del mattino. Muta e Juva seguono il dibattito tra San Patrizio e il Druido. Il segno che il ciclo ricomincia è dato dalla lettera firmata da A. L. P. che sta per essere distribuita con la posta del mattino. Anna Livia si avvia «chiacchiericciando» al mare ricongiungendo il proprio discorso con quello iniziale.

III

TEMI E MOTIVI

« Non è stato sufficientemente sottolineato, penso, che i tre libri principali, come pure il dramma e la poesia, ripetono insieme sulla scala dell'intera carriera dell'autore lo schema infanzia-adolescenza-maturità dei racconti di *Gente di Dublino*. Giovinezza-speranza e ribellione; maturità-disillusione e pentimento; mezza età-conformismo e solitudine; vecchiaia-rassegnazione e morte; nonostante i palinsesti di Vico e Omero, la psicanalisi e la storia irlandese, c'è una chiara e continua linea di sviluppo nell'argomento letterale di Joyce dai primi agli ultimi scritti. Il suo tema è, semplicemente, la vita dell'uomo, e la sua vita fu dedicata a scrivere pezzo per pezzo una vasta Tragedia Umana, un'epifania di tutta l'umanità, in cui un profondo e antropologico senso del mistero e del potere della morte tiene il posto della fede tradizionale del cristiano nell'unione con Dio e nella vita eterna. Fu soprattutto in funzione del suo tema, penso, che Joyce incorporò schemi di "sviluppo" piú piccoli (spesso considerati come puri concetti pedanteschi) nelle singole opere quali: il passaggio del giorno dal mattino a sera, un fiume che sbocca nel mare, un bambino che diventa uomo ».[1] Per Irène Hendry Chayes il tema della vita dell'uomo e, piú genericamente e astrattamente, il tema della crescita e dello svi-

---

[1] I. HENDRY CHAYES, *Joyce's Epiphanies*, in AA. VV., *Joyce's Portrait: Criticism and Critiques*, a cura di Th. E. Connolly, New York, 1962, pp. 213-14.

luppo, la sua storia biologica, è il tema centrale dell'opera di Joyce. Compito dell'artista è di raccontare l'eroica impresa dell'uomo impegnato a mediare tra i due mondi del contingente e del trascendente, del sensuale e dello spirituale, e di descrivere insieme l'ambito della sua azione, il suo universo. La storia scritta dall'artista non è il labirinto di fatti arbitrario e ingannevole in quanto contraffatto, in cui l'uomo si perde e si dispera, ma il luogo necessario ed essenziale dove si ritrova e identifica i processi di trasformazione del cosmo con le modificazioni biologiche prodotte in lui dallo scorrere del tempo. La storia della vita dell'uomo è quindi anche storia del processo artistico, in cui le età corrispondono alle varie fasi di sviluppo che si concretano in opere diversamente caratterizzate rispetto al rapporto artista-realtà.

Il luogo della storia è la famiglia, con al centro la donna, fonte di vita, garante della continuità del ciclo vitale. L'amore della madre verso il figlio è, sostiene Stephen, l'unica cosa reale e storica, in contrasto con l'amore del padre verso il figlio, fondato su un legame non organico, e quindi intellettuale e casuale. L'insistere di molti critici per identificare nei tre personaggi principali di *Ulisse*, con diverse combinazioni, le tre persone della Trinità è proprio giustificato dal fatto che c'è un rapporto di necessarietà e di implicazione reciproca tra di loro. I diversi stadi dell'evoluzione artistica sono identificabili e descrivibili a seconda delle modificazioni dei rapporti tra i componenti della triade essenziale: padre, madre, figlio. Come il distacco dalla madre costituisce il presupposto per la creazione, il diventare padre corrisponde al raggiungimento della maturità e della capacità creativa.

La genialità di Joyce sta nel configurare lo schema « sviluppo e maturazione » ad un tempo come tema e come principio strutturale (vedi il riferimento della Hendry agli « schemi di sviluppo piú piccoli ») e nel renderlo presente nell'opera a due livelli, talora dialetticamente opposti, talora organicamente fusi e intimamente connessi.

In *Gente di Dublino*, mentre il tema della paralisi, negazione della crescita e dello sviluppo, costituisce il nucleo epifanico e statico intorno a cui sono costruiti i racconti e mentre lo stile lapidario e distaccato, ribadendo la netta separazione dell'artista dal reale, rafforza l'effetto di immobile rigidità, l'organizzazione dei racconti in sequenza, che riproduce lo sviluppo biologico dell'uomo, rappresenta il polo vitale e dinamico intorno al quale si concreta la fiducia dell'artista nell'opera e, mediatamente, nella vita. Al concetto della città-ghetto, luogo di degradazione e frustrazione, di passività e isolamento, dove regnano la paura e la morte, che vediamo raffigurata nella maggior parte dei singoli racconti di *Gente di Dublino*, si affianca e contrappone, con la struttura dell'opera, il concetto della città come organismo vivo, quasi umano, come è stato detto, che si manifesta nella sottomissione al tempo nelle sue varie età.

L'artista è esiliato dalla realtà, ma la sua condizione non viene presentata (anche se forse c'è un certo grado di identificazione con i protagonisti fanciulli dei tre primi racconti, *Sorelle*, *Un incontro* e *Arabia*, che si esprimono in prima persona, e certamente nel personaggio maschile de *I morti*, Gabriel) e soprattutto non viene analizzata in rapporto con il processo creativo.

In *Dedalus* la crescita dell'opera su di sé e la sua organizzazione strutturale rispecchiano integralmente il tema principale: lo sviluppo dell'immaginazione dell'artista che, interiorizzando il mistero del mondo, manifesta una nuova sensibilità al linguaggio. Il tema del volo dedaleo, della fuga e dell'esilio maturano a poco a poco nella coscienza del futuro artista come soluzione del problema della libertà, mentre non vengono colte le implicazioni negative di separazione dal reale che questa condizione comporta. L'ansia di evasione e l'urgenza dell'emozione vengono espresse attraverso una prosa ricca e fluida, sensualmente decadente che sancisce, amplificandola, la frattura tra parole e cose e pone l'artista come solo arbitro e giudice della realtà. Essa viene purificata e alchimicamente trasformata (si noti la totale assenza del linguaggio colloquiale e comune) dal filtro della sensibilità dell'artista, che ha quindi una funzione riduttrice potenzialmente negativa. Al reale, considerato luogo di conflitto e di caos, tenta di opporsi, negandosi al flusso proteiforme della vita, la figura ieratica dell'artista-esteta.

La coscienza della non riducibilità del reale nell'opera d'arte è centrale alla problematica di *Ulisse* ed è alla base della sua natura di epica comica. La fede nella vita espres-

sa da Bloom è parallela alla fede nella forma strutturata
dell'opera espressa dall'autore: a Frank Budgen Joyce aveva confessato:

> « Le parole le ho già. Quello che cerco è il perfetto or-
> dine delle parole nella frase. C'è un ordine che è appro-
> priato sotto ogni aspetto. Penso di averlo ».[2]

Quest'ordine è la manifestazione tangibile dell'autonomia
dell'opera dall'autore; è l'opera stessa che detta le sue leggi,
che, con la sua forma macroscopica, impone una concezione della storia non già come registrazione e interpretazione dell'accaduto, ma come attuazione dell'accadibile,
come storia ideale (fanno fede le continue infedeltà e modificazioni della leggenda di Ulisse, che costituiscono una
sorta di ordine e di storia alternativa a quella ufficialmente
accettata). È la complessità della figura umana, dove l'uomo è contemporaneamente maschio e femmina, padre e
figlio, maestro e discepolo, asceta e dissoluto, eroe e co-
dardo, re e suddito, dio e diavolo, a postulare l'esistenza
di una storia onnicomprensiva, vasta quanto il reale. L'o-
pera è contaminata e impura come il reale, i loro modi e i
loro tempi coincidono (dallo schema Linati è evidente che
le indicazioni di ora si riferiscono contemporaneamente al
momento della storia narrata e al punto nella struttura del
libro in cui l'episodio viene narrato): l'unitarietà dell'opera
viene data dai riferimenti dell'opera a se stessa.

In *La veglia di Finnegan* la storia della mente dell'uomo
è la storia del mondo, la caduta e la risurrezione sono termine e inizio del nuovo ciclo vitale che riprenderà a celebrare la storia e l'apoteosi del linguaggio.

Ma i temi e i motivi, oltreché strumento di caratterizzazione della singola opera come stadio particolare nel *corpus*
totale, sono anche strumento di caratterizzazione dei personaggi e delle loro funzioni narrative. Il tema dell'artista
come sacerdote e alchimista, portatore di vita divina mediante transustanziazione identifica lo Stephen di *Dedalus*, mentre il piú pensoso Stephen di *Ulisse* è caratterizzato dai temi del rimorso (per il rifiuto di pregare al letto

---

[2] F. BUDGEN, *James Joyce and the Making of « Ulysses »*, Bloomington, 1964, p. 20.

della madre morente, ma in generale per la propria sterile sfrontatezza), dell'esilio e del tradimento (nel rapporto con Telemaco, l'erede spodestato, che riconquista il suo destino e la sua fortuna); nonché della storia come incubo e dell'identificazione con Amleto. I temi ricorrenti per Bloom sono quello ovvio della infedeltà di Molly (che lo presenta come tradito dalla moglie, ma anche come uomo forte nel patire e saggio), il richiamo all'Oriente (legato alle sue ascendenze ebree), il motivo del padre suicida (e i problemi morali ad esso connessi), il motivo del figlio morto in tenera età (e quindi la sua impossibilità di ricominciare il ciclo rivivendo nel figlio). E ci sono temi comuni a piú personaggi (il trattamento sarà estensivo in *La veglia di Finnegan* come applicazione delle teorie della quarta dimensione e della relatività): quello della metempsicosi (che coinvolge sia Molly, sia Bloom, sia Stephen); quello della chiave (che accomuna Stephen e Bloom nella sorte di esclusi); quello della morte per acqua (temuta sia da Bloom sia da Stephen). Il tema dell'unione mistica del padre e del figlio, frutto seppure precario delle loro separate ricerche nel corso della giornata, governate da domande di valore cosmico come quella sul significato di « parallasse » di Bloom, viene ripreso dal tema dell'antagonismo e dell'unione consustanziale dei fratelli Shem e Shaun attraverso la mediazione di Isobel, la sorella, e dal tema del ricorso storico (che è anche principio ordinatore) come alternanza di unità e divisione dell'essere.

IV

LA CRITICA

Le tendenze

La definizione di « industria »[1] per la critica joyciana dopo il 1941 (in antitesi al termine « culto » usato per la critica prima del 1941), mentre connota negativamente la discontinua qualità dei contributi, fornisce anche un utile elemento di valutazione quantitativa degli stessi, indizio del perdurare di un interesse da parte della critica che non si esercita retoricamente su un autore ormai ritenuto un'istituzione, un classico, ma ancora ansiosamente lo interroga. È quanto afferma A. Walton Litz in un raffronto con la fortuna e la fama attuale di T. S. Eliot: « L'esperienza della *Waste Land* come poema contemporaneo appartiene ora alla storia letteraria, benché, piuttosto significativamente, non si possa dire lo stesso per l'altro documento capolavoro del 1922, *Ulysses*. Come osserva Richard Ellmann nella frase iniziale della sua grande biografia "Stiamo ancora imparando a essere contemporanei di James Joyce", e tutta la critica di questo cinquantenario sembra confermarlo. Il ritornello delle conferenze, delle recensioni e degli articoli di quest'anno è stato che stiamo ancora im-

---

[1] Cfr. i dati citati in R. M. KAIN, *La posizione dell'« Ulisse » oggi*, in AA. VV., *James Joyce Today*, a cura di Th. F. Staley, *cit.* (tr. it. cit., p. 90): « Libri, note, recensioni, hanno recentemente raggiunto una media di circa 275 l'anno. Le tesi americane di dottorato cominciarono modestamente (una nel 1944, due nel 1948), ma la corrente diventò presto piú impetuosa (ventiquattro negli anni cinquanta, venti fra il 1960 e il 1963) ».

parando a leggere *Ulysses*, mentre nel caso di Eliot è venuto il tempo per una sua "rivalutazione" e sistemazione
definitiva ».[2] Benché applicato fondamentalmente a *Ulysses*,
il discorso potrebbe riguardare tutte le altre opere, per le
quali è tuttora in corso un enorme lavoro di approfondimento critico.

È difficile dare delle indicazioni sugli orientamenti critici che valgano per tutte le opere di Joyce; la critica tende
a farsi sempre più frammentata e specialistica. Contributi recenti che riguardano l'opera completa sono quelli
di Hélène Cixous la quale esplora le complesse motivazioni che originano il testo e di Colin MacCabe, che offre
una lettura poststrutturalista utilizzando linguaggio e categorie derivate da Lacan, Althusser e Derrida e mostrando
come le scelte narrative di Joyce dipendano da una posizione filosofica chiaramente delineabile e non da mero
virtuosismo. Apparentemente più ristretto è il campo toccato dallo studio di Manganiello, *Joyce's Politics*, ma il
nucleo essenziale del libro verte intorno al rapporto este-
tica-politica centrale all'apprezzamento di tutto Joyce. Altra finalità ha il libro di Sydney Bolt, una guida alla lettura precisa e attenta, corredata da carte topografiche di
Dublino. Il « *Directory* » di Shari e Bernard Benstock,
che identifica e elenca i nomi dei personaggi contenuti
in tutte le opere salvo *Finnegans Wake*, propone un'interpretazione di « personaggio » volta a includere virtualmente ogni cosa animata e presenta un'introduzione molto
ampia sul significato diverso che acquista in ogni opera
joyciana la tecnica di attribuzione dei nomi ai personaggi.
Li avevano preceduti le monografie di Goldberg, di Walton Litz e di Gross che, pur essendo altrettanto *comprehen-
sive*, erano tuttavia più limitate e meno ambiziose. La
migliore introduzione generale è ancora quella di Harry
Levin, che reca però i segni del momento in cui è nata
in quanto non sa sottrarsi alla necessità dell'accusa a
Joyce di eccessivo tecnicismo, di carenza di caratterizzazione psicologica e di azione rilevabili con particolare gravità, secondo il critico, in alcuni capitoli di *Ulysses* (in

---

[2] A. W. Litz, *The « Waste Land » Fifty Years After*, in *T. S. Eliot
in His Time*, Londra, 1972.

particolare « Le mandrie del Sole », « Eumeo » e « Itaca »)
ma soprattutto in *Finnegans Wake*. La difficoltà di attribuire le opere di Joyce a generi ben identificati ha portato,
soprattutto nel caso di *Ulysses,* all'avvicendarsi di critiche
e di accuse apparentemente di segno opposto: da una
parte l'accusa di irregolarità e di asistematicità non di-
sgiunta da quella di immoralità a cui contribuirono tra
gli altri, seppure con varie motivazioni, Wyndham Lewis,
Virginia Woolf, E. M. Forster e persino G. Bernard Shaw;
dall'altra l'accusa di eccessiva sistematizzazione e di for-
zatura nella ricerca delle corrispondenze non solo omeriche. Questa seconda accusa era stata alimentata da opere
che sottolineavano l'esistenza di una struttura architetto-
nica come elemento ordinatore e giustificatore di ogni
particolare dell'opera: è il caso della recensione di Eliot
che chiamava Joyce un « classico », del libro di S. Gilbert
e degli articoli raccolti da Seon Givens, che incoraggiarono
interpretazioni parallele per le altre opere (è il caso di
Levin e Shattuck, che cercarono di individuare la presenza
di uno schema omerico anche in *Dubliners*). L'eccedenza
del commento rispetto all'azione e la scarsa drammatiz-
zazione del contrasto tra i personaggi, già notate da D.
Daiches e da H. Levin, venivano indicate da Goldberg
come un elemento fortemente negativo (ed è qui evidente
l'influenza di Leavis); fondamentalmente dello stesso pa-
rere sono S. Sultan e J. Gross (che si riferisce soprattutto
a *Finnegans Wake*). Sembrò una via d'uscita dall'accusa
di eccessiva artefazione la ricerca di un apparato di elementi simbolici condotta da E. Wilson, da R. M. Kain e
da Tindall, che si rifanno soprattutto alla simbologia dan-
tesca e medievale, e identica funzione sembrò avere la
riconduzione di *Ulysses* in un alveo di narrativa tradizionale (con *plot, story, characters*) attraverso la ricerca del
significato e del valore delle pure « azioni umane » fatta
da Walton Litz, da Empson e dagli stessi Sultan e Gross.
All'opposto Hugh Kenner ritiene significativa proprio la
riduzione dell'opera a puro tessuto verbale, a superficie
priva di senso mediante l'operazione ironica dell'autore
(il punto di vista è non a caso lo stesso di M. McLuhan
secondo il quale l'opera rappresenta il quadro di una cultura meccanizzata e di una coscienza dissociata).

La meditazione sul carattere del comico come manifestazione di potenza poetica e verbale, come generatore di vi-
sioni, offre a Anthony Cronin lo spunto per una delle critiche piú equilibrate. Il discorso sulla struttura viene ripreso, con ben altro valore che quello di puro ordine, da
Sultan (che coglie dei *climaxes* in ogni terzo capitolo oltreché una divisione del libro in due metà speculari) e da
R. Ellmann. Il discorso sul mito viene approfondito in relazione al mito di Ulisse (W. B. Stanford), ai riti di fertilità
e vegetazione (Beausang), al misticismo ebraico o ai miti
degli antichi Egiziani (J. I. Cope).

Un'analisi testuale con esame delle varianti è stata fatta
sia da A. W. Litz, sia da J. Prescott, sia da R. M. Adams:
quest'ultimo soprattutto con la finalità di segnalare le in-
congruenze e le smagliature del testo dove non tutto appare
necessitato, e dove il peso dell'improvvisazione è piú forte
di quanto si possa pensare. Di particolare interesse la proposta di Adams di render conto dell'universo del testo non
giovandosi di una chiave unica per arrivare a un'interpretazione totale, ma valutando insieme il particolare e il modo
in cui esso è inserito nel piano generale (il metodo tuttavia
si può ritenere fosse già stato applicato da F. Budgen che
integrava con elementi biografici l'esegesi del testo). L'ap-
proccio pare ripreso da R. Ellmann in un'opera esaustiva
su *Ulysses*, che ne sottolinea l'aspetto di struttura com-
plessa e altamente organizzata.

Un filone di critica che interessa tutta l'opera di Joyce
è quello psicanalitico, che si è provato recentemente con
Dubliners e *A Portrait* (Brandabur), *Ulysses* (Shechner) e
Finnegans Wake (M. C. Solomon e R. Brown); Sheldon
Brivic vede Joyce in equilibrio tra Freud e Jung.

Ai rapporti con la religione sono in gran parte dedicati
i libri di Smidt, Noon, Sullivan, Mitchell Morse e Fr. Boyle,
mentre al femminismo è dedicato il libro di B. Kyme Scott
(1984); ai rapporti con altre arti o scienze sono dedicate le
opere di Lyons (medicina) e Hodgart e Worthington, di
Zack Bowen e di Ruth Bauerle (musica e canzoni), Manganiello (politica). Alla critica comparatistica sono dedicati
gli importanti contributi di D. Hayman (Joyce e Mallarmé),
R. K. Cross (Joyce e Flaubert), B. J. Tysdahl (Joyce e Ibsen), di Peter Egri (Joyce e Thomas Mann), il recente nu-

mero speciale di « Comparative Literature Studies », a cura di Bernard Benstock e il volume di M. T. Reynolds (Joyce e Dante).

Sulle opere singole si nota un generale rinvigorimento di interesse, in particolare per *Dubliners* e per *Ulysses*, che sembrava, a detta di alcuni critici, aver segnato una sosta negli anni '60. *Finnegans Wake* è attualmente l'opera che attira il maggior interesse, soprattutto da parte della critica americana e francese (come ha dimostrato il convegno parigino del luglio 1975). La continuità dell'interesse per Joyce è testimoniata oltreché dalla quantità dei contributi critici anche dalla grande varietà degli approcci (che gli atti degli ultimi convegni e simposi attestano). Particolarmente utili appaiono gli studi di critica « genetica » (sugli « avantesti » oltreché sui « testi ») della scuola francese e quelli sostanzialmente di critica della ricezione di cui è un esponente di rilievo Jean Paul Riquelme. Fondamentale e fecondo per l'analisi del testo joyciano in tutto il suo spessore e nelle procedure linguistiche è il concetto di « dislocution », introdotto da Fritz Senn.

Musica da camera

Il giudizio entusiastico dell'influente critico ARTHUR SYMONS nel sottoporre la raccolta di poesie all'editore Elkins Matthews non profetizzò il successo del libro. Lo stesso Symons nella recensione su « The Nation », il 22 giugno 1907, lo considerava del tutto ipotetico: « Ho ben poca speranza che la rara qualità di queste liriche attirerà molti lettori. Una lirica come "Bright Cap and Steamers", o "Silently she's Combing" dovrebbe colpire la fantasia di ognuno e i pezzi piú importanti dovrebbero risvegliare l'immaginazione di ognuno... ».[3]

Gli aspetti derivativi e di maniera, che non avevano impedito a WILLIAM BUTLER YEATS di valutare alcune liriche positivamente dopo una prima lettura nel 1902, affermando che avevano « piú sostanza, piú espressioni magiche, piú passione » di altre, pesarono molto per la critica successiva. Per MORTON D. ZABEL che recensiva,

---

[3] AA. VV., *James Joyce: The Critical Heritage*, a cura di R. H. Deming, Londra, 1970, p. 38.

nel 1930, sia *Chamber Music* sia *Pomes Penyeach*, *Chamber Music* mancava di « intenzione unica » ed aveva « poco piú di una somiglianza verbale con la poesia del Rinascimento Celtico » e altrettanta superficiale somiglianza con la poesia dei simbolisti francesi, mentre « Le liriche piú tarde in *Pomes Penyeach* vanno tanto lontano nell'integrare questi elementi disparati, che Joyce raggiunse nel piccolo libretto il carattere poetico suo proprio per la prima volta ».[4] Anche W. Y. TINDALL, nell'introduzione all'edizione di *Chamber Music* della Columbia University Press del 1954, esamina i rapporti tra Joyce e Yeats, soprattutto in materia di versificazione, e sostiene la intima coesione dell'opera intorno al tema della « malattia d'amore » e intorno al suo simbolismo, considerandola come il primo anello della catena delle opere joyciane, tutte intimamente connesse. IRÈNE HENDRY CHAYES in una recensione del 1938 ai *Collected Poems* (1936) nota con rammarico che « il suo libro di poesie [...] non ha virtualmente ricevuto attenzione dai recensori metropolitani, benché aggiunga una nuova angolatura al ritratto di un uomo che è già noto al pubblico » e che le poesie « non hanno nessuna delle complessità, oscurità e imponenza della sua prosa », essendo sostanzialmente tenui e di « argomento circoscritto ».[5] Per H. LEVIN Joyce « anche nei momenti migliori [...] resta soltanto un abile versificatore, che si muove entro un campo assai limitato. Il mezzo poetico, concepito angustamente, gli offre poca resistenza; esso gli fornisce tutt'al piú una serie di esercizi di solfeggio preparatori al lavoro serio. Il suo vero contributo è di aver posto tutte le risorse della poesia al servizio della narrativa ».[6] S. L. GOLDBERG sostiene che « alla fine la cosciente artisticità non è altro che preziosità musicalmente cadenzata » e che « Joyce non fu mai vitalmente impegnato nella poesia ».[7]

Per A. W. LITZ nelle poesie si può scorgere « una chiara imitazione di Verlaine » ma sarebbe « un errore pensare

[4] Ibi, pp. 46-47.
[5] Ibi, p. 650.
[6] H. LEVIN, *James Joyce: A Critical Introduction*, Londra, 1960, p. 36 (ed. it. Milano, 1972, p. 38).
[7] S. L. GOLDBERG, *James Joyce*, Edimburgo, 1962, pp. 30-31.

a *Musica da camera* soltanto in termini di stili imitati ».
Come sarebbe un errore pensare a queste poesie solo come
poesie sentimentali. « Il tema antisentimentale è [...] nella poesia in questione espresso attraverso un deliberato
contrasto di stili [...] Il fatto che le liriche di *Musica da
camera* siano riconducibili a parecchi arrangiamenti "narrativi" dovrebbe renderci cauti e impedirci una interpretazione troppo stretta del disegno generale della raccolta;
comunque, possiamo discernere vari moduli nel "movimento" dei canti. Essi tracciano l'evoluzione di una imma-
ginaria storia d'amore, dall'iniziale armonia alla separazione finale, ed essi disegnano anche – a un livello allegorico – il cammino dell'anima dalla sicurezza all'isolamento. Questi moduli sono rinforzati dalle allusioni al
ciclo delle stagioni, dalla primavera all'inverno, e dal
progredire del giorno dall'alba al crepuscolo. Inoltre, tre
motivi ripetuti (come quello di "terra e aria") legano le
singole liriche insieme [...] Come il ricorso riuscito all'ironia, essi ci ricordano il desiderio di Joyce di dominare
l'impulso lirico. »[8]

Per H. HOWARTH i due Joyce, quello lirico e quello
satirico, sono presenti seppure in misura diversa in *Musica da camera*: « Joyce in *Musica da camera* si presenta come un neoclassico, come un perfezionista che
compone liriche impeccabili e le riunisce in un impecca-
bile volume », ma nell'amore « per il finale grandioso »
rivela di essere « romantico e wagneriano ». Il critico
presta attenzione anche all'organizzazione dell'opera: « La
stessa architettura, di proporzioni metropolitane nell'*Ulisse*
e in *Finnegans Wake* è da Joyce usata in proporzioni
ridotte in *Musica da camera*. Parentesi parallele, interro-
gazioni parallele reggono strofa contro strofa. La linea
melodica si curva quasi in elegante palindromia per finire
come ha cominciato ».[9] NATHAN HALPER rileva che « Non
era un buon poeta. La sua forza risiedette sempre nel-
l'uso della sinfonia », ma che d'altra parte, « Nelle liriche possiamo sentire per la prima volta il mormorio di una

[8] A.W. LITZ, *Joyce*, New York, 1966 (trad. it. Firenze, 1967,
pp. 27-28).
[9] H. HOWARTH, « *Chamber Music* » *His Importance in the Joyce
Canon*, in *James Joyce Today*, cit. (trad. it. cit., pp. 14-15).

seconda voce [...] Ma, alla luce di quello che fece in seguito, la voce antifonale è troppo debole; i versi troppo esili ».[10] FRANCESCO GOZZI, nel solo libro interamente dedicato alla poesia di Joyce, esamina approfonditamente ogni composizione rintracciandone fonti e echi. *Musica da camera* è per Gozzi un lavoro preparatorio alle opere successive e «un tentativo di conciliare l'avanguardia e la tradizione». Joyce rivela «già qui le proprie straordinarie capacità architettoniche (cioè le doti del Joyce romanziere) e crea cosí un'opera forse unica nel suo genere ».[11] Ma nonostante i recenti contributi critici possiamo concludere con H. HOWARTH che «Il posto di *Chamber Music* nel canone joyciano è insieme in principio, in fine e in nessun luogo. Cronologicamente è in principio. Per moltissimi critici è in fine. In nessun luogo per la maggior parte dei lettori che l'ignorano o l'hanno letto troppo in fretta per rendersi conto di quello che se ne può ricavare ».[12]

Gente di Dublino

Dopo *Musica da camera*, *Gente di Dublino* è l'opera piú trascurata dai contemporanei di Joyce. GERALD GOULD sul « New Statesman » recensí favorevolmente l'opera lodandone « la maturità, la misura e la forza »; ma dopo aver chiamato Joyce « un uomo di genio » e aver detto che « non annoia mai, anzi si vorrebbe talvolta che lo facesse, per avere respiro », Gould conclude: « Francamente pensiamo che sia un peccato (e forse riveliamo un angusto puritanesimo pensando cosí) che un uomo che può scrivere cosí debba insistere quanto insiste il signor Joyce su aspetti della vita che di solito non vengono menzionati. Per rendergli giustizia, non pensiamo che questo sia in lui una posa: egli semplicemente include l'"immenzionabile" nel raggio della sua acuta osservazione ».[13] Spetterà a EZRA POUND di stabilire gli ascendenti

[10] N. HALPER, *The Early James Joyce*, New York, 1973, p. 9.
[11] F. GOZZI, *La poesia di James Joyce*, Bari, 1974.
[12] H. HOWARTH, « *Chamber Music* » *His Importance in the Joyce Canon*, in *James Joyce Today*, cit. (trad. it. cit., p. 13).
[13] AA. VV., *James Joyce: The Critical Heritage*, cit., pp. 62-63.

culturali del Joyce novelliere, collegandolo alla tradizione francese (Zola, ma soprattutto Flaubert): « I prosatori inglesi che non sono ancora arrivati all'impressionismo [...] sono una noia [...] Il merito di Joyce [...] è che evita con cura di dire un mucchio di cose che non occorre sapere. Egli presenta le sue persone in maniera rapida e viva, non si perde in sentimentalismi su di loro, non intesse circonvoluzioni. È un realista [...] Non è legato alla noiosa convenzione che una qualche parte della vita, per essere interessante, debba essere plasmata nella forma convenzionale di una "storia". Dall'epoca di Maupassant abbiamo avuto tanta gente che cercava di scrivere "storie" e cosí poche persone che presentassero la vita [...] Ci mostra le cose cosí come sono, non soltanto per Dublino, ma per qualsiasi altra città. L'autore, in altri termini, è assolutamente in grado di affrontare le cose che gli stanno intorno, e di affrontarle in maniera diretta, e tuttavia questi particolari non lo assorbono, egli riesce a cogliere l'elemento universale che in essi si cela ».[14]

I recensori francesi della traduzione (1926) usando strumenti critici molto raffinati, collocarono i racconti di Joyce nella grande tradizione del racconto, da Čechov a Katherine Mansfield.[15] L'interesse della critica moderna per l'opera, con la spiccata accentuazione dei caratteri architettonici, benché molto spesso esclusivamente in funzione delle opere successive, *Ulisse* e *La veglia di Finnegan*, è inaugurato dall'articolo di R. LEVIN e CH. SHATTUCK, *First Flight to Ithaca*. In esso il solido impianto strutturale di *Gente di Dublino* viene interpretato come un'anticipazione di quello di *Ulisse*, e la progressione dei racconti come il tracciato ideale della vita dell'uomo attraverso le sue età. M. MAGALANER, nel capitolo *The Evolution of Dubliners*, sostiene, analizzando *Sorelle*, che la differenza tra la prima e l'ultima versione sta nell'aggiunta del simbolismo, soprattutto religioso, che consente

---

[14] E. POUND, *Dubliners and Mr. James Joyce*, « The Egoist », 15 luglio 1914, in *James Joyce: The Critical Heritage*, cit., pp. 66-68 (trad. it. *Pound/Joyce*, a cura di Forrest Read, Milano, Rizzoli, 1979, pp. 42-46).

[15] *James Joyce: The Critical Heritage*, cit., pp. 69-76.

al racconto di diventare meno diretto ed esplicito, permettendo « al lettore di giocare una parte sempre piú importante nel tirar fuori la storia ». Le versioni tarde dei racconti sono inoltre considerate « molto migliori drammaticamente ».[16]

W.Y. TINDALL sostiene che a tenere insieme i racconti è « un tema o un'idea » introdotto già nella prima pagina di *Gente di Dublino*, il tema della paralisi o della morte in vita: « Il centro morale di *Gente di Dublino* è la rivelazione di questa paralisi ai suoi abitanti ». Tindall appoggia la sua interpretazione simbolica alla teoria dell'epifania: « *Gente di Dublino* è la metafora per qualcosa di non detto e sconosciuto per il quale l'opera stessa è il solo equivalente ». Esaminando le varie ipotesi sulla struttura Tindall considera valide quella che sostiene che i racconti vanno dal particolare al generale, quella che sostiene che possa avere come impalcatura l'*Odissea* e essere un'opera di parodia come *Ulisse*, quella che vede come possibile impalcatura la serie dei sette peccati capitali. C'è comunque armonia e unitarietà nell'opera.[17]

Per S. L. GOLDBERG i racconti non sono naturalistici né simbolici, mostrano soltanto « la "whatness" della situazione o dei personaggi »; « la forza di *Gente di Dublino* è la sua chiarezza formale, la sottigliezza e la precisione della sua arte – qualità che derivano in parte da una disciplina ben sostenuta ma in parte anche da un'immaturità di percezione che rese i problemi formali relativamente semplici. Forse la cosa piú notevole del libro è il modo in cui Joyce utilizzò positivamente le sue stesse limitazioni ». Passando a considerare il racconto *I morti*, Goldberg vede nella chiusa una sorta di prefigurazione della « stasi » morale raggiunta da Bloom nell'*Ulisse*, ma soprattutto vede nella « piuttosto equivoca "dissolvenza" nel mondo di neve, un vasto e indifferenziato stato oltre la vita e la morte ».[18] J. S. ATHERTON considera centrale nell'opera non tanto l'impalcatura omerica ma « l'apprezzamento dell'opera come un tutto organico »; « Quasi

[16] M. MAGALANER, *Time of Apprenticeship*, Londra, 1959, pp. 73-96.
[17] W. Y. TINDALL, *A Reader's Guide to James Joyce*, Londra, 1959.
[18] S. L. GOLDBERG, *James Joyce*, op. cit., p. 41 e p. 44.

invariabilmente Joyce riesce ad usare come simbolo un oggetto vero e proprio che adopera al medesimo tempo come particolare significativo, in senso letterale, per una descrizione realistica ». Nell'opera viene sfoggiato « un vero arsenale di tecniche ». Anche Atherton sottolinea l'affinità di *Gente di Dublino* e de *La veglia di Finnegan*, soprattutto considerando la chiusa de *I morti* che evoca l'unione « di tutti i vivi e di tutti i morti ». L'abilità di Joyce è inoltre evidente sia nei dialoghi realistici sia nelle chiuse dei racconti che: « si concludono in un momento di stasi con sfumature ironiche ».[19]

Per P. K. GARRETT « il metodo narrativo con il quale Joyce media tra naturalismo e simbolismo in *Gente di Dublino* può essere visto come la conseguenza della sua nozione di epifania [...] Originariamente riferita alla rivelazione del bambino Gesú ai Magi, diventa una sorta di rivelazione artistica. Per Joyce l'epifania era un'esperienza prima che divenisse una strategia artistica [...] Il contenuto manifesto in tali momenti era solitamente una qualche forma di carenza spirituale, cosí l'epifania acquistava forti connotazioni di denuncia ironica [...] Fin dall'inizio Joyce concepí il suo metodo come denuncia ironica e epifanica del suo tema centrale [la paralisi] ».[20] Per MARGARET CHURCH *Gente di Dublino* rivela l'emergere degli « schemi e delle strategie dei piú tardi cicli vichiani. Visti in questa luce i *Dubliners* possono essere considerati una testimonianza della "struttura quadrilatera della mente" di Joyce fin dal 1903 ».[21]

CLIVE HART sottolinea i rapporti con *Ulisse*: « il libro nel suo complesso è, a dispetto della natura autonoma di ciascun racconto, perfettamente unificato ». L'unità è tematica (la città è una « forza demoniaca ») e nei racconti tardi riserva piú attenzione « all'organizzazione dei suoi materiali in *patterns* e ritmi ».[22]

[19] J. S. ATHERTON, *The Joyce of Dubliners*, in *James Joyce Today*, cit. (trad. it. cit., pp. 33-56).
[20] P. K. GARRETT, introduzione a *Twentieth Century Interpretations of Dubliners*, a cura di W. M. Schutte, Englewood Cliffs, 1968, p. 11 e segg.
[21] M. CHURCH, « *Dubliners* » *and Vico*, in « James Joyce Quarterly », 5. 2, 1968.
[22] C. HART, *James Joyce's* « *Ulysses* », Sydney, 1968.

WARREN BECK rifiuta gli svolazzi e gli arbitri di un'interpretazione simbolica e si rifugia in un'analisi accurata
dei temi e dei personaggi.[23]

ROBERT SCHOLES e A. WALTON LITZ, che hanno studiato
le varianti di alcuni racconti, notano come il linguaggio
delle versioni finali sia « piú colloquiale, piú appropriato
agli eventi narrati ».[24] Per JOHN GROSS, *Gente di Dublino*
è « soprattutto un'opera di rigetto », un « lavoro naturalistico » che si serve di un linguaggio « piatto e neutro ».
Mentre per E. BRANDABUR « È chiaro che nella sua [di
Joyce] mente i dublinesi deviavano da un comportamento
umano: Dublino era una città di "fallimento, rancore e
infelicità". I suoi compatrioti erano paralizzati, le loro
energie psichiche e emotive non erano disponibili per attività costruttive [...] Incapaci [i dublinesi] di provare
soddisfazione di sé, di attività creativa, di vera amicizia
e affetto [...] Se c'è un'emozione costante nella Dublino
di Joyce, è la paura ».[25]

H. O. BROWN, autore del secondo libro importante dedicato alla « early fiction » di Joyce, sostiene che « Il realismo dei racconti di *Gente di Dublino* implica una scissione tra osservatore e osservato, tra spirito e materia,
tra mente e corpo. Il mondo, inerte e privo di spiritualità
– "là fuori" – imprigiona uno spirito senza corpo [...]
Questa scissione è implicita nella forma dell'opera quale
risultava dalla teoria dell'epifania di Stephen ».[26] NATHAN
HALPER esamina non senza riserve le possibili correlazioni omeriche e dantesche per concludere che dal confronto con l'una o con l'altra opera la statura dei personaggi dublinesi risulta sminuita e caratterizzata in modo
ineroico. Per lui, in sostanza: « I racconti sono autonomi,
scritti per essere letti senza la conoscenza dei paralleli;
anzi, proprio questa conoscenza potrebbe rovinarli [...]

[23] W. BECK, *Joyce's « Dubliners »: Substance, Vision and Art*,
Durham, N. C., 1969.
[24] R. SCHOLES - A. W. LITZ, *Dubliners*, New York, 1969, p. 241.
[25] E. BRANDABUR, *A Scrupulous Meanness: A Study of Joyce's
Early Work*, Urbana, 1971, p. 24.
[26] H. O. BROWN, *James Joyce's Early Fiction: The Biography of
a Form*, Cleveland, 1972, p. 5.

I racconti sono troppo esili per una struttura a piú livelli ».[27]

È inoltre da ricordare GIORGIO MELCHIORI[28] che, nelle
pagine introduttive della recente riedizione mondadoriana
dei *Racconti e romanzi* (1974), sottolinea, a proposito dei
Dubliners, il clima di « fervore ideologico in cui nacquero ».

Molti, infine, sono gli articoli dedicati ai racconti giovanili comparsi in questi ultimi anni sulla « James Joyce
Quarterly ».

Stefano eroe

THEODORE SPENCER, oltre che curatore dell'opera po-
stuma, ne fu anche il primo critico. A conclusione della
sua introduzione scrive: « Ma questo frammento di *Stephen Hero* non va considerato in rapporto ai piú maturi
scritti di Joyce per essere ritenuto degno di conservazione.
Può reggersi sui suoi meriti intrinseci come un'opera notevole. Anche se non è stato accuratamente preordinato e
messo a fuoco come il *Portrait,* ha una freschezza e un'im-
mediatezza, una puntualità osservativa e un'economia e
concisione di stile che ne fanno, nonostante le sue occasio-
nali acerbità, qualcosa che può essere goduto e ammirato di
per sé. È tra le migliori descrizioni di uno spirito in formazione che siano mai state scritte ».[29] EDMUND WILSON
nella sua recensione notava che « La maturità intellettuale di Joyce, la sua unità di intento, la sua chiarezza
di visione, sono assolutamente stupefacenti in quello che
chiamò un "prodotto scolastico", scritto quando aveva appena vent'anni. Joyce non era ancora un grande artista
ma sapeva che cosa significa esserlo e sapeva che era
quello che voleva essere ».[30] C.P. CURRAN dà testimonianza dell'influenza di D'Annunzio su questo primo lavoro (oltre a *Il fuoco,* citato in *The Day of the Rabble-*

---

[27] N. HALPER, *The Early James Joyce,* cit., p. 25.
[28] G. MELCHIORI, introduzione a J. JOYCE, *Racconti e romanzi,*
Milano, Mondadori, 1974, p. XX.
[29] J. JOYCE, *Stephen Hero,* cit., intr. p. 18 (trad. it. *Stefano Eroe,*
Milano, 1950, p. 23).
[30] E. WILSON, *Stephen Hero,* « New Yorker », 6 gennaio 1945.

ment, soprattutto *Le Vergini delle Rocce*) per concludere
però che « Ci sono rassomiglianze stilistiche, ma non toc-
cano il metodo del realismo joyciano ».[31] Curran ricorda
inoltre che *Stephen Hero* fu per alcuni mesi nell'indice
dei libri proibiti della censura irlandese.

GIORGIO MELCHIORI, nella nota introduttiva a *Ritratto
dell'artista* (1904) e a *Stephen Hero* (che unisce, sotto il
titolo *Le gesta di Stephen*, la vecchia traduzione dal titolo *Stefano eroe* di C. Linati e la traduzione del tutto
nuova delle pagine del manoscritto recuperato), ipotizza
che le pagine del manoscritto recuperato contenenti l'episodio di Mullingar siano « l'unico racconto esistente di
Gente di provincia [volume di racconti concepito come
parallelo ai *Dubliners*] di James Joyce ».[32] Nella *Postfazione* a *Le gesta di Stephen* (1980) ancora il Melchiori
sottolinea la diversa funzione di *Stephen Hero* rispetto al
Portrait, « un modo diverso di narrare le medesime esperienze ».

Esuli

Le recensioni alla prima edizione (1918) furono in genere
abbastanza buone e tuttavia fu un fiasco la prima rappresentazione teatrale a Monaco il 7 agosto 1919. POUND trovò
che « non era adatto al teatro » perché metteva in scena
« la vecchia questione dei relativi diritti dell'intelletto, del-
l'emozione, della sensazione e del sentimento ».[33] PADRAIC
COLUM benché sostenesse che a Joyce si addiceva meglio
la narrativa, riconosceva il personaggio « reale e spiccato »
di Bertha.[34] ROBERT BENCHLEY, giudicando la messa in
scena teatrale del marzo 1925 a New York, sosteneva che
era un lavoro scritto in modo « molto, molto banale ».[35]
L'interesse per l'opera si andò a poco a poco affievolendo.

[31] C. P. CURRAN, *James Joyce Remembered*, cit., p. 53.
[32] J. JOYCE, *Racconti e romanzi*, cit., p. 529.
[33] In « Drama », febbraio 1916, cit. in *James Joyce: The Critical
Heritage*, introd.
[34] *James Joyce: The Critical Heritage*, cit., pp. 144-45.
[35] In « Life » LXXXV, 12 marzo 1925, cit. in *James Joyce: The
Critical Heritage*, introd.

FRANCIS FERGUSSON affrontò il problema dell'influenza di Ibsen sostenendo che Joyce lo superava e si liberava delle sue convenzioni.[36] Per HARRY LEVIN « Il solo tentativo di scrivere un dramma su un tema cosí proustiano è contraddittorio; nessun drammaturgo può permettersi di essere un solipsista [...] *Esuli* rimase in sospeso tra il dramma a tesi e l'autobiografia spirituale ».[37] Per WILLIAM EMPSON la rilevanza di *Exiles* è soltanto in funzione di *Ulysses*: con l'unione mistica di Richard e Robert nella carne di Bertha viene prefigurato il rapporto Stephen, Bloom, Molly.[38] W.Y. TINDALL esprime un giudizio simile a quello di Levin: Joyce è il pubblico di se stesso.[39] Per JOHN GROSS « venendo come viene subito dopo il *Portrait*, il dramma è un triste contrasto e il meglio che si possa dire è che è un raccoglimento *pour mieux sauter*, un volgersi indietro per riprendere problemi personali irrisolti ».[40] Il problema di una presentazione corretta del testo è stato recentemente affrontato e risolto da J. MACNICOLAS, nel suo *James Joyce's Exiles, A Textual Companion*, 1979, mentre all'accoglimento da parte del pubblico è dedicato il breve libretto di EVANS (1984).

Dedalus: Ritratto dell'artista da giovane

Le prime recensioni al romanzo furono tutt'altro che elogiative. E questo nonostante il giudizio altamente positivo di POUND a una prima lettura e a lettura dell'opera finita: « Penso che il libro sia una cosa compatta, perfetta [...] Penso che il libro sia durevole come Flaubert o Stendhal. Non è squadrato come Stendhal e certo non è laccato come Flaubert. Per gli inglesi penso che vi accostiate a Hardy e a Henry James [...] penso che prima o poi dovrete ottenere il debito riconoscimento »;[41] non-

---

[36] *James Joyce: The Critical Heritage*, cit., pp. 155-159.
[37] H. LEVIN, *James Joyce: A Critical Introduction*, cit., pp. 44-45 (trad. it., pp. 48-49).
[38] W. EMPSON, *The Theme of « Ulysses »*, « Kenyon Review », Winter, 1956.
[39] W.Y. TINDALL, *A Reader's Guide to James Joyce*, cit.
[40] J. GROSS, *James Joyce*, New York, 1970, pp. 41-42.
[41] *Letters of James Joyce*, II, pp. 364-65.

ché lo spassionato giudizio di YEATS: « un grandissimo
libro – ne sono del tutto assorbito ».[42]

E. GARNETT scrive che il romanzo « è troppo discorsivo,
senza forma, indisciplinato e brutte cose, brutte parole
sono troppo in primo piano [...] A meno che l'autore
non usi disciplina e misura, non attirerà i lettori. Talvolta
sembra che la sua penna e i suoi pensieri se ne siano volati
via con lui. Alla fine del libro c'è un crollo assoluto;
i brani di scrittura e i pensieri sono tutti a pezzi e ca-
dono come razzi umidi che non funzionano ».[43] Il recensore anonimo di « Everyman » il 23 febbraio 1917 parla
dello « sporco studio dell'educazione di un giovane da
parte dei Gesuiti » e conclude stentoreamente « Joyce
è un abile romanziere ma pensiamo che sarebbe al suo
meglio se scrivesse un trattato sulle fogne ».[44] F. HACKETT
scrive uno degli apprezzamenti piú equilibrati e intelligenti: « *A Portrait of the Artist as a Young Man* non
è del tutto piacevole. Ma possiede tale bellezza, tale amore
della bellezza, tale intensità di sentimento, tale pathos,
tale candore che supera qualsiasi altra cosa scritta in inglese che rivela l'inevitabile *malaise* della gioventú seria
[...] Molti si risentiranno furiosamente per il suo candore,
sia in materia di religione o di nazionalismo o di sesso;
ma in questo caso il candore è nobiltà ».[45]

DIEGO ANGELI in una recensione apparsa sul « Mar-
zocco » il 12 agosto 1917 e poi tradotta dallo stesso Joyce
e pubblicata sull'« Egoist » nel febbraio 1918, definiva
il libro « Un romanzo di Gesuiti », sottolineando l'acu-
tezza e la maestria con cui viene presentata la loro « influenza, sensuale, piuttosto che spirituale » e insistendo
soprattutto sulla novità della prosa.[46]

In genere la critica americana fu piú benevola di quella
inglese, ma la fama del libro venne progressivamente deca-
dendo con saltuari risvegli di interesse in occasione del-
l'uscita dell'*Ulisse* e dei libri di Budgen e di Stuart Gilbert sull'*Ulisse* stesso. Il primo lavoro significativo fu

[42] *Letters of James Joyce*, II, p. 388.
[43] *Letters of James Joyce*, II, pp. 371-72.
[44] *James Joyce: The Critical Heritage*, cit., p. 85.
[45] *Ibidem*, pp. 96-97.
[46] *Ibidem*, pp. 114-115.

quello di HARRY LEVIN (1941) che collocava sicuramente in un ambito di narrativa naturalistica con ascendenze europee (Mann, Proust, Gide) l'opera. La maturazione di Stephen viene vista attraverso l'acquisizione di una maggior padronanza del linguaggio: « Dal principio alla fine, l'emozione è interamente resa dalle parole. I sentimenti, a mano a mano che filtrano attraverso l'apparato sensoriale di Stephen, vengono associati a citazioni [...] Questo atteggiamento mentale conferisce al linguaggio un potere magico. Esso innalza l'uso delle associazioni verbali a principio organizzativo delle esperienze. Si acquista potere sulle cose dando loro un nome; si diventa padroni di una situazione affidandola alle parole. È una necessità psicologica, non un'esigenza esagerata del gusto, che spinge lo scrittore alla ricerca del *mot juste*, a saccheggiare il repertorio lessicale ».[47]

IRÈNE HENDRY CHAYES esaminando l'importanza della teoria dell'epifania joyciana per il linguaggio di *Dedalus*, sostiene che l'« epifania è [...] uno scopo della sorprendente virtuosità di linguaggio di Joyce [...] Non è un tentativo di "creare un sostituto letterario per le rivelazioni della religione"; è il veicolo della "radiante" esperienza estetica stessa, e allo stesso tempo è intimamente collegata con il piano dell'opera joyciana tutta ».[48] MARK SHORER sostiene che lo stile altamente retorico di *Dedalus* rivela l'ironia con la quale viene trattato il personaggio di Stephen e la « natura illusoria » di tutta l'impresa.[49] C. G. ANDERSON considera il V capitolo « il culmine intellettuale del romanzo. Stephen è qui un sacerdote dell'arte che proclama il vangelo dell'arte ». Stephen è in tutto il romanzo identificato con Cristo e crocifisso piú volte.[50]

Per CAROLINE GORDON la liberazione di Stephen dalla chiesa non è un trionfo, « predice la sua dannazione »; egli è il figlio di Dio che sceglie, come Lucifero, la sua dannazione. Stephen è l'anticristo con il suo precurso-

[47] H. LEVIN, *op. cit.*, trad. it., pp. 59-60.
[48] AA. VV., *Joyce's Portrait: Criticism and Critiques*, cit.
[49] M. SHORER, *Technique as Discovery*, in AA. VV., *Forms of Modern Fiction*, a cura di W. Van O'Connor, Minneapolis, 1948.
[50] C. G. ANDERSON, *The Sacrificial Butter*, in *Joyce's Portrait: Criticism and Critiques*, cit., p. 124 e segg.

re.[51] DOROTHY VAN GHENT, dopo aver indicato che « uno
dei piú antichi temi del romanzo è che il linguaggio è
creatore di realtà », sostiene che *Dedalus* è anch'esso
« un'investigazione di questo tipo » e appropriatamente,
poiché l'artista di cui il libro è il ritratto da giovane, « alla
fine trova la sua vocazione nel linguaggio »; e la forma
della realtà che a poco a poco si definisce per Stephen
« è una forma primariamente determinata dalle associazioni di parole ». La dottrina dell'epifania « implica che la
realtà possieda interezza e armonia »; e questa è « essenzialmente una interpretazione religiosa della natura della
realtà e della funzione dell'artista ». È attraverso il linguaggio che l'artista, entrando in relazione con l'universo,
ha la sua epifania ultima.[52] Per HUGH KENNER, con Wyndham Lewis l'iniziatore della scuola degli « odiatori di Stephen », il tema principale è quello della colpa, del rifiuto
a sottomettersi; ma i preparativi per la fuga e per l'esilio
sono ridicoli, Stephen non attuerà mai la sua fuga come
non sarà mai un artista. Stephen diventa sempre piú in-
sopportabile con la fine del libro: « È penoso essere invitati
a chiudere il libro con un eroe byronico indigeribile cac-
ciato in gola [...] Quello di cui manca soprattutto nel
capitolo finale è lo humour ».[53] Per JANE H. JACK il tema
di *Dedalus* non è tanto quello del giovane artista ma
« può soltanto essere definito in termini astratti ». Il solo
tema in *Dedalus* è l'Arte. « Tutto quello che nutre l'arte
vive, tutto quello che la soffoca è morto ».[54] BARBARA
SEWARD ha analizzato l'uso del simbolismo della rosa in
Dedalus collegandolo con le esperienze dei poeti *fin de
siècle* e con Dante: « Rose rosse e bianche [...] simbo-
leggiano il conflitto di Stephen tra la carne e lo spi-

[51] C. GORDON, *Some Readings and Misreadings*, in *Joyce's Portrait:
Criticism and Critiques*, cit., p. 136 e segg.
[52] D. VAN GHENT, *On « A Portrait... »*, in *The English Novel. Form
and Function*, New York, 1953.
[53] H. KENNER, *The Portrait in Perspective*, in AA. VV., *James
Joyce: Two Decades of Criticism*, a cura di S. Givens, New York,
1948.
[54] J. H. JACK, *Art and The Portrait of the Artist*, in *Joyce's Portrait: Criticism and Critiques*, cit., p. 156 e segg.

rito».[55] EUGENE M. WAITH vuole riscattare la presentazione troppo negativa che di Stephen hanno dato sia la Gordon sia Kenner. C'è «distacco ironico» ma non una ironia distruttiva: «Stephen non è un fallimento», ben «lontano dall'essere un eroe divino» ha tuttavia «il quasi sovrumano coraggio di affrontare il mondo da solo». Il tema della caduta non deve far dimenticare quello della creatività. Stephen è soltanto «un artista potenziale».[56] MAURICE BEEBE esaminando le qualità della bellezza secondo Stephen (Joyce) nota come tutta la teoria diverga da quella tomistica per assomigliare piuttosto a quella di Henry James, Pater e Flaubert.[57] GRANT H. REDFORD rileva come il tema della ribellione e della ricerca acquistino significato dalla struttura; alla fine del libro Stephen intravede la possibilità di dar forma alle cose, di passare da uno stato di passiva ricezione a quello di «artefice» attivo.[58] Per W. T. NOON Dedalus è il ritratto ironico dell'estetica immatura di Stephen, che culmina con il paragone tra l'artista e Dio.[59] WAYNE C. BOOTH sostiene che «Joyce fu sempre un po' incerto circa il suo atteggiamento verso Stephen». La denuncia dell'atteggiamento ironico di Joyce nei confronti di Stephen non venne se non dopo la lettura del primo episodio di Ulisse e il suo confronto con Dedalus; e ancora, dopo la pubblicazione, nel 1944, di Stephen Hero.[60] Per S. L. GOLDBERG «tutti i problemi tecnici di Joyce scaturirono dal desiderio di capire se stesso, nel più ampio senso del termine»; per fare questo egli dovette «seguire la "cinesi" della vita del giovane finché raggiungesse la vera, oggettiva contemplazione». Dedalus è la dimostrazione della raggiunta indifferenza di

[55] B. SEWARD, The Artist and the Rose, in Joyce's Portrait: Criticism and Critiques, cit., pp. 167-180.

[56] E. M. WAITH, The Calling of Stephen Dedalus, in Joyce's Portrait: Criticism and Critiques, cit., pp. 114-123.

[57] M. BEEBE, Joyce and Aquinas, The Theory of Aestetics, in Joyce's Portrait: Criticism and Critiques, cit., pp. 272-289.

[58] G. H. REDFORD, The Role of Structure in Joyce's « Portrait », in Joyce's Portrait: Criticism and Critiques, cit., pp. 102-114.

[59] W. T. NOON, Joyce and Aquinas, New Haven, 1957.

[60] W. C. BOOTH, The Problem of Distance in « A Portrait... », in AA. VV., Twentieth Century Interpretations, cit.

Joyce alla propria « cinesi »; « Il *Portrait* [...] è un'opera d'arte
che è ad un tempo una favola rappresentativa, una storia morale e (attraverso queste) una sorta di dimostrazione del suo
stesso significato come opera d'arte ».[61] Per UMBERTO ECO *Dedalus* è il nucleo primo dell'elaborazione della poetica di Joyce.[62] Per PETER MANSO l'epifania è « di secondaria importanza
rispetto al principio del ritmo indicato [in *Stephen Hero*] come
norma ideale di stile. Il ritmo è un mezzo per risolvere il
dualismo tra soggetto e oggetto ».[63]

MARIO PRAZ sottolinea l'aspetto medioevale dell'opera:
« Joyce, grande ammiratore della *Divina Commedia*, dà
nel *Ritratto* un'opera poliedrica assai men lontana dalla
Commedia di quel che non siano tante opere italiane mo-
derne... Il *Ritratto*, piú che un dramma è un soliloquio,
è un *organum* con una gerarchia di valori umani, ciascuno adeguatamente rappresentato, ciascuno al suo posto » e la centralità del tema del peccato: « È il mito del
peccato d'Adamo che rifermenta nella torbida psiche di
Stephen Dedalus adolescente ».[64]

Per JOHN GROSS il passaggio da *Stephen Hero* al *Portrait* implica un'intensificazione di tono e un paradosso:
« il piú arrogante dei due libri è anche artisticamente il
piú distaccato ». Ma l'arroganza e la presunzione del personaggio, per quanto odiose, sono necessarie a definirlo.
Non per questo Stephen è meno eroe.[65] Per E. L. EPSTEIN
il tema della rivolta è quello centrale ma solo in quanto
collegato a quello della formazione dell'artista. Nel tentativo di raggiungere l'indipendenza l'artista deve sfuggire
alla repressione del padre e dell'ambiente. Ci sono nel-
l'opera delle opposizioni (maschio-femmina, luce-ombra,
freddo-caldo, storia-arte) che paiono preannunciare *Finnegans
Wake*. Per H.O. BROWN « Il movimento del libro è basato
sull'incontro con l'alterità che distrugge l'ordine all'interno
dell'io ed è descritto in quei passi che riguardano l'uscita dell'a-

[61] S. L. GOLDBERG, *James Joyce*, cit., pp. 47-67.
[62] U. ECO, *Le poetiche di Joyce*, cit.
[63] P. MANSO, *The Metaphoric Style of Joyce's Portrait*, in « Modern Fiction Studies », XIII, 2, 1962.
[64] M. PRAZ, *Due Maestri dei Moderni: J. Joyce, T. S. Eliot*, Torino, 1967, pp. 29-30.
[65] J. GROSS, *James Joyce*, cit.

nima ad incontrare la realtà [...]. La fine del *Portrait* non è, naturalmente, l'anticipazione di un fallimento. Il romanzo finisce su una nota alta con il votarsi di Stephen all'arte e la sua accettazione dell'esilio. Questo non cambierà in *Ulisse*, dove Stephen si muove verso nuovi livelli di comprensione ».[66] Per H.P. SUCKSMITH « Stephen [...] incarna sia Dedalo sia Icaro e porta in sé il fato potenziale di entrambi ». Nella ragazza osservata da Stephen sulla spiaggia, uccello d'acqua e uccello d'aria, Sucksmith vede « l'unione dei due maggiori grappoli di immagini simboliche ». La crescita, che è « il tema base e la struttura del romanzo, è anche riflessa nel linguaggio che si muove dall'infantile alla forma dell'adolescenza [...]. L'uomo che affronta l'avventura intima di se stesso è veramente romantico, veramente eroico ».[67] A. BURGESS nota nella pluralità degli stili adottati in *Dedalus* « il bisogno di trovare i toni, il ritmo e il lessico appropriati al giovane eroe in ogni stadio della sua crescita ».[68] Un'attenta opera di annotazione è quella di H. BLAMIRES (1984), mentre W. THORNTON identifica in *Portrait* il « miglior esempio » e « l'archetipo » del *Bildungsroman* e ne accentua i tratti « antimodernistici » nel considerarlo una denuncia delle « insufficienze » del modernismo.

Ulisse

La pubblicazione a puntate sulla « Little Review » (oltreché la circolazione privata dei manoscritti) suscitò i primi commenti. Da segnalarsi fra tutti quello di W. B. YEATS in una lettera a John Quinn: « Penso che sia un uomo di grande valore e la sua nuova narrativa nella "Little Review" promette di diventare la cosa migliore che abbia fatto. È una cosa del tutto nuova – non è né quello che l'occhio vede né quello che l'orecchio sente, ma quello che la mente divagante pensa e immagina di momento in momento. Ha certamente sorpassato per intensità qualsiasi romanziere del nostro tempo ».[69]

La campagna per la raccolta dei fondi per la pubblicazione fu sapientemente diretta e orchestrata e culminò nella

[66] H. O. BROWN, *James Joyce's Early Fiction: The Biography of a Form*, cit.

[67] H. P. SUCKSMITH, *James Joyce. « A Portrait of the Artist as a Young Man »*, Londra, 1973.

[68] A. BURGESS, *Joysprick*, cit.

[69] *James Joyce: The Critical Heritage*, cit., p. 172.

conferenza tenuta il 7 dicembre 1921 da Valery Larbaud
alla Maison des Amis des Livres di Adrienne Monnier:
essa conteneva un esame dell'intera opera con particolare
attenzione per *Ulisse*, che veniva definito « un organismo »,
benché composto di « diciotto parti » ognuna delle quali
differiva « da tutte le altre per forma e linguaggio ».
L'intento di Joyce era di « mostrare l'uomo morale, intellettuale e fisico nella sua interezza e per far questo egli
fu costretto a trovare un posto, nella sfera morale, per
l'istinto sessuale e per le sue varie manifestazioni e perver-
sioni; e, nella sfera fisiologica, per gli organi della riproduzione e per le loro funzioni ».[70] Nella difesa strenua
della moralità intima del libro c'è ancora l'eco della conclusione sfavorevole del processo tenutosi in America.[71]

Dopo la pubblicazione le recensioni segnarono un certo
grado di disorientamento. Veniva soprattutto rimproverata
a Joyce la mancanza di uno schema, il disordine apparente del libro, la mancanza di buon gusto nella scelta
dei temi, l'intenzione di prendere in giro il lettore. La
recensione di SISLEY HUDDLESTON sull'influente « Obser-
ver » fu la prima favorevole; Joyce veniva dichiarato un
genio, benché la sua opera fosse destinata a rimanere « un
cibo troppo raffinato per i piú ». Per il critico non c'è
dubbio che si tratti di un libro osceno, ma, aggiunge,
come si può mostrare quello che è la vita se non si inserisce l'oscenità? ».[72] EZRA POUND istituisce un paragone
tra Flaubert e Joyce; lo schema omerico « È un mezzo
per disciplinare la forma. Il libro ha piú forma di quelli
di Flaubert ». Chiamato a definire il genere di *Ulisse* sostiene: « Il romanzo appartiene a una larga classe di romanzi in forma di sonata, vale a dire nella forma: tema,
controtema, ricapitolazione, sviluppo, finale. E nella sud-
divisione: romanzo di padre e figlio ».[73] (La definizione
verrà poi analizzata in seguito da ROBERT BOYLE, nel-

---

[70] *James Joyce: The Critical Heritage*, cit., pp. 261-62.
[71] In Italia S. BENCO sosteneva l'unitarietà del libro e il suo carattere non pornografico in due articoli: *Un illustre scrittore a Trieste*,
in « Humana », VI, luglio 1918; *L'« Ulisse » di James Joyce*, in « La
Nazione », 2 aprile 1922.
[72] *James Joyce: The Critical Heritage*, cit., pp. 213-14.
[73] Ibi, pp. 263-265.

l'articolo *Ulysses as Frustrated Sonata Form* in « James Joyce Quarterly », 2, 4, 1965). L'accento, oltreché sul rapporto padre-figlio, è anche posto sul carattere realistico del romanzo e sulla sua capacità di tener desta l'attenzione del lettore. L'articolo di T. S. ELIOT uscí solo nel novembre 1923, sul « Dial ». In contrasto con Pound, sostenne che il romanzo era mitico, e che « se non è un romanzo questo è semplicemente perché il romanzo è una forma che non servirà piú: [...] servendosi del mito, operando un continuo parallelo tra contemporaneità e antichità, Joyce persegue un metodo che altri dovranno seguire ». Questo sarà un passo verso il « rendere il mondo moderno possibile per l'arte ».[74]

GERTRUDE STEIN, pur riconoscendo che « Joyce *ha* fatto qualcosa » sostiene che « la sua influenza è [...] locale » e che comunque il suo romanzo sperimentale *Three Lives* aveva preceduto *Ulisse* nell'innovazione stilistica essendo stato scritto nel 1908.[75] Il commento di EDMUND GOSSE, in una lettera a Louis Gillet, è un violento attacco a Joyce e alla « impudenza dei suoi scritti ». La notorietà del romanziere « è in parte politica, e in parte un appello del tutto cinico alla pura indecenza »: Joyce « è un ciarlatano letterario di infimo ordine [...] Una specie di Marchese De Sade, ma non scrive altrettanto bene ». L'interpretazione in chiave antinglese e filotedesca (!) della sua posizione politica è particolarmente curiosa. Il commento di GEORGE MOORE fu altrettanto sprezzante: « questa non è arte. È come cercare di copiare l'elenco telefonico ».

Per WYNDHAM LEWIS *Ulisse* era una gran massa caotica e miasmatica: l'artista evadeva dal presente per celebrare il passato. E. M. FORSTER sostiene che Joyce « cerca di esplorare la vita attraverso il corpo »[76] e che « attraverso una mitologia, Joyce è stato capace di creare il particolare palcoscenico e i personaggi di cui aveva bisogno ». ERNST R. CURTIUS, in una recensione alla traduzione tedesca (la prima), sottolinea che l'aspetto scatologico non deriva a Joyce dai naturalisti francesi ma piuttosto dalla

[74] Ibi, pp. 268-71.
[75] Ibi, p. 283.
[76] E. M. FORSTER, *Aspects of the Novel*, Londra (1927), 1962, p. 126.

sua educazione gesuitica.[77] Sempre nel 1928 CAROLA GIE-
DION-WELCKER scrive un lungo articolo che puntualizza
l'argomento di *Ulisse*, che è per lei: « la nostra esistenza
quotidiana » e un tema fondamentale per l'epica e il romanzo, « il vagabondare », e un problema, quello dei rapporti padre-figlio. Sotto diversi paragrafi vengono discussi
la tecnica del frammento, la tipizzazione, la psicologia,
le categorie dello spazio e del tempo, il movimento, il
futurismo.[78]

Ma la fama di Joyce continuò ad espandersi soprattutto
ad opera dei critici francesi. Nel febbraio 1929 comparve
la traduzione francese, con un sottotitolo molto elaborato
che tradiva le difficoltà affrontate, nonostante l'assistenza
fornita da Joyce stesso: « Traduit de l'Anglais par M. Auguste Morel assisté par M. Stuart Gilbert. Traduction
entièrement revue par M. Valery Larbaud avec la colla-
boration de l'auteur ».

Nel 1930, il libro di STUART GILBERT, *James Joyce's
« Ulysses »: A Study*, inaugurando la serie delle guide
alla lettura dell'opera, proponeva di fatto l'interpretazione
di Joyce e di *Ulisse* come un classico. L'attenzione portata
all'impalcatura omerica e al sistema delle corrispondenze
prestò il fianco all'obiezione, opposta a quella generalmente mossa fino ad allora, che il libro fosse troppo rigidamente e meccanicamente strutturato. Oltre alle corrispondenze omeriche venivano analizzati anche i simboli,
le arti, i colori e le parti del corpo distintive di ciascun
capitolo. Nel 1931 EDMUND WILSON, benché scarsamente
interessato agli aspetti stilistici, dà un'intelligente valutazione critica dei personaggi e della struttura simbolica,
negando che il libro si possa leggere soltanto come una
tranche de vie naturalistica. « Lo scenario realistico si di-
storce bizzarramente fino a dissolversi e siamo sbalorditi
dall'introduzione di voci che non sembrano appartenere
né all'autore né ai personaggi. Joyce, qui sta il punto, ha
cercato di fare di ogni suo episodio un organismo indipendente in cui si fondessero armoniosamente i diversi
temi tipici di ciascuno: i pensieri dei personaggi, il luogo
in cui si trovano, l'atmosfera che li circonda, il senti-

---

[77] *James Joyce: The Critical Heritage*, cit, pp. 447-451.
[78] Ibi, pp. 437-443.

mento dell'ora. »[79] Tuttavia, sostiene il critico, « È difficile non concludere che Joyce ha elaborato eccessiva-
mente l'*Ulisse*, ha cercato di caricarlo di troppi significati »; e per dimostrarlo cita il dialogo di « Itaca » « opaco
e impersonale » come esempio di una caduta di tono: « cen-
tosessantun pagine piú o meno volontariamente tediose
sono un peso morto troppo ingombrante anche per gli
audaci voli delle altre centonovantanove ».

Un segno di quanto fosse ancora controversa la valutazione dell'opera e ancora sostanzialmente moralistica viene
fornito dalla conversazione radiofonica di HAROLD NICOL-
SON nel 1931, che fu autorizzata solo a patto che non si
menzionasse *Ulisse*.[80]

JOSEPH WARREN BEACH esamina nel suo *The Twentieth
Century Novel* (1932) le modificazioni prodotte da *Ulisse*
sul genere del romanzo. Nel 1934 il libro di FRANK BUD-
GEN, *James Joyce and the Making of « Ulysses »*, sostan-
zierà di materiale vivo la descrizione del processo di
composizione del libro. (Nel 1960 uscí un'edizione riveduta.)

Negli anni 1933-1934 si segnala tutta una serie di articoli di critici marxisti, primo fra tutti D. P. MIRSKY
che, cercando di stabilire se Joyce sia un autore rivoluzionario, sostiene: « La risposta è che il suo metodo è
troppo inseparabilmente legato alla fase specificamente
decadente della cultura borghese che riflette, è troppo angustamente confinato nei suoi limiti ». C'è realismo « ma
ha radici da una parte in un morboso e disfattistico com-
piacimento in ciò che è brutto e repellente, e d'altra parte
in un desiderio estetico-possessivo del possesso delle "cose" ». Il realismo sovietico mira invece « non meramente
a capire ma anche a cambiare la realtà della storia ».[81]
Sullo stesso piano la critica di KARL RADEK a cui ri-
spose nel 1936 JAMES T. FARRELL sostenendo che Radek, ad esempio, accusa Joyce di « non aver scritto quello
che, retroattivamente, avrebbe desiderato che scrivesse »
e che Radek trascura la portata del rifiuto dei due « back-

---

[79] E. WILSON, *Axel's Castle*, New York, 1931 (tr. it., Milano,
1965, pp. 172-209).
[80] *James Joyce: The Critical Heritage*, cit., p. 560.
[81] Ibi, pp. 589-92.

grounds » ideologici e sociologici identificati rispettivamente con il nazionalismo irlandese e con la Chiesa cattolica.[82] La discussione continuò con l'articolo di R. Mil-
ler-Budnitskaya, che prendeva in considerazione anche
Work in Progress.[83] L. A. G. Strong sostiene che *Ulisse* « è
un grande romanzo cattolico »; lo sforzo di Joyce di comprendere nel libro « tutta la vita » è « anche uno sforzo
religioso ».[84]

Gli interventi di David Daiches, in *New Literary Va-
lues* (1936) e in *The Novel and the Modern World* (1939),
mentre sottolineano il carattere rivoluzionario delle tecniche di presentazione del personaggio e del trattamento
delle categorie di spazio e tempo, denunciano anche con
tono allarmato il « nuovo e pericoloso trattamento » del
linguaggio come *medium*, che sposta in alcuni momenti
l'accento dal carattere di « brillante documentario » che
l'opera è per il critico, al carattere di « struttura puramente
verbale » come viene definita *La veglia di Finnegan*.[85] Benché l'interesse per *Ulisse* fosse in parte oscurato dal piú
impegnativo *Finnegans Wake*, molti critici continuarono
ad occuparsene negli anni trenta e quaranta.

Edwin Muir in *The Present Age* (1939), pur ammet-
tendo la difficoltà di interpretazione e di valutazione complessiva dell'opera, ne sottolineava come elementi positivi
l'uso delle libere associazioni verbali, quello del mito e
della leggenda come mezzo di evidenziazione del presente.
Harry Levin sostiene che avendo l'autore « abbandonato
ogni pretesa di aderire al punto di vista di personaggi ben
definiti » non ci si deve stupire delle « digressioni shan-
dyane » e « delle esuberanze linguistiche » e aggiunge: « Se
il *pastiche* che costituisce l'episodio dell'ospedale deve avere una giustificazione, noi dobbiamo considerarlo come
parte integrante dell'*Ulisse*. Esso offre a Joyce una buona
occasione per i suoi virtuosismi tecnici e gli consente ancora una volta di mettere a contrasto i luoghi comuni di
oggi con gli splendori del passato. Egli afferra con piacere

[82] Ibi, pp. 643-45.
[83] Ibi, pp. 654-58.
[84] L. A. G. Strong, *James Joyce and the New Fiction*, 1935, in
James Joyce: The Critical Heritage, cit., pp. 636-37.
[85] D. Daiches, *The Novel and the Modern World*, Chicago, edizione riveduta, 1960, pp. 83-138.

l'occasione per giocare ancora con le parole. E tuttavia si rifiuta di giocare al fedele imitatore. Avendo asservito Omero e Shakespeare ai suoi scopi, non si sforza di sottomettersi alle regole degli scrittori minori, ma piuttosto cerca di estendere le proprie ».[86] Cosí come RICHARD KAIN in *Fabulous Voyager: James Joyce's « Ulysses »* (1947), Levin non si pronuncia sul significato della riunione di Stephen e Bloom alla fine del romanzo. PHILIP TOYNBEE ricollegandosi all'argomentazione di Levin afferma che « Il problema stilistico fu risolto in questo modo. Stili diversi venivano suddivisi tra i diversi passi in stretta dipendenza dalla loro importanza e non per il loro valore astratto » e obietta alla distinzione di E. Wilson tra parti brillanti e parti opache del libro (rispettivamente, « Circe » e « Penelope », e « Eumeo » e « Itaca »): « la sola distinzione logica che può essere fatta è tra la scena del bordello e le altre tre sezioni ».[87] E aggiunge: « In altre parole, mi è difficile trovare una qualsiasi giustificazione logica per lodare il soliloquio di Molly e condannare le due sezioni che lo precedono [...] Penso che scarsa distinzione può essere fatta tra le ultime tre sezioni, poiché in tutte Joyce applica la stessa teoria con ugual determinazione. Penso che il piú notevole *tour de force* (ed è in gran parte in questi termini che siamo costretti a giudicare) sono le cinquanta pagine di *anticlimax* dedicate alla mescita ». D. S. SAVAGE riprende il giudizio moralistico di W. Lewis sostenendo che *Ulisse* è « la registrazione della rinunzia al senso attraverso l'abbandono della verità. Il significato implica selettività, discriminazione, che a loro volta dipendono da un iniziale atto di fede. Con l'abbandono della fede la discriminazione è resa impossibile e ne consegue l'arrendersi all'indifferenziato flusso dell'essere: è quello che è presentato in *Ulisse* ».[88]

W. EMPSON nell'analizzare il tema del ricongiungimento padre-figlio nota la difficoltà di arrivare a una conclusione: « La difficoltà di *Ulisse* [...] è che, mentre la maggior

[86] H. LEVIN, *James Joyce: a Critical Introduction*, cit., p. 95 (tr. it., pp. 114-115).
[87] PH. TOYNBEE, *A Study of « Ulysses »*, in AA. VV., *Two Decades of Criticism*, cit., a cura di S. Givens.
[88] D. S. SAVAGE, *The Withered Branch*, Londra, 1950, p. 158.

parte dei romanzi vi dice quello che l'autore si aspetta che
sentiate, questo non soltanto rifiuta di dirvi la fine della
storia, ma rifiuta anche di dirvi quella che l'autore pensa
avrebbe potuto essere una buona conclusione della storia ».[89] Per W. T. Noon che esamina il peso della tradizione
cattolica in *Ulisse*, Joyce non è né nichilista né lassista:
« *Ulisse* come costruzione simbolica dello spirito tenta di
mostrare quello che succede ai costumi quando queste radici dello spirito sono appassite ».[90] Per W. M. Schutte,
analogamente, benché Joyce rappresenti sia Bloom sia Stephen come personaggi intimamente « divisi », e l'uno, per
compensazione, interamente dedito alle cose materiali, l'altro all'arte, « per l'umanità *Ulisse* sembra offrire qualche
speranza di redenzione dalla sterilità del presente ».[91]

S. L. Goldberg, dopo un'analisi dei principi estetici di
Joyce (e delle modificazioni che subiscono attraverso il trattamento di Stephen in *Dedalus*) sostiene che « sia Edmund
Wilson sia Tindall hanno ragione di suggerire che la composizione di *Ulisse* è proprio l'evento al quale tende l'incontro di Bloom e di Stephen », ma, data l'incoscienza dei
personaggi, questo significato dell'opera è più enunciato che
attuato o incarnato in essi: « Possiamo solo insistere che
l'arte "afferma" o "accetta" la vita in modi più difficili, e
quindi più importanti di questo ».[92] L'assenza di « fatti »
a consolidare gli *excursus* fantastici o intellettuali di certi
episodi (« Nausicaa » o « Le mandrie del Sole », ad esempio), servono a Goldberg per accusare Joyce di cerebralità,
almeno per alcuni passi: « L'unico tema che mi sembra
del tutto compiuto, solido e ricco in *Ulisse* (benché sia
accompagnato da altre imperfezioni) è la vitalità dello spirito per la quale sia i cittadini sia l'artista, a seconda del
grado con cui la posseggono, sono ugualmente giustificati ».
A. Walton Litz nel 1961 analizza la genesi del libro attraverso il confronto dei manoscritti delle varie stesure e dei

[89] W. Empson, *The Theme of « Ulysses »*, « Kenyon Review »,
1956, p. 137.

[90] W. T. Noon, *Joyce and Aquinas*, cit., p. 104.

[91] W. M. Schutte, *Joyce and Shakespeare: A Study in the Meaning of « Ulysses »*, New Haven, 1957, p. 148.

[92] S. L. Goldberg, *The Classical Temper*, Londra, 1961, p. 29 e
p. 314.

metodi di composizione corrispondenti alle varie fasi; esaminando il problema del valore dello schema omerico sostiene che « sarebbe un grave errore fondare qualsiasi interpretazione di *Ulisse* sullo schema di Joyce, piuttosto che sulle azioni umane di Stephen, e Molly e Leopold Bloom ».[93] STANLEY SULTAN, partendo dall'esame dell'azione e del carattere dei personaggi, nota una pausa del testo alla sua metà esatta, nell'episodio « Le simplegadi » che divide il libro in due parti speculari: la prima, dove i personaggi sembrano sempre piú allontanarsi da una soluzione positiva della loro vicenda e la seconda, dove la loro vicenda sembra avviarsi ad una soluzione positiva (la risoluzione del problema matrimoniale di Bloom e la sottomissione di Stephen alla vita e a Dio). La ricerca della soluzione positiva del libro pare viziata da un atteggiamento fortemente moralistico (come ad esempio il presupposto che la masturbazione di Bloom in « Nausicaa » rappresenti il punto piú basso della sua degradazione morale): « [Bloom] è depresso, rassegnato e spiritualmente distrutto ».[94] HARRY BLAMIRES incorpora, nel suo riassunto analitico dei vari episodi (in *The Bloomsday Book*, 1966), parecchi spunti critici. ANTHONY CRONIN afferma che « la grandezza di *Ulisse* è in parte tecnica » ma che è soprattutto compito del critico « interpretare l'opera nello spirito in cui è scritta » per questo « non si può sillogisticamente provare che il tono del libro è quello che Joyce chiamò "il tono classico della mia arte", vale a dire un atto di accettazione e di *pietas*. Ci si può soltanto appellare alla risposta del lettore al suo dirompente *humour*, al suo ardore creativo, alla sua abilità di conciliare lo spirito ».[95] CLIVE HART offre, con il suo agile e ben strutturato libro (*James Joyce's « Ulysses »*, 1968), un quadro completo dei temi, dei contenuti e delle posizioni critiche sul libro.

Nel 1968 la comparsa ad opera di WELDON THORNTON dell'elenco ragionato delle *Allusions in Ulysses*, ordinato secondo gli episodi, rappresentò un importante contributo

[93] A. W. LITZ, *The Art of James Joyce*, Londra, 1964, p. 39.
[94] S. SULTAN, *The Argument of Ulysses*, Columbus, 1964, p. 264.
[95] A. CRONIN, *A Question of Modernity*, Londra, 1966, pp. 86-96.

e un sussidio per la lettura e l'interpretazione non solo a livello specialistico.

Per JOHN GROSS, poiché nell'ultimo capitolo Joyce « stava tentando l'impossibile, cercando di combinare il ritratto naturalistico di una donna con i tratti allegorici di una dea », fece bene ad abbandonare qualsiasi pretesa naturalistica in *Finnegans Wake*.[96] La problematica del linguaggio e della natura della letteratura (in particolare della narrativa) orienta il monumentale libro di HÉLÈNE CIXOUS che considera tutta l'opera di Joyce. MICHEL BEAUSANG scrive nel 1972 il piú importante contributo alla interpretazione della struttura simbolica e mitica, dimostrando come essa, lungi dall'essere astratta e totalizzante, concili il dato realistico.[97] Un'interpretazione totale dell'opera è quella di RICHARD ELLMANN. Dopo un'analisi estremamente accurata dei singoli capitoli, che vede succedersi a gruppi di tre secondo lo schema tesi-antitesi e sintesi (per lo piú rappresentato dalla successione spazio-tempo e sintesi delle due categorie), nel capitolo dedicato a « Penelope » Ellmann sostiene che « la grande potenzialità umana è la sostanziazione, non la transustanziazione o la subsustanziazione. È questa qualità che ha anche l'artista, in quanto produce personaggi viventi, non eterei o meno che umani. È sangue umano, non divino. La mestruazione è Prometeica ». E prosegue, affermando che l'artista è Molly: « Non Stephen, quindi – benché egli abbia definito l'elemento eucaristico nell'arte – ma Molly ricrea il paradiso e Bloom, che precedentemente aveva evocato la stessa scena, è suo marito nell'arte come nella legge ». « Cosí la pervasiva fisicità di *Ulisse* va con la sua spiritualità. L'identità dell'uomo archetipo, il cui corpo l'intero libro tratteggia, non è mai data; non può essere Bloom poiché il libro è piú vasto di lui, deve includere Molly e Stephen, una trinità e un'unità ».[98] MARYLIN FRENCH costruisce tutto il suo importante libro sull'esame dello stile adottato: « Solo incentrandoci sullo stile i principi strutturali fondamentali di *Ulisse* possono essere rivelati » e si impegna in

---

[96] J. GROSS, *James Joyce*, cit., p. 70.
[97] M. BEAUSANG, *Seeds for The Planting of Bloom*, « Mosaic », VI, 1, 1972.
[98] R. ELLMANN, *Ulysses on the Liffey*, Londra, 1972, pp. 171-175.

una lettura « capitolo per capitolo » tenendo conto, oltre allo stile, del tono e del punto di vista della narrazione. Sulla stessa linea, ma con maggiore attenzione alla retorica, sono i volumi di K. LAWRENCE (1981) e di THOMAS (1982).

Per J. H. MADDOX « in tutto *Ulisse* Joyce è interessato a ritrarre la personalità come fondata su intime contraddizioni » e tutto il libro risulterebbe costruito su un vasto numero di antinomie irresolvibili (ordine e flusso, Stephen e Bloom, tomismo e cartesianesimo ecc.) configurandosi come romanzo eminentemente dialettico.

H. KENNER studia, nella raccolta di saggi che costituisce sia il volume *Joyce's Voices* sia il suo naturale complemento *Ulysses*, le tecniche di presentazione usate da Joyce per i vari personaggi e per l'attribuzione delle varie « voci ». In particolare il libro risulterebbe diviso in due parti dal capitolo *Le rocce erranti*, a causa di una diversa funzione direttiva e coercitiva che avrebbe lo schema omerico adottato nei confronti dell'azione del romanzo. Kenner ribadisce la qualità di « libro aperto », polisignificante che *Ulysse* possiede. E. B. GOSE insiste sul processo di trasformazione e metamorfosi continua in opera nel libro inteso a collegare il livello comune e il livello cosmico e lo considera primariamente fondato sulla conoscenza da parte di Joyce dell'opera di Bruno e di Freud, senza i quali, sostiene, non c'è comprensione del libro. Il concetto di « sintassi » utilizzato da R. K. GOTTFRIED nel suo *The Art of Joyce's Syntax in Ulysses* è tanto vasto da identificarsi con il concetto di stile. P.P.J. VAN CASPEL, nell'esaminare in una serie di saggi la seconda parte di *Ulisse*, adotta un metodo comparativo dei commenti e delle traduzioni esistenti sui vari capitoli considerati, in modo da entrare meglio nel testo, come il sottotitolo « Eisegetical readings » suggerisce.

La pubblicazione dei *Notesheets* del British Museum, ad opera di PHILLIP F. HERRING, nel 1972, di una serie di saggi di diversi autori su tutti gli episodi di *Ulisse*, coordinati da CLIVE HART, nel 1973 e delle *Notes* a cura di GIFFORD e SEIDMAN (1974) pone i presupposti per la critica testuale di VAN CASPEL (1980), SCHUTTE (1982) anche sui singoli capitoli (MADTES, JANUSKO). La pubblicazione del nuovo testo di *Ulysses*, corretto secondo le indicazioni di HANS WALTER GABLER (1984) e che si propone come testo definitivo, ha dato nuovo vigore alla critica testuale.

La veglia di Finnegan

A conclusione di un lungo *excursus* su tutta la critica joyciana, ROBERT H. DEMING afferma: « Le opere giovanili sono trascurate, mentre *Finnegans Wake* è diventata una volta di piú un giocattolo creativo per studiosi. Pare che gli studiosi, ovviamente con eccezioni, continueranno ad evitare il lavoro di interpretazione e di investigazione che il libro richiede »[99] e invita ad accogliere e ad utilizzare l'esortazione di Elizabeth Bowen di « spogliare Joyce dalle esagerazioni di uno sciocco culto intellettuale » come pure dalle semplicistiche interpretazioni realistiche della critica e del pubblico irlandese.

Le reazioni ostili all'opera cominciarono fin dalla sua pubblicazione a puntate su riviste; a formulare i giudizi negativi concorrono anche parenti (Stanislaus) e amici (la Weaver e Pound). Joyce stesso fornisce, in una lettera alla Weaver, un burlesco riassunto delle opinioni della stampa:

> « Mio padre: temo che sia uscito di cervello... Mio fratello Stanislao: A che cosa miri? A rendere la lingua inglese del tutto incomprensibile. Bolscevismo letterario. Troppo slegato per i miei gusti... E. P. [Ezra Pound]: F. M. F. [Ford Madox Ford]: E. W. [Ernest Walsh]: Nessun cenno... [Sisley] Huddleston: Perché lo stampatore inglese non vorrebbe stamparlo? ».[100]

La critica violentemente denigratoria di Stanislaus « Tu hai cominciato queste balordaggini nell'episodio di Holles Street in *Ulysses*... La prima puntata... possiede qualche segno che la indica come l'inizio di qualcosa, è nebulosa, caotica, ma contiene qualche elemento positivo. Questo è assolutamente tutto quello che posso tirarne fuori. Ma è indicibilmente noiosa... » prelude a futuri accoglimenti favorevoli dell'opera quando accenna all'esistenza di un « piano ». « Non ho alcun dubbio sul fatto che tu abbia chiaro un tuo piano, probabilmente un piano grande come quello di *Ulysses*. Non ho alcun dubbio... che molta gente molto piú competente di me fra quella che hai intorno ti parli su un tono molto differente. In ogni caso io mi rifiuto

---

[99] R. H. DEMING, in *James Joyce: The Critical Heritage*, cit., p. 30.
[100] *Letters of James Joyce*, I, p. 235.

di lasciarmi coinvolgere nella folle danza di un derviscio culturale.»[101] La Weaver dapprima cautamente invocò l'aiuto di un glossario: « il peggio è che senza una chiave generale e un glossario del tipo che Lei molto gentilmente compone per me, il povero infelice lettore perde una gran parte di quello che Lei intende dire »[102] per arrivare a un giudizio piú severo « Mi sembra che Lei butti via il Suo genio »[103] mentre Pound dice chiaramente che non vede la ragione di perdere tempo nella lettura di un'opera di cui non capisce niente « Senza dubbio ci sono anime pazienti, che saranno disposte a districarsi in qualsiasi cosa per amore del possibile scherzo... ma... non possedendo il minimo indizio se l'intento dell'autore sia quello di divertire o di istruire... ».[104] Wyndham Lewis scriveva in un articolo del gennaio 1927 poi ampliato e incluso in *Time and the Western Man* l'attacco piú feroce a tutta l'opera di Joyce con particolare attenzione a *Ulisse*, che definiva « materiale bruto non organizzato », « un'immensa *nature-morte* », « la cloaca di un Passato di venti anni prima » e a *Work in Progress* che peraltro non nomina, ma che chiama « la raccolta di materiale per un nuovo libro », scritto con « una frenesia che parodizza gli elisabettiani » e in cui Joyce « è caduto da una parte in un pesante gioco letterario e dall'altra in un gioco infantile alla Stein ».[105] Joyce si difese dalle accuse di essere uno scrittore pernicioso scrivendo l'apologo « The Ondt and the Gracehoper » (libero rifacimento de « La cicala e la formica ») e includendolo nella *Veglia*.

Degli articoli pionieristici apparsi in *Our Exagmination* i piú interessanti sono quello di STUART GILBERT che, oltre a sottolineare l'aspetto solido e compatto del linguaggio joyciano fornisce pure un utile glossario, e soprattutto quello di SAMUEL BECKETT che oltre a segnalare l'incidenza del Vico e di Bruno sull'opera, ne indica la sua qualità di struttura multidimensionale e autonoma: « Mi si opporrà

[101] Ibi, III, pp. 102-3.
[102] R. ELLMANN, *James Joyce*, cit., p. 596.
[103] *Letters of James Joyce*, III, p. 154, nota 2.
[104] Ibi, III, pp. 145-46.
[105] *James Joyce: The Critical Heritage*, cit., p. 359 e segg.

che "questa roba non è scritta in inglese". Non è scritta
affatto: non è fatta per essere letta. Bisogna guardarla,
ascoltarla: la scrittura di Joyce non è un componimento
su qualcosa: *è quel qualcosa*».[106]

Al di fuori del gruppo parigino di amici, facente capo
alla rivista «transition», EDMUND WILSON fu il primo a
fare un serio sforzo di comprensione dell'opera in un articolo dedicato a Joyce incluso in *Axel's Castle: A Study
in the Imaginative Literature of 1870-1930* (1931) dove
pone l'accento sui temi della notte e del subcosciente, sui
problemi del linguaggio per cui Joyce «si è servito delle
ricerche freudiane sui principi del linguaggio che gli uomini
effettivamente parlano in sogno» e osserva inoltre, cercando di sdrammatizzare l'argomento, che «le qualità che abbiamo notato in *Ulisse* appaiono intensificate. L'azione è
anche piú povera che nel romanzo precedente. Joyce muove da alcuni temi definiti, ognuno dei quali avrà evidentemente il proprio sviluppo nel corso dell'opera, ma a prezzo
di un'estrema lentezza».[107] L'uso rassicurante del termine
«romanzo» non venne ripetuto da E. Wilson in un suo
articolo successivo *The Dream of Earwicker* del luglio
1939, poi incluso con revisioni in *The Wound and the Bow*
dove si parla di *Finnegans Wake* come «the book» e dove
si cerca di precisare, purtroppo con risultati discutibili che
influenzeranno i critici futuri condizionandoli, qual è la
notte del sogno (indicata come Sabato notte, mentre la
critica piú recente ha ritenuto che dall'ora di chiusura si
debba intendere che è Venerdí notte) e chi sogna tutta
l'opera (l'attribuzione è a Earwicker, che però non cade
addormentato fino al libro III), ma dove si trovano inoltre
molte utili osservazioni come quelle sulla mancanza in
La veglia di «qualsiasi *climax* di esaltazione paragonabile
sia alla scena in cui Stephen Dedalus si rende conto della
sua vocazione d'artista sia al grande "sí" di Molly Bloom»
e sull'«impulso, in assenza di potenza drammatica, a produrre una solennità epica moltiplicando e complicando i

[106] *Our Exagmination...*, New York, 1962 (trad. it. *Introduzione
a Finnegans Wake*, 1964, pp. 9-26).
[107] E. WILSON, *Axel's Castle*, cit. (tr. it. cit., p. 206).

dettagli ».[108] HARRY LEVIN, autore di una delle poche recensioni al libro (nel 1939) che Joyce apprezzò e che fu successivamente inclusa, modificata e ampliata, nel fondamentale: *James Joyce: A Critical Introduction* (1941 e 1960) sostiene che il libro aveva un piano che poteva essere ricostruito e descritto con l'analisi dei particolari e confutava le opinioni espresse in precedenti recensioni che lo stile del libro fosse soltanto « una successione di incrostazioni » e sostenendo che era al contrario « il cuore della questione ».[109] Nel rimaneggiamento in volume la dicotomia stile/immaginazione è il perno per la comprensione del conflitto dialettico tra ordine e libertà. L'illustrazione del metodo sincretico joyciano passa attraverso l'esame delle fonti e degli ascendenti (Vico, Dante, Bruno, Swift, Sterne, Rabelais) e nella valutazione del rapporto naturalismo/simbolismo il Levin colloca il simbolismo in primo piano. Nel giudizio sul linguaggio Levin oppone felicemente lo « stream of consciousness » di *Ulisse* allo « stream of unconsciousness di *Finnegans Wake*. Lo scoppio della prima guerra mondiale distolse, come Joyce temeva, l'attenzione dal libro e segnò la fine di un primo periodo della critica. Il secondo periodo, secondo la divisione proposta da C. HART,[110] va dal 1939 circa al 1955 circa, anno della pubblicazione del primo lavoro propriamente analitico e fattuale di ADALINE GLASHEEN, *A Census of Finnegans Wake*. Domina il periodo il libro di CAMPBELL e ROBINSON *A Skeleton Key to Finnegans Wake* (1944), che si propone appunto di dare una versione semplificata, una vera e propria « traduzione » commentata dell'opera. Gli errori di interpretazione nella « traduzione » che presuppone un metodo rigorosamente razionale, tendente a eliminare dall'opera quanto viene gratuitamente considerato accessorio, sono parecchi e gravi. Ma è soprattutto il discorso critico che è gravemente fuorviante poiché l'attenzione è tutta concentrata sul « contenuto » dell'opera, sul suo aspetto mitico e teologico, legato

---

[108] E. WILSON, *The Wound and the Bow*, New York, 1952, pagine 218-43.

[109] *James Joyce: A Critical Introduction*, cit., p. 696.

[110] AA. VV., *James Joyce Today*, cit., a cura di Th. F. Staley (tr. it. cit., pp. 145-177).

a un linguaggio incantato e ritualistico, senza considerare
in nessun momento il significato dell'opera. Anche il libro
del TINDALL, *James Joyce: His Way of Interpreting the
Modern World* (1950) si occupa dei valori simbolici e mito-
logici senza passare attraverso un esame degli aspetti particolari. Il partito dei denigratori di *Finnegans Wake* in
questo periodo è rappresentato da un articolo di RICHARD
V. CHASE, *Finnegans Wake: An Anthropological Study*
(1944)[111] in cui si afferma che il libro non merita attenzione
perché inutile e futile gioco di parole, pedantesco e irre-
sponsabile, non un romanzo ma letteratura di « *coterie* »;
e da PHILIP TOYNBEE, in un articolo dedicato a *Ulysses*
(1948)[112] in cui definisce *La veglia* « una brillante mo-
struosità » e Joyce piú un « linguista creativo » che un
romanziere.

Sui particolari del testo, come si è detto, è incentrato
il libro della Glasheen, che elenca i personaggi in ordine
alfabetico, fornendo per ognuno i dati storici di commento
e un elenco dei modi in cui viene designato o si allude
nell'opera al personaggio. Nella seconda edizione (1963)
l'autrice premette un riassunto dell'opera che contiene alcune intelligenti osservazioni; che il libro riguardi sopra-
tutto « il destino del Padre » identificato con l'artista che
a sua volta « democraticamente » si identifica con tutta
la razza umana. Come nota C. Hart, nell'articolo citato,
la Glasheen esprime però anche il convincimento scarsamente motivato che *La veglia* sia soprattutto legata a
Shakespeare. PATRICIA HUTCHINS considera *La veglia* una
« confessione » e l'accosta a varie altre famose « confessioni » della letteratura e in particolare a quelle di San-
t'Agostino e di Rousseau.[113] Al problema del cattolicesimo
e dell'universalità della *Veglia* dedicano varie parti i libri
di WILLIAM T. NOON, *Joyce and Aquinas*, 1957, di KEVIN
SULLIVAN, *Joyce among the Jesuits*, 1958 e di J. MITCHELL

[111] In « American Scholar », XIII (1944).

[112] *A Study of James Joyce's « Ulysses »* in AA. VV., *James Joyce:
Two Decades of Criticism*, a cura di Seon Givens, New York, 1948
(1963).

[113] P. HUTCHINS, *James Joyce's World*, Londra, 1957 (tr. it. *Il
Mondo di James Joyce*, Milano, 1960).

MORSE, *The Sympathetic Alien*, 1959 che intende non in termini di rigida contrapposizione ma di amalgama e di fusione i rapporti Shem/Shaun e dei loro corrispondenti biblici Giacobbe e Esaú, evitando una lettura semplicistica delle simpatie e antipatie di Joyce per il cattolicesimo irlandese. L'articolo di RUTH VON PHUL *Who Sleeps at « Finnegans Wake »?*, 1957, è il primo trattamento estensivo di un problema che era stato dato per risolto dalla critica: chi sia il Sognatore della *Veglia*; molto persuasivamente l'articolo mostra che non può essere Earwicker (per quanto l'interpretazione sia stata riproposta da Nathan Halper)[114] anche se i suoi suggerimenti per un altro possibile Sognatore (Jerry) non paiono convincenti. Per NORTHROP FRYE *La veglia* aggiunge una « quinta forma quintessenziale [alle quattro precedentemente considerate in *Ulisse*]... tradizionalmente associate con le Scritture e i libri sacri »[115] ipotesi suffragata dal confronto con altri testi di autori irlandesi da H. HOWARTH, *The Irish Writers, 1880-1940*, Londra 1958. J. S. ATHERTON continua il filone inaugurato dalla Glasheen di critica puntuale e di reperimenti di fonti, con particolare attenzione alle circostanze in cui l'opera fu composta e alle sue caratteristiche, prima fra tutte « la coscienza di se stessa come "lavoro in corso" ».[116] Il tema dell'identificazione di creazione e peccato è esaminato con particolare cura e originalità. L'ampia appendice dedicata alle « allusioni letterarie » è estremamente utile. Nell'introduzione a *Scribbledehobble* THOMAS E. CONNOLLY pone l'accento sui caratteri architettonici dell'opera affermando che « non è scritta ma costruita ». Il rifiuto dell'opera da parte di S. L. GOLDBERG,[117] per il quale essa non « è degna di esegesi particolareggiata » scritta com'è « in ogni possibile lingua » e solo episodicamente godibile per il suo *humour*, incarnazione del « desiderio di morte dell'arte » e linguaggio dissociato come la realtà, è molto vicino a

---

[114] *The Date of Earwicker's Dream*, in AA. VV., *Twelve and a Tilly*, a cura di Dalton e Hart, Londra, 1966, p. 72 e segg.

[115] N. FRYE, *Anatomy of Criticism*, Princeton, 1957, p. 314.

[116] J. S. ATHERTON, *The Books at the Wake*, New York, 1960, p. 59.

[117] S. L. GOLDBERG, *James Joyce*, New York, 1963, p. 105 e segg.

quello di ARNOLD KETTLE[118] che, pur considerando *La ve-glia* il capolavoro di Joyce, ne sottolinea il carattere di gioco gratuito, l'ambiguità: « le ambiguità sono il libro stes-so » e lo considera « qualcosa di inumano ». A. WALTON LITZ oltre a sottolineare la sostanziale comprensibilità del-l'opera è particolarmente attento a coglierne insieme gli aspetti visivi e quelli fonici, quelli pittorici e quelli musi-cali, la natura consecutiva e lineare del linguaggio. Muove però la stessa critica di Goldberg sostenendo che Joyce « riesce ad animare dei passi, ma non l'intera opera » e che l'opera è il « culmine di due generazioni di esperimenti simbolisti ».[119] ROBERT M. ADAMS, pur riconoscendo la fun-zione positiva dell'opera che « rese impossibile scrivere al-trettanto male quanto era abitudine scrivere prima », pone l'accento sui caratteri prestigiatori che ne fanno un'« invo-luta decorazione », un « intricato arabesco » e propone di considerare l'opera « come unità-stranezze linguistiche, vi-sione del mondo, principi strutturali tutto insieme ». Joyce è pienamente cosciente che « il linguaggio stesso è *ver-moulu*; i pozzi del pensiero e del sentimento sono stati in-quinati ». « L'arte del Joyce tardo consiste nell'ottenere un effetto di spumeggiante gaiezza, di *vaudeville* verbale, dalla desolazione di questo paesaggio. »[120] CLIVE HART scrive nel 1962 quello che è tuttora il contributo più importante per l'interpretazione dell'intera struttura dell'opera: l'impalca-tura è semplice, in contrasto con la superficie caotica e com-plessa, e determinata da molteplici influenze (non solo Vico, ma le *Upanisad*, Mme Blavatsky, Yeats). Fondamentale è l'analisi dei quattro livelli del sogno e della qualità « cine-matografica » del loro incastro che giustificano una defini-zione di Joyce come « sistematore » di materiali più che non « creatore ». I diversi materiali dell'opera vengono da Joyce riorganizzati mediante *Leitmotive* e corrispondenze, secondo principi musicali e ritmici. La definizione del con-

[118] *The Consistency of James Joyce*, in *The Pelican Guide to En-glish Literature. The Modern Age*, Londra, 1961, pp. 301-314.
[119] A. W. LITZ, *The Art of James Joyce*, cit.
[120] R. M. ADAMS, *The Bent Knife Blade: Joyce in the 1960's*, « Par-tizan Review », 1962. Ripubblicata in AA. VV., *Joyce*, a cura di W. M. Chace, Englewood Cliffs, 1974.

cetto di « relatività », di spazio e tempo conducono alla constatazione che « una conseguenza della simultaneità cosmica è la potenziale immanenza dell'eternità in qualsiasi punto del tempo, e quindi i germi di ogni parte di storia possono essere presenti in ogni "evento" ».[121] L'opera, universo compiuto e concluso, è fondamentalmente una « tragicommedia ». BERNARD BENSTOCK, autore del libro interamente dedicato a La veglia, mette in guardia contro i pericoli della eccessiva semplificazione nell'interpretazione dei valori singoli e contrapposti dei personaggi (Shem e Shaun, ad esempio); ribadisce la matrice laica del pensiero joyciano, che incorpora, nella concezione della storia ciclica di Vico, anche principi marxisti. « La religione è sostituita nell'uomo dall'incubo della storia. »[122] L'uso del comico rende La veglia interpretabile come « la parodia di una parodia », unito al contenuto estremamente serio e tragico dell'opera, la rende definibile come un'epica comica in prosa come il Joseph Andrews di Fielding. La veglia è l'« opera culminante che incarna i vari aspetti del romanzo contemporaneo ».

In tempi piú recenti, nel 1969, M. C. SOLOMON, ha ribadito l'uso del concetto di relatività e della quarta dimensione, sostenendo che Joyce « gioca con simboli e numeri mistici per dimostrare che quello che sembra saldo è instabile ». Se La veglia è « una grossa e oscena burla è la burla dell'universo ».[123] JOHN GROSS[124] sottolinea la qualità di « convenzione letteraria altamente artificiale » del sogno, ma riporta a un atteggiamento infantile il giocare con le parole da parte di Joyce. A conclusione di un lungo esame dei metodi e dei principi di composizione Gross sostiene: « La veglia mi pare uno straordinario fallimento, l'aberrazione di un grande uomo ». ANTHONY BURGESS,[125] che ha tentato di dare una versione ridotta de La veglia fornendo dei riassunti come anelli di congiunzione tra i vari passi,

[121] C. HART, Structure and Motif in Finnegans Wake, cit., p. 77.
[122] B. BENSTOCK, Joyce-Again's Wake, Seattle and London, 1965.
[123] M. C. SOLOMON, Eternal Geomater: The Sexual Universe of « Finnegans Wake », Carbondale, 1969.
[124] J. GROSS, James Joyce, cit.
[125] A. BURGESS, Joysprick, cit.

ha recentemente ribadito, analizzando il linguaggio del-
l'opera, che si tratta di Inglese-Irlandese e che presenta
dei problemi piuttosto referenziali che non semantici; ha
inoltre efficacemente notato la quasi totale sostituzione del-
l'oscenità con le citazioni blasfeme e l'intensificazione del
patetico particolarmente nel monologo finale di Anna
Livia.

JOHN GARVIN nota come l'enorme massa di materiale ricavato dalla storia, dalla letteratura e dal mito irlandese venga
oscurata dall'intento di « configurare Joyce stesso, la sua famiglia, la città di Dublino e il fiume Liffey, come un'epitome della
vita umana e come la successione delle generazioni dal Paleoli-
tico al megapolitano ».[126] Nel mettere a confronto le versioni
italiane (di Joyce con Nino Frank), francesi (di Beckett con
l'approvazione di Joyce) e inglesi (di C.K. Ogden in Basic
English) nel volume *Anna Livia Plurabelle di James Joyce nella
traduzione di Samuel Beckett e altri*, Torino, Einaudi 1996,
UMBERTO ECO e ROSA MARIA BOSINELLI BOLLETTIERI sottolineano l'aspetto di ricreazione libera del testo originario in una
inventività che si appropria di tutto (le liste adattate dei nomi di
fiumi) e lo traduce in linguaggio. L'impossibilità di arrivare a
proporre un'interpretazione totalizzante senza affrontare i problemi di minuta decodificazione del testo ha prodotto, negli
ultimi anni, una serie di diffuse note al testo, dal *Third Census*
della Glasheen, al *Gazetteer* di Louis O. Mink, alle *Annotations*
(che peraltro facevano seguito al già denso *The Sigla of Finnegans Wake*) di Roland McHugh.

Ai problemi specifici e concreti di *La veglia* è dedicata
una rivista iniziata nel marzo 1962: «A Wake Newslitter»,
che ha avuto termine nel 1980. Ad essa ha fatto seguito
un'altra iniziativa: la « Finnegans Wake Circular » (1985).
Ai problemi testuali sono dedicati: FRED H. HIGGINSON,
Anna Livia Plurabelle: The Making of a Chapter, Minneapolis, University of Minnesota Press, 1960 e D. HAYMAN, *A
First Draft Version of Finnegans Wake*, Austin, University
of Texas Press, 1963. Al reperimento di parole e elementi
di varie lingue sono dedicati vari libri ed articoli. Per ci-
tarne alcuni: D. B. CHRISTIANI, *Scandinavian Elements in*

---

[126] JOHN GARVIN, *James Joyce's Disunited Kingdom and the Irish
Dimension*, Dublino e New York, 1976, p. 232.

Finnegans Wake, Evanston, Northwestern University Press, 1965; B. O HEHIR, *Gaelic Lexicon for Finnegans Wake*, Berkeley and Los Angeles, University of California Press, 1967; HELMUT BONHEIM, *A Lexicon of the German in Finnegans Wake*, München, Max Hueber Verlag, 1967; B. O HEHIR e JOHN M. DILLON, *A Classical Lexicon for « Finnegans Wake »: A Glossary of the Greek and Latin in the Major Works of Joyce*, 1977; LEO KNUTH ha pubblicato elementi di lessico dell'olandese tra il 1968 e il 1971 su « A Wake Newslitter » e « James Joyce Quarterly »; ad esso si è anche dedicato GEERT LERNOUT in « James Joyce Quarterly », 1986. JACQUES AUBERT ha pubblicato un articolo sull'elemento francese in « James Joyce Quarterly », 1968; un articolo sull'elemento italiano in riferimento al I libro è stato pubblicato da ROSA MARIA BOSINELLI, in « A Wake Newslitter », aprile 1976; sulla stessa rivista, nell'agosto 1978, è stato pubblicato un glossario dell'italiano per il libro II, 1 da Luigi Schenoni, che è anche autore della traduzione in italiano, nonché delle appendici, di alcuni brani di *Finnegans Wake H.C.E.* (1982). Allo stesso volume è premessa la vasta e stimolante introduzione di G. Melchiori. La traduzione francese dell'intera opera, fatta con l'ausilio di un computer da PHILIPPE LAVERGNE (1982), per il suo aspetto di eccessiva semplificazione ha sollevato non poche obiezioni e polemiche. JOHN BISHOP sottolinea l'oscurità del libro e il suo concentrarsi sull'esperienza della notte, del sonno, dell'inconscio, della morte partendo dall'affermazione di Joyce di aver scritto « un libro sulla notte ».

Parlando del futuro della critica joyciana su *Finnegans Wake* J. MITCHELL MORSE conclude un suo articolo affermando che « certamente dovrà essere un'impresa collettiva. Nella lettura di *Finnegans Wake* ciascuno insegna a ciascun altro ».[127] Non possiamo che convenire.

---

[127] J. M. MORSE, *On Teaching Finnegans Wake*, in *Twelve and a Tilly*, cit., pp. 65-71.

V

NOTA BIBLIOGRAFICA

Opere di James Joyce e edizioni italiane

Stephen Hero, a cura di T. Spencer, Londra, Jonathan Cape, 1944 e New York, New Directions; con aggiunte, New York, New Directions, 1963; ed. it. *Stefano eroe*, tr. di Carlo Linati, Milano, Mondadori, 1950 e, con l'aggiunta di alcuni frammenti tradotti da Giorgio Monicelli, nel vol.II di *Tutte le opere di James Joyce*, Milano, Mondadori, 1963; con l'aggiunta di altri frammenti e con l'inversione dell'ordine di inserimento, *Le gesta di Stephen*, tr. di Giorgio Melchiori, nel vol. II di *Tutte le opere di James Joyce, Racconti e romanzi*, Milano, Mondadori, 1974; *Le gesta di Stephen (Stephen Hero)*, con in appendice il *Ritratto dell'artista*, tr. di Giorgio Melchiori e con una postfazione dello stesso Melchiori, Milano, I libri della Medusa, Mondadori, 1980.

Chamber Music, Londra, Elkin Mathews, 1907; a cura di W.Y. Tindall, New York, Columbia University Press, 1954; ed. it *Musica da camera*, tr. Marco Lombardi, Venezia, Edizioni del Cavallino, 1943 e, con una notizia bibliografica, Milano, Scheiwiller, 1961; tr. di Alfredo Giuliani, in *Poesie*, Milano, Mondadori, 1961.

Dubliners, Londra, Grant Richards, 1914; New York, Huebsch, 1916; a cura di R. Scholes, New York, Viking Press, 1967; a cura di R. Scholes e A. Walton Litz, New York, Viking Press, 1969; ed. it. *Gente di Dublino*, tr. di Franca Cancogni, Torino, Einaudi, 1949, ristampato nel vol. II di *Tutte le opere di James Joyce, Racconti e romanzi*, Milano, Mondadori, 1963 e 1974; *Dublinesi*, tr. di Margherita Gherardi Minoja, Milano, Rizzoli, 1961; *Gente di Dublino*, tr. di Maria Pia Balboni, Milano, Fabbri, 1970; tr. di Marina Emo Capodilista, Roma, Newton Compton, 1974.

A Portrait of the Artist as a Young Man, New York, Huebsch, 1916; Londra, The Egoist Press, 1917; a cura di Chester G. Anderson e R. Ellmann, New York, Viking Press, 1964; a cura di Chester G. Anderson, New York, 1968 (con note e l'aggiunta del bozzetto autobiografico *A Portrait of the Artist*, 1904); ed. it. *Dedalus*, tr. di C. Pavese, Torino, Frassinelli, 1933, 1942 e 1960; nel vol. II di *Tutte le opere di James Joyce, Racconti e romanzi*, Milano, Mondadori, 1963 e 1974; Oscar Mondadori, 1970; tr. di Marina Emo Capodilista, Roma, Newton Compton, 1973.

Exiles, Londra, Grant Richards, 1918; ed. it. *Esuli*, tr. di C. Linati ne « Il Convegno », I, 3, 4, 5, aprile, maggio, giugno 1920; a cura di G. Debenedetti, Milano, Il Saggiatore., 1961; *Esuli*, a cura di M. d'Amico, Pordenone, Studio Tesi, 1982.

Ulisses, Parigi, Shakespeare and Company, 1922 e 1924; Parigi, Amburgo, Bologna, The Odyssey Press, 1932; Londra, The Bodley Head, 1936 e 1960, 1964; New York, New Random House, 1961; Harmondsworth, Penguin Books, 1968; New York, Garland Edition, a cura di Gabler, 1984; Londra, Penguin, 1986 e 1992 con nuova prefazione; ed. it. *Ulisse*, tr. di Giulio de Angelis, con la consulenza di Glauco Cambon, Carlo Izzo, Giorgio Melchiori, Milano, Mondadori (Medusa), 1960; Milano, Mondadori (I Meridiani), 1971 e 1975; Oscar Mondadori, 1973; « *Ulisse* »: *Telemachia. Episodi I-III*, a cura di G. Melchiori, note di C. Bigazzi, C. de Petris e M. Melchiori, Milano, Mondadori, 1985.

Pomes Penyeach, Parigi, Shakespeare and Company, 1927; Londra, Faber & Faber, 1932.

Collected Poems, New York, Black Sun Press, 1936; ed. it. *Poesie*, tr. di A. Giuliani, J. Rodolfo Wilcock, A Rossi ed E. Sanguineti, Milano, Mondadori, 1961.

Finnegans Wake, Londra, Faber & Faber e New York, Viking Press, 1939; tr. di James Joyce, Nino Frank ed Ettore Settanni di *Anna Livia Plurabella* in « Prospettive », IV, 2, febbraio 1940; tr. di James Joyce, Nino Frank ed Ettore Settanni de *I fiumi scorrono*, in « Prospettive », IV, 11-12, dicembre 1940; entrambi ristampati in *James Joyce e la prima versione italiana del Finnegan's Wake*, a cura di E. Settanni, Venezia, Edizioni del Cavallino, 1955, entrambi ristampati nella versione originale di N. Frank e J. Joyce, in *Scritti Italiani*, a cura di G. Corsini e G. Melchiori, con la collaborazione di L. Berrone, N. Frank e J. Risset, pp. 216-31. *Finnegans Wake H.C.E.*, traduzione ed appendici di Luigi Schenoni, introduzione di G. Melchiori, bibliografia di Rosa Maria Bosinelli.

Epiphanies, a cura di O.A. Silverman, Buffalo, Lockwood Memorial Library, 1956; con altri diciotto passi in R. Scholes e R. Kain, *The Workshop of Daedalus*, Evanston, Ill., Southern Illinois University Press, 1965; ed. it. *Epifanie*, presentate in un nuovo ordine e con in appendice una *Rubrica* (1909-1912), Milano, Mondadori, 1982.

The Critical Writings, a cura di E. Mason e R. Ellmann, Londra, Faber & Faber e New York, Viking Press, 1959.

Letters of James Joyce, vol. I, a cura di Stuart Gilbert, Londra, Faber & Faber e New York, Viking Press, 1957, vol. II e III a cura di R. Ellmann, Londra, Faber & Faber e New York, Viking Press, 1959; ed. it. *Lettere* a cura di Giorgio Melchiori, con tr. di Giuliano Melchiori e R. Oliva, Milano, Mondadori, 1974. *Selected Joyce Letters*, a cura di R. Ellmann, New York, 1975; in parte tradotte in « L'Espresso » XXII, 3, 18 gennaio 1976.

Giacomo Joyce, a cura di R. Ellmann, Londra, Faber & Faber e New York, Viking Press 1968; ed. it. tr. da F. Binni, Milano, Mondadori, 1968.

Scritti italiani, a cura di G. Corsini e G. Melchiori, con la collaborazione di Louis Berrone, Nino Frank e Jacqueline Risset, Milano, Mondadori, 1979.

Poesie e prose, a cura di F. Ruggieri, Milano, Mondadori, 1992.

ALTRE FONTI DI MATERIALE

Anna Livia Plurabelle: The Making of a Chapter, a cura di F.H. Higginson, Minneapolis, University of Minnesota Press, 1960.
Scribbledehobble, a cura di T.E. Connolly, Buffalo e New York, Northwestern University Press, 1961.
A First Draft Version of Finnegans Wake, a cura di D. Hayman, Londra, Faber & Faber, 1967.
Joyce's Ulysses Notesheets in the British Museum, a cura di P.F. Herring, Charlottesville, University Press of Virginia, 1972.
L. BERRONE, *James Joyce in Padua*, New York, Random House 1977.
M. GRODEN, *Ulysses in Progress*, Princeton, Princeton University Press, 1977.
The James Joyce Archive, a cura di M. Groden, H.W. Gabler, D. Hayman, A. Walton Litz e D. Rose, New York, Garland Publishing, 1978.

BIBLIOGRAFIA DELLA CRITICA

1. *Opere bibliografiche*

AA. VV., *James Joyce. Two Decades of Criticism*, a cura di Seon Givens Vanguard Press, 1963.
R.H. DEMING, *A Bibliography of James Joyce Studies*, University of Kansas, 1964; seconda ed. riveduta e ampliata, Boston, G.K. Hall, 1977.
AA. VV., *James Joyce: The Critical Heritage*, a cura di R.H. Deming, Londra, Routledge, 1970.

2. *Opere biografiche e documentarie*

H. GORMAN, *James Joyce*, New York, Farrar & Rinehart, 1939.

M. COLUM-P. COLUM, *Our Friend James Joyce*, New York, Doubleday, 1958.

L. GILLET, *Claybook for James Joyce*, New York, Abelard Schuman, 1958; con prefazione di Leon Edel e un articolo di André Gide (ediz. originale francese: *Stèle pour James Joyce*, Marsiglia, Sagittaire, 1941).

S. JOYCE, *My Brother's Keeper: James Joyce's Early Years*, New York, Viking Press, 1958.

K. SULLIVAN, *Joyce among the Jesuits*, New York, Columbia U.P., 1958.

S. BEACH, *Shakespeare and Company*, New York, Harcourt Brace, 1959 (trad. it. Milano, Rizzoli, 1962).

R. ELLMANN, *James Joyce*, New York, Oxford U.P., 1959 (trad. it. Milano, Feltrinelli, 1964).

G. FREUND-V.B. CARLETON, *James Joyce in Paris: His Final Years*, New York, Harcourt Brace Jovanovich, 1965.

C.G. ANDERSON, *James Joyce and His World*, Londra, Thames and Hudson, 1967.

J. MERCANTON, *Les Heures de James Joyce*, Losanna, Editions de l'âge de l'homme, 1967.

C.P. CURRAN, *James Joyce Remembered*, Londra, Oxford U.P., 1968.

F.R. PACI, *Vita e opere di James Joyce*, Bari, Laterza, 1968.

C. PEARL, *Dublin in Bloomtime: The City James Joyce Knew*, Londra, Angus & Robertson, 1969.

F. BUDGEN, *My Selves When Young*, New York, Oxford U.P., 1970.

J. LIDDERDALE-M. NICHOLSON, *Dear Miss Weaver*, New York, Viking Press, 1970.

A. POWER, *Conversations with James Joyce*, Dublino e New York, Barnes & Noble, 1974 (trad. it. e prefazione di F. Ruggieri, Roma, Editori Riuniti, 1980, seconda edizione riveduta e corretta, 1983).

AA. VV., *Portraits of the Artist in Exille: Recollections of James Joyce by Europeans*, a cura di W. Potts, Seattle, University of Washington Press, 1979.

P. COSTELLO, *James Joyce*, Dublino, Gill and Macmillan, 1980.

D. PIERCE, *James Joyce's Ireland*, New Haven e Londra, Yale U.P. 1992.

3. *Opere di carattere generale*

H. LEVIN, *James Joyce: A Critical Introduction*, Norfolk, New Directions Books, 1941; ed. riveduta e ampliata 1960 (trad. it. *James Joyce. Introduzione Critica*, Milano, Mondadori, 1967 e riveduta 1972).

P. HUTCHINS, *James Joyce's World*, Londra, Methuen, 1957 (trad. it. *Il Mondo di James Joyce*, Milano, Lerici, 1960).

W.Y. TINDALL, *James Joyce, His Way of Interpreting the Modern World*, New York, Scribner's, 1950 (trad. it. *James Joyce*, Milano, Bompiani, 1960).

M. MAGALANER-R.M. KAIN, *Joyce: the Man, the Work, the Reputation*, New York, New York U.P., 1956.

J. PARIS, *James Joyce par lui-même*, Parigi, Editions du Seuil, 1957 (trad. it. *James Joyce*, Milano, Il Saggiatore, 1966).

J.I.M. STEWART, *James Joyce*, The British Council, 1957 (trad. it. *James Joyce*, Milano, Mursia, 1963).

J.M. MORSE, *The Sympathetic Alien: James Joyce and Catholicism*, New York, New York U.P., 1959.

W.Y. TINDALL, *A Reader's Guide to James Joyce*, Londra, Thames & Hudson, 1959.

S.L. GOLDBERG, *James Joyce*, Edimburgo, Oliver & Boyd, 1962 (ed. americana, New York, Grove Press, 1963).

J.I.M. STEWART, *Eight Modern Writers*, Oxford, Clarendon Press, 1963.

A. BURGESS, *Re Joyce*, New York, Norton, 1965 (ed. inglese *Here Comes Everybody*, Londra, Faber & Faber, 1965).

A. CRONIN, *A Question of Modernity, Essays on Writing with Special Reference to James Joyce and Samuel Beckett*, Londra, Secker & Warburg, 1966.

U. ECO, *Le poetiche di Joyce*, Milano, Bompiani, 1966.

H. KENNER, *Dublin's Joyce*, Bloomington, Indiana U.P., 1966.

A.W. LITZ, *James Joyce*, New York, Twayne Publishers, 1966.

R. ELLMANN, *Eminent Domain*, New York, Oxford University Press, 1967.

M. PRAZ, *Due Maestri dei moderni: James Joyce, T.S. Eliot*, Torino, Edizioni Radio Italiana, 1967.

AA. VV., *A Bash in the Tunnel. James Joyce by the Irish*, a cura di JOHN RYAN, Brighton, Clifton Books, 1970.

J. GROSS, *James Joyce*, New York, Viking Press, 1970.

AA. VV., *New Light on Joyce from the Dublin Symposium*, a cura di F. Senn, Bloomington e Londra, Indiana University Press, 1972.

AA. VV., *Atti del Third International James Joyce Symposium: Trieste 14-18 giugno 1971*, Trieste, Università degli Studi, 1974.

ZACK BOWEN, *Musical Allusions in the Works of James Joyce: Early Poetry through Ulysses*, Albany, State University of New York Press, 1974.

G. CIANCI, *La fortuna di Joyce in Italia*, Bari, Adriatica, 1974.

D. MCMILLAN, *Transition: The History of a Literary Era. 1927-1938*, Londra, Calder & Boyars, 1975 e New York, G. Braziller, 1976.

J. GARVIN, *James Joyce's Disunited Kingdom and the Irish Dimension*, Dublino, Gill and Macmillan; New York, Barnes & Noble, 1976.

L. KNUTH, *The Wink of the Word: A Study of Joyce's Phatic Communication*, Amsterdam, Rodopi, 1976.

B. BENSTOCK, *James Joyce: The Undiscovered Country*, Dublino, Gill and Macmillan, 1977.

R. ELLMANN, *The Consciousness of Joyce*, Londra, Faber & Faber, 1977.

C.H. Peake, *James Joyce*: *The Citizen and the Artist*, Londra, Arnold, 1977.

R. Boyle, *James Joyce's Pauline Vision*: *A Catholic Exposition*, Carbondale, Southern Illinois University Press, 1978.

M.J.C. Hodgart, *James Joyce*: *A Student's Guide*, Londra, Routledge, 1978.

AA. VV., *Joyce and Paris 1902... 1920-1940... 1975*: *Papers from the Fifth International James Joyce Symposium*. Paris 16-20 june 1975, a cura di J. Aubert e M. Jolas, Paris, Publications de l'Université de Lille, 1979.

C. MacCabe, *James Joyce and the Revolution of the Word*, Londra, Macmillan, 1979.

Shari Benstock-Bernard Benstock, *Who's He When He's at Home*: *A James Joyce Directory*, Urbana, University of Illinois Press, 1980.

S.R. Brivic, *Joyce between Freud and Jung*, Port Washington e Londra, Kennikat Press, 1980.

D. Manganiello, *Joyce's Politics*, Londra, Routledge, 1980.

S. Bolt, *A Preface to James Joyce*, Londra, Longman, 1981.

J.I. Cope, *Joyce's Cities*, Baltimora, The Johns Hopkins University Press, 1981.

M.T. Reynolds, *Joyce and Dante*: *the Shaping Imagination*, Princeton, Princeton University Press, 1981.

AA. VV., *A Starchamber Quiry*: *A James Joyce Centennial Volume 1882-1982*, a cura di E.L. Epstein, New York e Londra, Methuen, 1982.

AA. VV., *The Seventh of Joyce*: *Panel Papers from the James Joyce Symposium in Zurich*, a cura di B. Benstock, Bloomington, Indiana University Press, 1982.

« Comparative Literature Studies, Special James Joyce Centennial Issue », a cura di B. Benstock, Evanston, University of Illinois Press, 19, 2, estate 1982.

AA. VV., *James Joyce*: *An International Perspective*, a cura di S.B. Bushrui e B. Benstock, Gerrards Cross, Bucks., Colin Smythe, 1982.

AA. VV., *James Joyce and Modern Literature*, a cura di W.J. McCormack e A. Stead, Londra, Routledge & Kegan Paul, 1982.

S. Henke e E. Unkeless, *Women in Joyce*, Urbana, University of Illinois Press, 1982.

AA. VV., *Work in Progress*: *James Joyce Centenary Essays*, a cura di R.F. Peterson, A.M. Cohn e E.L. Epstein, Carbondale e Edwardsville, Southern Illinois University Press, 1983.

J.P. Riquelme, *Teller and Tale in Joyce's Fiction*: *Oscillating Perspectives*, Baltimore, The Johns Hopkins University Press, 1983.

D.A. White, *The Grand Continuum. Reflections on Joyce and metaphysics*, Pittsburgh, University of Pittsburgh Press, 1983.

AA. VV., *Joyce in Rome*, a cura di G. Melchiori, Roma, Bulzoni editore, 1984.

AA. VV., *Poststructuralist Joyce*, a cura di D. Attridge e D. Ferrer, Cambridge, Cambridge University Press, 1984.

Z. BOWEN e J.F. CARENS, *A Companion to Joyce's Studies*, Westport e Londra, Greenwood Press, 1984.

P. PARRINDER, *James Joyce*, Cambridge, Cambridge University Press, 1984.

J.M. RABATÉ, *Portrait de l'auteur en autre lecteur*, Bruxelles, Cistre, 1984.

B. SCOTT, *Joyce and Feminism*, Bloomington, Indiana University Press, 1984.

F. SENN, *Joyce's Dislocations: Essays on Reading as Translation*, Baltimore, The Johns Hopkins University Press, 1984.

AA. VV., *Genèse et Métamorphoses du texte Joycien*, a cura di C. Jacquet, Parigi, Publications de la Sorbonne, 1985.

AA. VV., *Genèse de Babel. Joyce et la Création*, a cura di C. Jacquet, Editions du CNRS, 1985.

B. BENSTOCK, *James Joyce*, New York, Frederick Ungar Publishing Company, 1985.

R. BROWN, *James Joyce and Sexuality*, Cambridge, Cambridge University Press, 1985.

AA. VV., *International Perspectives on James Joyce*, a cura di G. Gaiser, Troy, New York, The Whitson Publishing Company, 1986.

AA. VV., *Myriadminded Man: Jottings on Joyce*, a cura di R.M. Bosinelli, P. Pugliatti e R. Zacchi, Bologna, Editrice CLUEB, 1986.

C. HERR, *Joyce's Anatomy of Culture*, University of Illinois Press, 1986.

AA. VV., *Vico and Joyce*, a cura di D. Verene, Albany, State University of New York Press, 1987.

P.F. HERRING, *Joyce's Uncertainty Principle*, Princeton, Princeton University Press, 1987.

B. KIME SCOTT, *James Joyce*, Brighton, Harvester Press, 1987.

S. SULTAN, *Eliot, Joyce and Company*, Oxford, 1987.

V. MAHAFFEY, *Reauthorizing Joyce*, Cambridge, Cambridge U.P., 1988.

L. WEIR, *Writing Joyce. A Semiotics of the Joyce System*, Bloomington, Indiana U.P., 1989.

AA. VV., *James Joyce, the Artist and the Labyrinth*, Londra, Ryan, 1990.

D. ATTRIDGE, a cura di, *The Cambridge Companion to James Joyce*, Cambridge, Cambridge U.P., 1990.

G. LERNOUT, *The French Joyce*, Ann Arbor, University of Michigan Press, 1990.

F. RUGGIERI, *Introduzione a Joyce*, Bari, Laterza, 1990.

R.M. BOSINELLI, C. VAN BOHEEMEN e C. MARENGO VAGLIO, *The Languages of Joyce*, Amsterdam, Benjamins, 1991.

A. HEBÉRER (a cura di) *De Joyce à Stoppard*, Lyon, Presses Universitaires de Lyon, 1991.

J.M. RABATÉ, *Authorized Reader*, Baltimora, Johns Hopkins University Press, 1991.

J.M. RABATÉ, *Joyce Upon the Void. The Genesis of Doubt*, Londra, Macmillan, 1991.

R. BROWN, *James Joyce*, Londra, Macmillan, 1992.

J.M. RABATÉ, *James Joyce*, Parigi, Hachette, 1993.

G. MELCHIORI, *Joyce: il mestiere dello scrittore*, Torino, Einaudi, 1994.

C. MARENGO VAGLIO, "James Joyce", in *Storia della Civiltà Letteraria Inglese*, diretta da F. Marenco, Torino, UTET, vol. III.

4. *Sugli « Essays »*

A. LOMBARDO, *Saggi di James Joyce* in *Ritratto di Enobarbo: Saggi sulla Letteratura Inglese*, Pisa, Nistri-Lischi, 1971.

J. AUBERT, *Introduction à l'esthétique de James Joyce*, Parigi, Didier, 1973.

5. *Su « Chamber Music »*

W.Y. TINDALL, introduzione a *Chamber Music*, New York, Columbia U.P., 1954.

A. ROSSI, introduzione a *Poesie di James Joyce*, Milano, Mondadori, 1961 e 1967.

P.A. DOYLE, *A Concordance to the Collected Poems*, Metuchen, Scarecrow Press, 1966.

H. HOWARTH, *« Chamber Music »: His Importance in the Joyce Canon*, in AA. VV., *James Joyce Today*, a cura di TH. F. STALEY, Bloomington, Indiana U.P., 1966 (trad. it. *Il punto su Joyce*, Firenze, Vallecchi, 1973).

F. GOZZI, *La poesia di James Joyce*, Bari, Adriatica, 1974.

6. *Su « Dubliners »*

AA. VV., *James Joyce: Two Decades of Criticism*, a cura di S. GIVENS, New York, Vanguard Press, 1948.

M. MAGALANER, *Time of Apprenticeship*, Londra, Abelard Schuman, 1959.

J.S. ATHERTON, *The Joyce of « Dubliners »*, in AA. VV., *James Joyce Today*, cit.

D. GIFFORD-R. SEIDMAN, *Notes for Joyce: « Dubliners » and « A Portrait »*, New York, Dutton, 1967.

AA. VV., *Twentieth Century Interpretations of « Dubliners »*, a cura di P.K. GARRETT, Englewood Cliffs, Prèntice Hall, 1968.

G. LANE, *A Word Index to James Joyce's Dubliners*, New York, Haskell House, 1968.

AA. VV., *James Joyce's « Dubliners »: A Critical Handbook*, a cura di J.R. BAKER-TH. F. STALEY, Belmont, Wadsworth, 1969.

AA. VV., *James Joyce's Dubliners: Text, Criticism and Notes*, a cura di R. SCHOLES-A.W. LITZ, New York, Viking Press, 1969.

W. BECK, *Joyce's « Dubliners »: Substance, Vision and Art*, Durham, Duke U.P., 1969.

E. BRANDABUR, *A Scrupulous Meanness: A Study of Joyce's Early Work*, Urbana, University of Illinois Press, 1971.

H.O. BROWN, *James Joyce's Early Fiction: The Biography of a Form*, Cleveland and London, The Press of Case Western Reserve University, 1972.

E. San Juan Jr., *James Joyce and the Craft of Fiction. An Interpretation of « Dubliners »*, New Jersey, Fairleigh Dickinson Press, 1972.

AA. VV., *« Dubliners » and « A Portrait of the Artist as a Young Man »: A Casebook*, a cura di M. Beja, Londra, Macmillan, 1973.

N. Halper, *The Early James Joyce*, New York, Columbia U.P., 1973.

R. Ceserani, *Argilla*, Napoli, Guida editori, 1975.

W. Fuger, *Concordance to James Joyce's « Dubliners »*, with a Reverse Index, A Frequency List and a Conversion Table, Berlino e New York, Hildesheim, 1980.

AA. VV., *Studies in the Early Joyce*, « Cahiers Victoriens et Edouardiens », 14, Octobre 1981, Montpellier, Université Paul Valéry.

B. Bidwell e L. Heffer, *The Joycean Way: A Topographic Guide to Dubliners and A Portrait of the Artist as a Young Man*, Dublino, Woolfhound Press, 1982.

P. Rafroidi, *Dubliners*, York Notes, Longman, 1984.

G.M. Leonard, *Reading Dubliners Again*, Syracuse, Syracuse U.P. 1993.

Introduzione e note di C. Marengo Vaglio a James Joyce *The Dead. I morti*, Torino, Einaudi, 1994.

7. Su « Stephen Hero »

E. Wilson, *« Stephen Hero »*, in « New Yorker », 6 gennaio 1945.

T. Spencer, introduzione e note a *Stephen Hero*, New York, New Directions Books, 1955 (in parte tradotto in *Stefano Eroe*, Milano, Mondadori, 1950).

C.G. Anderson, *Word Index to James Joyce's Stephen Hero*, Ridgefield, Ridgebury Press, 1958.

G. Melchiori, Postfazione a *Le gesta di Stephen*, Milano, Mondadori, 1980.

8. Su « Exiles »

P. Colum, introduzione a *Exiles*, New York, Viking Press, 1951.

J. MacNicholas, *James Joyce's « Exiles », A Textual Companion*, New York, Garland, 1979.

S. Evans, *The Penetration of « Exiles »*, Colchester, A Wake Newslitter Press, 1984.

M. Maymone, *Siniscalchi, il silenzio, l'esilio, l'astuzia. "Exiles" di James Joyce* in « Il veltro », 28 (1984).

9. Su « A Portrait of the Artist as a Young Man »

AA. VV., *James Joyce: Two Decades of Criticism*, a cura di S. Givens, 1948, cit.

M. Magalaner-R.M. Kain, *Joyce: the Man, the Work, the Reputation*, 1956, cit.

M. Magalaner, *Time of Apprenticeship*, 1959, cit.

AA. VV., *Joyce's Portrait: Criticism and Critiques*, a cura di Th. E.

CONNOLLY, New York, Appleton-Century Crofts, 1962 (ed. inglese, Londra, Peter Owen, 1964).

AA. VV., *Portraits of an Artist: A Casebook on James Joyce's A Portrait of the Artist as a Young Man*, a cura di W.E. MORRIS-C.A. NAULT JR., New York, Odyssey Press, 1962.

R.S. RYF, *A New Approach to Joyce: the Portrait of the Artist as a Guidebook*, Berkeley-Los Angeles, University of California Press, 1962.

AA. VV., *The Workshop of « Dedalus »: James Joyce and the Raw Materials for « A Portrait of the Artist as a Young Man »*, a cura di R. SCHOLES-R.M. KAIN, Evanston, Northwestern U.P., 1965.

W.T. NOON, *« A Portrait of the Artist as a Young Man »: After Fifty Years*, in *James Joyce Today*, a cura di TH. F. STALEY, 1966, cit.

D. GIFFORD-R. SEIDMAN, *Notes for Joyce: « Dubliners » and « A Portrait »*, 1967, cit.

L. HANCOCK, *Word Index to James Joyce's « Portrait of the Artist »*, Carbondale, Southern Illinois U.P., 1967.

AA. VV., *James Joyce's « A Portrait of the Artist as a Young Man »*, a cura di C.G. ANDERSON, New York, Viking Press, 1968.

AA. VV., *Twentieth Century Interpretations of A Portrait of the Artist as a Young Man*, a cura di W.M. SCHUTTE, Englewood Cliffs, Prentice Hall, 1968.

E. BRANDABUR, *A Scrupulous Meanness: A Study of Joyce's Early Work*, 1971, cit.

M. BEJA, *Epiphany in the Modern Novel*, Lodra, Peter Owen, 1971.

L. EPSTEIN, *The Ordeal of Stephen Dedalus: the Conflict of Generations in James Joyce's « A Portrait of the Artist as a Young Man »*, Londra, Feffer & Simons, 1971.

H.O. BROWN, *James Joyce's Early Fiction: The Biography of a Form*, 1972, cit.

AA. VV., *« Dubliners » and « A Portrait of the Artist as a Young Man »: A Casebook*, a cura di M. BEJA, 1973, cit.

H.P. SUCKSMITH, *James Joyce. « A Portrait of the Artist as a Young Man »*, Londra, Edward Arnold, 1973.

AA. VV., *Approaches to Joyce's « Portrait »*, a cura di TH. F. STALEY e B. BENSTOCK, Pittsburgh, University of Pennsylvania Press, 1976.

H. BLAMIRES, *The Portrait*, York Notes, Longman, 1984.

F. RUGGIERI, *Maschere dell'artista. Il giovane Joyce*, Roma, Bulzoni, 1986.

D.T. TORCHIANO, *Backgrounds for Joyce's Dubliners*, Boston, Londra, Sydney, Alfen e Unwin, 1986.

J.A. BUTTIGREG, *A Portrait of the Artist in Different Perspectives*, Athens (Ohio), Ohio University Press, 1987.

W. THORNTON, *The Antimodernism of Joyce's Portrait of the Artist as a Young Man*, Syracuse, Syracuse U.P., 1994.

10. *Su « Ulysses »*

S. GILBERT, *James Joyce's « Ulysses »: A Study*, Londra, Faber & Faber, 1930.

F. BUDGEN, *James Joyce and the Making of « Ulysses »*, Londra, Grayson, 1934; Bloomington, 1964; Oxford, 1972.

M.L. HANLEY, *Word Index to James Joyce's « Ulysses »*, Madison, University of Wisconsin Press, 1937 (IV ed. 1953).

R. KAIN, *Fabulous Voyager: James Joyce's « Ulysses »*, Chicago, University of Chicago Press, 1947.

AA. VV., *James Joyce: Two Decades of Criticism*, a cura di S. GIVENS, New York, Vanguard Press, 1948.

W.B. STANFORD, *The Ulysses Theme*, Oxford, Basil Blackwell, 1954.

W. SCHUTTE, *Joyce and Shakespeare: A Study in the Meaning of « Ulysses »*, New Haven, Yale U.P., 1957.

G. DE ANGELIS, *Guida alla lettura dell'Ulisse di Joyce*, Milano, Lerici, 1961.

S. L. GOLDBERG, *The Classical Temper*, Londra, Chatto and Windus, 1961.

R.M. ADAMS, *Surface and Symbol: The Consistency of James Joyce's « Ulysses »*, New York, Oxford U.P., 1962.

J. VAN DYCK CARD, *An Anatomy of "Penelope"* (1963), Londra e Toronto, Associated University Press, 1984.

A.W LITZ, *The Art of James Joyce: Method and Design in « Ulysses » and « Finnegans Wake »*, Londra, Oxford University Press, 1964.

S. SULTAN, *The Argument of Ulysses*, Columbus, Ohio State U.P., 1964.

H. BLAMIRES, *The Bloomsday Book: A Guide through Joyce's « Ulysses »*, Londra, Methuen, 1966.

C. HART, *James Joyce's « Ulysses »*, Sydney, Sydney U.P., 1968.

W. THORNTON, *Allusions in Ulysses*, Chapel Hill, University of Carolina Press, 1968.

AA. VV., *Approaches to « Ulysses »: Ten Essays*, a cura di TH. F. STALEY-B. BENSTOCK, Pittsburgh, University of Pensylvania Press, 1970.

D. HAYMAN, *« Ulysses »: The Mechanics of Meaning*, Englewood Cliffs, Prentice Hall, 1970.

AA. VV., *New Light on Joyce from the Dublin Symposium*, a cura di F. SENN, Bloomington, Indiana U. P., 1972.

R. ELLMANN, *Ulysses on the Liffey*, Londra, Faber & Faber, 1972.

J. MASON, *James Joyce: Ulysses*, Londra, Edward Arnold, 1972.

TH. F. STALEY, *« Ulysses » Fifty Years*, Tulsa, University of Tulsa Press, 1972; Bloomington e Londra, Indiana U.P., 1974.

AA. VV., *« Ulysses »: Cinquante Ans Après*, a cura di L. BONNEROT, Parigi, Didier, 1974.

D. GIFFORD-R. G. SEIDMAN, *Notes for Joyce*, New York, Dutton, 1974 (1989).

C. HART-D. HAYMAN, *James Joyce's « Ulysses » Critical Essays*, Berkeley, University of California Press, 1974.

M. SCHECHNER, *Joyce in Nighttown*: *A Psychoanalitic Inquiry into « Ulysses »*, Berkeley, University of California Press, 1974.

C. HART-L. KNUTH, *A Topographical Guide to James Joyce's Ulysses*, Colchester, A Wake Newslitter Press, 1975.

M. FRENCH, *The Book as World: James Joyce's Ulysses*, Cambridge, Mass., Harvard University Press, 1976.

M. SEIDEL, *Epic Geography*: *James Joyce's Ulysses*, Princeton, Princeton University Press, 1976.

M. GRODEN, *Ulysses in Progress*, Princeton, Princeton University Press, 1977.

J.H. RALEIGH, *The Chronicle of Leopold and Molly Bloom*: *Ulysses as Narrative*, Berkeley, University of California Press, 1977.

H. KENNER, *Joyce's Voices*, Londra, Faber & Faber, 1978.

J.H. MADDOX, *Joyce's « Ulysses » and the Assault upon Character*, New Brunswick, Rutgers University Press, 1978.

E.B. GOSE JR., *The Transformation Process in Joyce's Ulysses*, Toronto, University of Toronto Press, 1980.

R.K. GOTTFRIED, *The Art of Joyce's Syntax in Ulysses*, Athens, University of Georgia Press, 1980.

H. KENNER, *Ulysses*, Londra, Allen & Unwin, 1980.

R.E. MADTES, *The « Ithaca » Chapter of Joyce's « Ulysses »*, Ann Arbor, UMI Research Press, 1980.

P.P.J. VAN CASPEL, *Bloomers on the Liffey*, Groningen, University of Groningen Press, 1980 (II ed. The Johns Hopkins University Press, 1982).

F. DELONEY, *James Joyce's Odyssey*: *A Guide to the Dublin of « Ulysses »*, Londra, Hodder & Stoughton, 1981.

K. LAWRENCE, *The Odyssey of Style in Joyce's « Ulysses »*, Princeton, Princeton University Press, 1981.

B. THOMAS, *Joyce's « Ulysses ». A Book of Many Happy Returns*, Baton Rouge, Louisiana State University Press, 1982.

W.M. SHUTTE, *Index of Recurrent Elements in James Joyce's « Ulysses »*, Carbondale, Southern Illinois Press, 1982.

P. GULLI PUGLIATTI e R. ZACCHI, *Terribilia meditans: coerenza e monologo interiore in « Ulysses »*, Bologna, Il Mulino, 1983.

R. JANUSKO, *The Sources and Structures of James Joyce's « Oxen »*, Ann Arbor, UMI Research Press, 1983.

R.W. OWEN, *James Joyce and the Beginnings of « Ulysses »*, Ann Arbor, UMI Research Press, 1983.

AA. VV., *Assessing the 1984 « Ulysses »*, a cura di C.G. Sandulescu e C. Hart, Gerrards Cross, Bucks., Colin Smythe, 1984.

AA. VV., *Joyce in Rome. The Genesis of Ulysses*, a cura di G. Melchiori, Roma, Bulzoni, 1984.

11. *Su « Finnegans Wake »*

S. BECKETT e altri, *Our Exagmination round His Factification for Incamination of Work in Progress*, Parigi, Shakespeare and C., 1929 (trad. it. *Introduzione a « Finnegans Wake »*, Milano, Sugar, 1964).

E. WILSON, *The Dream of H.C. Earwicker* in *The Wound and the Bow*, Londra, Oxford U.P., 1940 (trad. it., *La ferita e l'arco*, Milano, Garzanti, 1958 e 1973).

J. CAMPBELL-H.M. ROBINSON, *A Skeleton Key to « Finnegans Wake »*, New York, Viking Press, 1947.

J.S. ATHERTON, *The Books at the Wake*, New York, Viking Press, 1960; Mamaroneck, N.Y., Paul P. Appel, 1974.

F. HIGGINSON, *Anna Livia Plurabelle: The Making of a Chapter*, Minneapolis, University of Minnesota Press, 1960.

A. W. LITZ, *The Art of James Joyce* 1961, cit.

C. HART, *Structure and Motif in Finnegans Wake*, Londra, Faber & Faber, 1962.

A. GLASHEEN, *A Second Census of Finnegans Wake*, Evanston, Northwestern U.P., 1963.

C. HART, *A Concordance to « Finnegans Wake »*, Minneapolis, University of Minnesota Press, 1963; Mamaroneck, N.Y., Paul P. Appel, 1974.

H. BONHEIM, *Joyce's Benefictions*, Berkeley, University of California Press, 1964.

B. BENSTOCK, *Joyce-Again's Wake*, Seattle, University of Washington Press, 1965.

AA.VV., *Twelve and a Tilly*, a cura di J. DALTON e C. HART, Evanston, Northwestern U.P., 1966.

C. HART, *« Finnegans Wake » in Perspective*, in AA. VV., *James Joyce Today*, 1966, cit.

C. HART-F. SENN, *A Wake Digest*, Sydney, Sydney University Press, 1968.

M.C. SOLOMON, *Eternal Geomater: The Sexual Universe of « Finnegans Wake »*, Carbondale, Southern Illinois University Press, 1969.

W.Y. TINDALL, *A Reader's Guide to « Finnegans Wake »*, Londra, Thames & Hudson, 1969.

U. ECO, *Le forme del contenuto*, Milano, Bompiani, 1971, cap. *Semantica della metafora*.

AA. VV., *A Conceptual Guide to « Finnegans Wake »*, a cura di M.H. BEGNAL-F. SENN, University Park-Londra, Pennsylvania State U.P., 1974.

M.H. BEGNAL-F. ECKLEY, *Narrator and Character in Finnegans Wake*, Lewisburg, Bucknell University Press, 1975.

R. McHUGH, *The Sigla of Finnegans Wake*, Londra, Arnold, 1976.

M. TROY, *Mummeries of Resurrection – The Cycle of Osiris in Finnegans Wake*, Upsala, Acta Universitatis Upsaliensis, 1976.

A. GLASHEEN, *A Third Census of Finnegans Wake*, Berkeley, University of California Press, 1977.

M. NORRIS, *The Decentered Universe of Finnegans Wake: A Structuralist Analysis*, Baltimora, The Johns Hopkins University Press, 1977.

AA. VV., *In the Wake of the Wake*, a cura di D. HAYMAN-E. ANDERSON, Madison, University of Wisconsin Press, 1978.

L.O. Mink, *A Finnegans Wake Gazetteer*, Bloomington, Indiana University Press, 1978.

D. Rose (a cura di), *James Joyce's Index Manuscript. Finnegans Wake Holograph Workbook* VI. B. 46, Colchester, Wake Newslitter Press, 1978.

B. Dibernard, *Alchemy and Finnegans Wake*, State University of New York Press, 1980.

R. McHugh, *Annotations to Finnegans Wake*, Baltimora, The Johns Hopkins University Press, 1980.

R. McHugh, *The Finnegans Wake Experience*, Dublino, Irish Academic Press, 1981.

D. Rose-J.O. Hanlon, *Understanding Finnegans Wake – A Guide to the Narrative of Joyce's Masterpiece*, New York, Garland, 1982.

G. Melchiori, introduzione a *Finnegans Wake H.C.E.*, Milano, Mondadori, 1982.

L. Schenoni, appendici a *Finnegans Wake H.C.E.*, Milano, Mondadori, 1982.

AA. VV. *Genèse de Babel: Joyce et la création*, Parigi, CNRS, 1985.

G. Eckley, *Children's Lore in « Finnegans Wake »*, Syracuse University Press, 1985.

J. Bishop, *Joyce's Book of the Dark. Finnegans Wake*, Madison, University of Wisconsin Press, 1986.

D. Hayman, *The Wake in Transit*, Ithaca, Cornell U.P., 1990.

Anna Livia Plurabelle di James Joyce nella traduzione di Samuel Beckett e altri, a cura di R.M. Bollettieri Bosinelli, introd. di U. Eco, Torino, Einaudi, 1996.

INDICE DEI NOMI

INDICE DELLE OPERE DI JOYCE

INDICE GENERALE

STAMPATO
PER CONTO DEL GRUPPO UGO MURSIA EDITORE S.P.A.
DAL CONSORZIO ARTIGIANO « L.V.G. »
AZZATE (VARESE)